빈곤아동 · 가족과 함께하는

찾아가는 사례관리

이원숙 감수
강명순 외 부스러기사랑나눔회 지역사회복지사 팀

CASE MANAGEMENT

머 리 말

『빈곤아동·가족과 함께하는 찾아가는 사례관리』는 지난 10년간 지역사회를 기반으로 참여자 중심, 지역사회 중심의 찾아가는 사례관리를 어떻게 실천할 것인지를 토대로 만든 사회복지지침서다. 이는 지역사회복지사가 기존의 전문가 중심, 기관 중심의 방식에서 벗어나, 빈곤아동·가족과 함께하며 실제로 적용했던 지난 10년간의 경험을 정리한 것이다. 1997년 IMF 이후 부스러기사랑나눔회에서 실시한 지역사회복지사 파견사업을 기초로 하여 강점 관점과 임파워먼트를 실천하여 참여자 권리가 어떻게 구현될 수 있는지에 대해 사회복지사가 실제 현장에서 즉각적으로 적용할 수 있는 실천지침이며, 다양한 사례를 새로운 분석 틀로 기술하였다. 더욱이 각 장을 시작하기 전에 소개되는 '하늘이네 이야기'는 이 책에서 사례관리 과정이 어떻게 적용되었는지를 보여 주는 것으로, 독자들의 이해를 돕게 될 것이다. 이 책의 내용을 간단하게 정리하면 다음과 같다.

Ⅰ부에서는 '빈곤아동·가족과 함께하는 찾아가는 사례관리'의 주체인 아동, 가족의 상황을 함께 보고, 아동과 가족의 안전망인 지역아동센터와 지지체계인 지역사회복지사에 대한 개괄적인 소개를 하였다.

Ⅱ부에서는 '빈곤아동·가족과 함께하는 찾아가는 사례관리'의 이론적 기반이 되는 생태체계이론, 임파워먼트 이론, 강점이론, 아동발달이론, 가족중심 서비스를 살펴보았다.

Ⅲ부는 '빈곤아동·가족과 함께하는 찾아가는 사례관리'의 실제다.

제1장 '초대하기'는 사회복지 실천과정 중 접수단계로, 지역사회복지사가 처음으로 도움이 필요한 참여자를 소개받고 찾아가 만나는 과정이다.

제2장 '동반자관계 맺기'는 사회복지 실천과정 중 계약하기 단계로, 참여자

가 앞으로 지역사회복지사사업에 참여하기로 약속하는 과정이다.

제3장 '참여자의 상황 함께 보기'는 사회복지 실천과정 중 초기 조사단계로, 참여자가 해결하기 원하는 것의 실마리를 풀어 가기 위해 상황에 관심을 가지고 함께 탐색하는 과정이다.

제4장 '참여자의 강점과 자원 발견하기'는 사회복지 실천과정 중 사정단계로, 참여자의 안전을 확인하고, 욕구를 발견하며, 참여자의 강점과 자원을 발견하는 과정이다.

제5장 '목표 세우기'는 참여자가 무엇을 이루고자 하는지를 명확히 하는 틀짜기 단계로, 참여자와 지역사회복지사가 함께 기대하는 변화를 이루기 위한 실천적인 목표를 세우는 과정이다.

제6장 '더불어 함께 세우기'는 사회복지 실천과정 중 목표에 따른 서비스를 계획하고 실천하는 단계다. 참여자와 지역사회복지사가 파트너 관계로, 참여자가 잠재역량과 회복력을 향상시켜 변화의 주체로 자신의 삶을 선택하고 결정하도록 지원하는 과정이다. 이 과정을 통해 가족의 기능이 강화되고 지역복지력이 구축되어 아동이 안전하게 보호받을 수 있다.

제7장 '참여자 뒤로 물러서기'는 사회복지 실천과정 중 종결단계로, 지역사회복지사가 문제해결능력을 가진 참여자를 삶의 주체로 세우는 관계전환 과정이다.

제8장 '지지적 관계 유지하기'는 사회복지 실천과정 중 사후관리단계로, 지역사회복지사와 참여자가 동등한 위치에서 지속적이고 긍정적인 관계를 유지하는 과정이다.

제9장 '지역사회복지사의 자기관리하기'는 지역사회복지사가 참여자를 건강하게 지원하기 위해 효율적으로 스트레스와 시간관리를 하는 과정이다.

제10장 '슈퍼비전'은 일반적으로 지도, 감독, 관리의 의미를 가지고 있으나, 지역사회복지사에 있어 슈퍼비전은 슈퍼바이저가 지역사회복지사와 수평적 관계에서 전문적, 정서적, 행정적으로 지원하여 그들의 능력을 극대화시켜 적재적소에서 능력을 발휘할 수 있도록 돕는 과정이다.

부록에는 지역사회복지사파견사업에 대한 소개, 아동학대 및 가정폭력 위험사정 매뉴얼과 청소년사례관리지침을 포함하였다.

『찾아가는 사례관리』는 2005년에 초판이 발행되었다. 단편적인 프로그램이 기보다는 강점 중심과 임파워먼트이론을 기반으로 한 실천과정에서 부딪히는 다양한 윤리적 이슈, 학교에서 미처 다루지 못하지만 현장에서 꼭 필요한 실천 기술을 중심으로 한 내용이었다. 이는 지역사회복지사의 실천 매뉴얼로서의 역할을 하였다. 『찾아가는 사례관리』를 기본으로 하여 2008년에 수정, 보완한 『빈곤아동ㆍ가족과 함께하는 찾아가는 사례관리』는 모든 아동은 가족 안에서 건강하게 성장해야 한다는 가치를 기반으로 하고 있다. 또 참여자인 빈곤아동과 가족이 변화의 주체로 회복될 수 있다는 믿음을 가지고 참여자와 지역사회복지사가 상호존중을 바탕으로 한 실천과정이며, 이 모든 것에 앞서 참여자의 안전이 가장 우선시되어야 한다는 기본 전제를 가지고 있다.

『빈곤아동ㆍ가족과 함께하는 찾아가는 사례관리』가 수정, 보완되는 과정에서 김정숙, 김한나, 오은경, 김효진, 김명선, 양경화, 이현숙 지역사회복지사가 현장에서의 경험을 바탕으로 이 책의 내용을 풍성하게 하기 위해 노력하였다. 부록에 실린 청소년 사례관리지침은 청소년 전담지역사회복지사 팀 6명이 마지막까지 함께 수고하였다. 이들은 빈곤아동과 가족과 파트너십을 형성하면서 2008년 현재 지역사회복지사로서 활동하고 있다. 또한 허인영 국장과 이경림 총장이 물심양면으로 지원하였다. 또 지역사회복지사 3기(2002년 참여)로 시작하여 현재 슈퍼바이저로 수고하고 있는 한은신 사회복지사는 2005년 발행 이전부터 함께하였다.

아무쪼록 『빈곤아동ㆍ가족과 함께하는 찾아가는 사례관리』가 전문가 중심, 기관 중심, 실적 중심, 병리학적 관점 중심의 사례관리를 탈피하여, 빈곤아동과 가족을 직접 찾아가 함께 문제를 해결해 나감으로써 한국사회에 공헌하게 되기를 소망한다. 이는 빈곤아동과 가족이 빈곤을 퇴치하고, 삶의 주인공으로서 스스로를 꿋꿋하게 세워 나가, 아이들이 행복한 세상을 만들어 나가게 될 것이다.

나아가서 『빈곤아동ㆍ가족과 함께하는 찾아가는 사례관리』를 이론적으로 재정리하며 100만 명이 넘는 빈곤아동을 위한 지역사회복지사 제도의 활성화를 이루는 사회복지실천의 조직적 토대를 이 책을 읽는 독자들과 함께 만들어 가길 기원한다.

수고한 모든 이에게 머리 숙여 거듭 감사를 드린다. 출판을 해 주신 학지사 모든 분들의 결단은 빈곤아동에 대한 사회복지전문 출판사로서 사회적 책임을 감당하는 것이므로 격려와 치하를 올린다. 마지막으로, 이 책이 출판되기까지 처음부터 끝까지 꼼꼼하게 감수해 주신 강남대학교 이원숙 교수님께 감사 드린다.

2008. 2.
(사) 부스러기사랑나눔회 대표 강명순

I. 빈곤아동, 가족 그리고 지역사회복지사

빈곤은 소득만이 아닌, 모든 측면에서 접근되어야 한다. 빈곤은 보건, 교육 수준, 지식과 커뮤니케이션의 결핍, 인권과 정치권 행사 능력의 박탈, 인간존엄, 자신감, 자기존중의 부재, 임금 하락, 범죄 증가 그리고 사회적 보장 부재 등의 인간적인 측면까지 모두 함축된다. 소득 차원을 넘어서 남녀 성의 문제, 빈민층에 우호적인 성장의 문제, 세계화 그리고 통치의 문제 등을 포괄하고 있으며, 견딜 만한 삶을 위한 선택권과 기회의 박탈을 의미한다. 즉, 정치적, 경제적, 사회적, 문화적, 심리적인 구조에서 소외되고 억압받는 박탈감을 가지게 되어 절대적 빈곤과 상대적 빈곤, 정신적 빈곤, 영적 빈곤으로 가정생활, 학교생활, 사회생활을 건강하게 지속할 수 없게 만드는 상태를 말한다. 2006년 노벨평화상, 서울평화상을 받은 M. Yunus는 "빈곤은 우리가 세계를 위해 고안해 온 경제적·사회적 제도에 의해서 생겨나고 고착되었으며, 우리가 발전시켜 온 제도와 관념에 의해서 빈곤은 조장되었다. 빈곤의 근원은 하부에 있는 빈곤계층의 능력부족이라기보다 상부계층의 잘못" 이라고 수상소감문에서 말하고 있다.

▶▶ 1. 빈곤가족 상황 함께 보기

빈곤가족은 경제적으로 저소득층이나 단순히 경제적으로 생활하기에 불충분한 가족만을 뜻하는 것은 아니다. 즉, 빈곤가족은 경제발전의 혜택이 불공정하게 분배되어 부익부 빈익빈 현상이 심화되고, 부모의 빈곤으로 인해 자녀가 배우지 못하고, 생존과 밥의 문제가 해결되지 않고, 생활과 휴식공간으로서의 주거공간인 집이 아니라 생존공간으로서 단칸방에서 사는 주택문제가 불안정한 상태다. 또한 빚을 얻고, 빚을 갚기 위해 과중한 노동으로 병이 생기고, 만성질환은 치료조차 받지 못하여 빈곤이 심화되며, 자녀는 배우지 못해 부모와 같이 일용직으로 일하게 되는 상황이 악순환되고 있다. 다시 말하면, 불공정한 분배구조 → 부익부 빈익빈 → 부모의 빈곤 → 배움의 부족 → 밥 → 방 → 부채 →

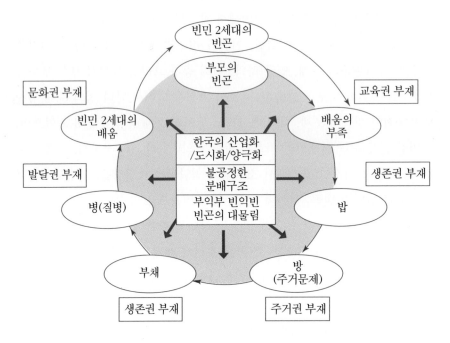

[그림 1] 빈곤의 세대물림 흐름도

병 → 빈민 2세대의 배움 부족 → 부모가 된 빈민 2세대의 빈곤으로 빈곤의 'ㅂ'이 악순환되고 있다.

가족의 다양한 형태로의 변화

빈곤가족은 빈곤과 맞물려 다양한 형태로 변화되고 있다. 지난 1998년부터 2006년까지 지역아동센터 이용아동의 통계상황을 보면, 양부모가족은 10% 감소한 반면 다양한 가족형태로의 변화는 10% 증가하였으며, 특히 조손가족과 친척양육가족이 10% 증가하였다.

[표 1] 지역아동센터 이용아동의 가족형태별 변화표[1] (1998~2006)

조사 기간	응답 기관 수	응답 아동 수 (명)	양부모 가족 (%)	다양한 형태 가족 비율 (%)	한부모 가족(부) (%)	한부모 가족(모) (%)	조손가족 친척양육 (%)	아동 단독 (%)
1998.7	24	937	67.7	32.3	14.3	9.0	5.8	3.2
2000.1	33	1,013	52.9	47.1	18.9	16.1	10.5	1.7
2001.9	47	1,570	62.2	37.8	16.8	10.8	9.2	1.0
2002.3	45	1,185	62.0	38.0	13.7	11.7	7.5	5.1
2003	56	1,574	61.7	38.3	12.5	13.7	12.1	-
2004	43	1,193	55.5	45.5	15.2	14.8	14.4	-
2005	125	4,349	59.9	40.1	13.1	15.1	11.9	-
2006	181	6,289	57.8	42.2	11.7	15.4	15.1	-

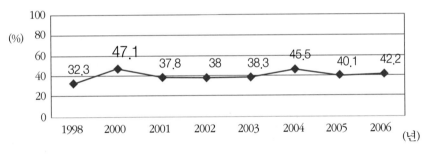

[그림 2] 지역아동센터 이용아동의 가족형태 변화비율

1998년 7월 결식아동이 급증할 당시 가족형태의 변화비율은 32.3%였으며, 2000년에는 47.1%로 급증하였다가, 2004년에 45.5%로 빈곤가족이 다양한 형태로 변화했음을 알 수 있다. 1995년 통계청의 인구주택총조사 결과와 비교할 때 10년 만에 두 배 이상 증가하였다.

---

1) 부스러기사랑나눔회 총회보고서(1998~2006).

[표 2] 다양한 가족형태로의 변화 비교(1995~2005)

가구유형		인구주택 총조사(1995)		지역아동센터 이용아동 조사(2005)		비고
	구분	가구 수	비율(%)	가구 수	비율(%)	
가족형태	한부모(부)	172,388	1.3	1,467	11.4	
	한부모(모)	787,574	6.1	1,943	15.1	
	노인 1인 가구	349,046	2.7	1,438	11.2	조부모가정
	청장년 1인 가구	1,251,033	9.6	662	5.2	기타 가정
	소계	2,621,470	20.2	5,510	42.9	
	일반가구	10,398,130	80.3	7,329	57.1	
	합계	12,958,181	100.0	12,839	100.0	
자료출처		통계청		보건복지부 지역아동정보센터		

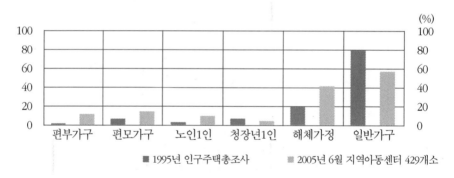

[그림 3] 다양한 가족형태로의 변화 비교(1995~2005)

빈곤가족이 표현하는 욕구

1998년 빈곤가족의 가장 큰 바람은 '일자리가 항상 있었으면 좋다'(31.0%), '안전한 주거환경이 보장되었으면 좋겠다'(40.6%), '자녀교육을 충분히 시켰으면 좋겠다'(10.7%) 순으로 안전한 주거공간과 경제적 안정(일자리), 자녀교육 부분이었다. 1998년 2월 공부방이 있는 서울, 인천지역의 도시빈민지역에 거주하는 빈민여성 300명에게 조사한 제2차 도시빈민지역 여성의 생활실태 및 의식조사와 1995년 제1차 도시빈민지역 여성의 생활실태조사 중 빈곤가족의 욕구를 살펴보면 다음과 같았다.

[표 3] 빈곤가족이 가장 바라는 것

구 분	1998년 제2차 실태조사		1995년 제1차 실태조사		1975년 사당동실태조사	
	빈도(수)	비율(%)	빈도(수)	비율(%)	빈도(수)	비율(%)
일자리가 항상 있었으면	61	31.0	6	6.8	152	27.0
자녀교육을 충분히 시킬 수 있었으면	21	10.7	10	11.4	112	19.9
철거문제가 없는 곳에서 살았으면 (주택문제 해결)	80	40.6	48	54.5	139	24.7
집안의 우환이 없었으면(가족 모두 가 건강했으면)	6	3.0	4	4.5	63	11.2
사회가 안정되었으면	5	2.5	8	9.1	31	5.5
일한 만큼의 대가를 받았으면 (적정 임금)	20	10.2	5	5.7	43	7.7
기타(물가 안정/기대 안 함 등)	4	2.0	2	2.3	24	4.3
무응답	–		5	5.7	–	–
계	197	100.0	88	100.0	564	100.00

이러한 보편적 빈곤가족의 욕구를 기반으로 하여 지역사회복지사가 빈곤가족을 지원하면서 이들의 보다 구체적인 욕구를 발견할 수 있었다. 지역사회복지사가 직접 지원한 빈곤가족을 통해 확인한 욕구를 살펴보면, 여전히 자녀의 교육과 경제적 안정에 대한 욕구가 컸다. 이외에도 자신과 다른 사람과의 관계에 직접적인 원인이 되는 심리·정서적인 어려움에 대한 해결의 욕구와, 부모-자녀 간의 건강한 관계에 대한 욕구가 증가하는 경향이 있다.

[표 4] 빈곤가족이 지역사회복지사에게 호소한 어려움 비교(2003/2006)

구 분	2003년		2006년	
	비율(%)	빈도(수)	비율(%)	빈도(수)
심리·정서적 어려움	18.6	52	20.4	40
건강장애	6.8	18	7.1	14
자녀교육	16.4	46	16.4	35
대인관계	5.7	16	5.6	8
부모자녀	14.3	40	14.3	28
부부가족	13.6	38	8.7	17
안전보호	4.3	12	12.2	24
경제	19.6	55	13.3	26
기타	0.7	2	2.0 (지역사회 연계)	4
계	100.0	280명	100.0	196명

▶▶ 2. 빈곤아동 상황 함께 보기

　　빈곤아동은 건강한 성장과 발달을 위한 창의적인 삶을 살고, 적절한 수준의 삶의 질을 향유하며, 자유, 존엄, 자부심 그리고 다른 사람들에 대한 존중 속에 살 수 있는 선택과 기회의 권리를 거부당한 상태에 있는 18세 미만의 아동이다. 2004년 7월 청와대가 최현수와 류연규(2003)의 조사결과를 토대로 밝힌 아동 빈곤율은 2002년도에 9.8%이었다. 2004년도에 14세 이하 아동의 수는 총 9,632,613명이므로 이 빈곤율을 적용시켰을 때 현재 14세 이하의 빈곤아동 수는 943,996명이 된다. 2001년 보사연의 조사결과(박인선, 2004, 재인용) 우리나라에 96만 7,500가구에 이르는 해체가구가 존재한다고 추정되며, 이에 따라 가족해체로 인한 빈곤아동이 증가한다고 볼 수 있다. 또 기초생활보장가구 내 수급권자 135만 명 중 아동 약 23만 명, 차상위계층 및 비수급가구 320만 명 중 아동 47만 명, 빈곤 내의 방임아동을 추정하는 주요 근거로 결식아동 약 20만 명, 해체가구 97만 명, 가구 내의 아동 34만 명, 학대방임아동 60만~150만 명으로 추정하고 있다. 이 수치를 종합해 보면 약 100만 명 정도의 빈곤아동이 추정되며, 전체아동 1,157만 명의 8.6%에 해당함을 알 수 있다.

우리나라 '절대아동빈곤율'은 2003년 기준으로 8.9%, '상대아동빈곤율'은 14.9%인 것으로 추정되고 있다. 인구 수로 보면 '절대빈곤아동'은 102만 명, '상대빈곤아동'은 170만 명에 이른다. 한국보건사회연구원 김미숙 아동복지팀장과 배화옥 경상대 사회복지학과 교수는 『보건사회연구 27권』에 발표한 「한국 아동빈곤율 수준과 아동빈곤에 영향을 미치는 요인 연구」 논문을 통해 이런 결과를 내놓았다. 연구팀은 보건복지부의 '2004년도 국민생활실태조사' 자료 등을 활용했으며, 전국 3만 가구를 무작위로 표본추출한 뒤 이 가운데 18살 미만 아동이 한 명이라도 있는 가구를 대상으로 아동빈곤 수준 등을 분석했다. 이 결과 국내 18세 미만 아동·청소년 1,142만 462명 가운데 절대빈곤아동이 101만 6,421명, 상대빈곤아동이 170만 1,649명으로 추정했다.

절대빈곤이란 개별가구의 경제적 능력이 기본적인 물질적 욕구를 충족하지 못하는 상태이며, 상대빈곤은 중위소득의 절반에도 미치지 못하는 소득 수준으로 연구팀은 정의했다. 연구팀은 "부모가 모두 일하면서 빈곤을 벗어나지 못하는 근로빈곤층이 15. 8%에 이르고 있어, 이들에 대한 정책적 관심이 시급하다."고 말했다.[2]

빈곤의 영향으로 아동에게 나타나는 증후

빈곤아동은 경제적인 요인 외에도 다양한 어려움에 노출되어 있다. 특히 가정

2) 한겨레신문, 2007. 12. 17.

[표 5] 빈곤아동의 빈곤상황에 따른 심리 · 정서적 현상(2000)

과거 또는 현재의 상황	상황에 의한 결과	결과로 나타나는 현상(행동)	
가족 내 갈등	정서 불안정	• 수면장애 • 정신적 무반응 • 대부분 부정적이며 감정흐름을 통제 못함 • 안절부절못하고 뒤척임 • 원인을 알 수 없는 막연한 공포/불안/걱정	• 잠재된 감정장애 • 쉽게 우는 의사소통함
	부모-자녀 유대관계 약화 및 단절	• 애정교류가 없음 • 부모상실감 • 가출한 부모에 대한 상실감 • 혼자 살아야 하는 독립불안(버림받음에 대한 갈등)	• 모성과의 갈등 • 부모와의 애착 어려움
신체적 학대	심리 · 정서 · 신체적 장애 및 폭력성 내재	• 공격성 • 공포 • 공황장애(테러공포) • 방어조절장애 • 신체화	• 분노 · 불안장애 • PTSD • 피해망상증 • 감정적 · 물리적 손상감 • 분노
가족으로부터의 지지 부족, 거부 및 실패의 경험	의사 · 감정 표현능력 및 대인관계 형성 능력 결여	• 폐쇄적 기질 • 사건 · 사람 · 상황에 대한 두려움 • 부모의 삶으로부터 학습하지 못함 • 사회 적응이 어려움	• 감정표현을 못함
	자아존중감 및 자신감 결여	• 자신에 대한 불신 • 자아만족감 결핍이 다른 사람에게 공격성으로 투사되는 신경증 • 자신감 부족 • 자부심 부족	• 자기능력 의심 · 무기력 • 항상 실망, 어지러움, 슬픔
경제적 어려움	경제적 궁핍 열등감	• 불확실, 의기소침, 불만족 • 포기 • 성장기 연령의 스트레스 • 좌절감 • 자신이 불행하다는 생각 • 열등감으로 인한 불안장애	
다양한 경험	심리 · 정서적 심각한 손상	• 인격장애 • 우울증, 조울증 • 편두통 • 인지능력장애(언어기억력 뇌기능장애) • 지나친 근심으로 정신적 · 신체적 쇠약상태	• 우울 · 자살충동 • 만져 주면 사라지는 통증(스킨십) • 과거에 대한 슬픔 등으로 불안장애
	비합리적 가치관 형성	• 무책임 • 책임이나 비난을 타인에게 전가하려고 함 • 소유욕 과다(도벽 발생) • 용서하지 못함	• 자기중심, 이기적 • 과거의 가치에 집착

내 폭력은 아동에게 부정적 영향을 주어 다양한 증후를 동반하게 한다. 빈곤지역의 아동방임 현황과 과제 기획포럼(2004)에서, 경미한 정도 이상의 학대에 노출되어 있는 아동이 166명(37.9%), 조금이라도 방임상태에 놓인 아동이 280명(62.8%)으로 조사되었다. 이와 같은 폭력을 포함한 문화적, 정치적, 사회적, 정신적 빈곤의 결과는 아동의 신체적인 발달이나 영양부족뿐 아니라 집단따돌림, 낮은 자존감, 부족한 자기표현 및 사회기술능력, 가족기능 약화로 인한 갈등과 고립감으로 나타나고 있다. 2000년 「빈곤해체가정 아동의 사회복지 통합적 접근연구」 논문에서 18세 이하의 빈곤아동이 겪는 갈등과 심리정서적인 문제를 유형별로 정리한 것은 [표 5]와 같다.

특히 아동이 보여 주는 다양한 증후는 심리·정서적인 부분에서 기인된다. 2007년 지역아동센터 이용아동이 참여한 지역아동정보센터의 실태조사에 의하면, 우울증상을 보이는 아동이 있는 기관이 151개 기관(42.2%)으로 평균 2.5명의 아동이 있었다. 불안이 있는 아동이 있는 기관이 329개 기관(76.0%)으로 기관별로 평균 4명의 아동이 있는 것으로 나타났다. 또한 공격성이 잦아 분노를 폭발하는 아동이 있는 지역아동센터가 348개 기관(77.5%)으로 평균 2.9명의 아동이 있었다. 장애진단을 받은 아동이 있는 지역아동센터가 191개 기관(53.8%)으로 평균 1.7명의 아동이 있었다. ADHD 아동이 있는 기관이 224개 기관(61.0%)으로 평균 2.6명이 있었다.

[표 6] 지역아동센터 이용아동의 정서적 현황(2007)

정서적 현황	해당 아동이 있다		해당 아동이 없다	잘 모르겠다
	기관(비율)	아동 수(평균)		
우울증 (n = 358)	151(42.2)	2.5명	180(50.3)	27(7.5)
정서불안(n = 433)	329(76.0)	4.0명	88(20.3)	16(3.7)
공격성, 잦은 분노 폭발(n = 449)	348(77.5)	2.9명	91(20.3)	10(2.2)
장애진단(n = 355)	191(53.8)	1.7명	152(42.8)	12(3.4)
ADHD(과잉행동) (n = 367)	224(61.0)	2.6명	123(33.5)	20(5.4)

빈곤아동이 표현하는 욕구

아동은 누구나 건강한 발달과업을 수행하며 성장하기를 원한다. 아동은 건강한 성장을 위해 가족기능 강화(부모의 지도감독, 의사소통 향상, 가족유대감 향상)와 더불어 스스로를 관리하는 능력(일상생활관리능력, 주의집중력 향상, 감정조절능력)과 대인관계능력(의사소통기술, 갈등관리기술)의 향상을 원하고 있다. [표 7]에서 지역사회복지사가 직접 지원한 아동의 욕구를 살펴보면 보다 구체적으로 아동의 욕구를 확인할 수 있다.

[표 7] 아동이 지역사회복지사에게 호소한 욕구 비교(2003/2006)

구 분	2003년		2006년	
	비율(%)	빈도(수)	비율(%)	빈도(수)
심리·정서적 안정	16.3	37	30.3	54
건강장애	5.7	13	6.7	12
자녀교육	14.1	32	10.0	18
대인관계	20.3	46	13.0	23
부모자녀	19.8	45	15.2	27
부부가족	9.7	22	9.6	17
안전보호	7.5	17	10.7	19
경제	5.7	13	1.1	2
기타	0.9	2	3.4 (지역사회 연계)	6
계	100.0	227명	100.0	178명

▶▶ 3. 빈곤아동과 가족 더불어 함께 세우기

▌지역아동센터

지역아동센터는 2003년 12월 19일 대한민국 국회에서 재개정한 아동복지법 제16조 1항 제11호에 의해 '지역아동센터'가 아동복지시설로 신설되었다. 지역아동센터 운영의 목적은 "지역사회아동의 보호, 교육, 건전한 놀이와 오락의 제공, 보호자와 지역사회의 연계 등 아동의 건전육성을 위하여 종합적인 아동복지 서비스를 제공하는 것"이다. 빈곤현장에서 지역아동센터의 사회복지적인 정의는 "지역사회 안에서 보호를 필요로 하는 아동과 청소년에게 건강하고 안전한 보호와 양육을 목적으로 사회복지통합 서비스를 제공하여 부모의 빈곤이나 실직, 위기상황, 가출 또는 부모의 맞벌이와 가족해체 등으로 인해 적절한 보호를 받기 어려운 학대, 방임 환경상태에 있는 아동의 권리를 보호하기 위한 시설이다. 이러한 아동이 보장받아야 하는 권리는 유엔 아동권리협약에 명시되어 있는 대로 아동의 생존권, 복지권, 문화권, 발달권, 학습권, 참여권이다."

이처럼 지역아동센터는 지역사회의 자원을 조직화하고, 빈곤의 대물림을 끊어 심리·정서적, 문화적, 사회정치적, 경제적인 빈곤을 퇴치하며, 나아가서 양극화와 빈곤의 악순환 등 제도적으로 빈곤퇴치를 하도록 노력하고 있다. 또한 빈곤아동과 청소년 그리고 그들의 부모인 빈곤가족이 자활 자립할 수 있도록 도움으로써 지역사회 가운데 스스로 세워 나가도록(empowerment) 돕는 곳이다.

하지만 지역아동센터는 인적 자원과 물적 자원의 토대가 약하고 국가예산의 부족과 정부와 지자체의 지원이 빈약한 상태다. 그러나 이러한 공적 지원에 의존하지 아니하고 생태체계이론 관점에서의 미시체계(micro system)와 중간체계(mezzo system), 거시체계(mecro system)를 통합하여 지역복지력을 구축하는 지원체계의 중심역할을 수행하는 사회행동(social action) 혹은 지역사회 조직의 전

초기지로서의 역할까지 확장해 나가는 곳이다.

빈곤아동의 권리를 보장하는 지역아동센터의 주요 사업내용

빈곤아동이 보장받아야 하는 권리는 유엔 아동권리협약에 명시되어 있는 대로 아동의 생존권, 복지권, 문화권, 발달권, 학습권, 참여권이다. 이를 바탕으로 지역아동센터가 빈곤아동과 가족을 위해서 수행해야 할 과제를 정리하면 [표 8]과 같다.

[표 8] 빈곤아동과 가족을 위해서 수행해야 할 지역아동센터의 활동내용

아동복지법 제16조 11항	아동의 권리	활동내용	빈곤아동 가족문제 해결을 위한 구체적인 활동 방안
보호	생존권	급식 영양결핍 배제 주거환경 개선 의복 제공 생활교육 실시	• 지역아동센터 이용아동 급식 무조건, 우선적 지원 • 균형 잡힌 식사제공 필요/영양결핍 배제(냉동식품, 인스턴트, 라면) • 열악한 주거환경 개선/주택정책(쉼터형 지역아동센터 운영) • 계절에 적합한 기본 의류 제공 • 빈곤아동의 일상생활 적응에 대한 기초선 조사 및 생활교육
	발달권 I	건강 유지 의료 지원	• 지역 보건소, 사회복지사무소 빈곤아동을 위한 상시 건강검진, 의료지원체계 등 전달체계 구축 • 간염 예방 접종, 최소 치과 진료, 질병 조속히 치료
교육	학습권	학습지도 학습장애 해소 학교부적응해소 경제교육 실시	• 부진한 학습을 보완하는 기초학습 지도 • 학습을 할 수 있는 기초능력, 의사소통, 이해력, 창의력 개발 • 개별학습 프로그램에 대한 전문교사 투입 • 빈곤퇴치와 자활을 위한 사전 경제교육훈련
건전한 놀이, 오락	문화권	특별활동, 견학, 캠프, 레크리에이션, 문화공연 참관, 분노치료를 위한 문화활동	• 사회복지재단, 기업의 사회공헌팀의 협조로 민간과 연결아동에게 문화접근의 기회 제공 및 특화된 프로그램 지원(캠프, 연주회, 공연 및 문화체험 활동) • 폭발적인 분노·적대감 치료를 위한 음악활동(사물놀이, 난타, 악기연주 등) • 태권도 등 음악, 미술, 체육활동

| 보호자와 지역사회 연계 | 복지권 | 가족복지 가족기능 강화 지역사회복지 자원봉사자 후원자 관리 | • 빈곤가족 자활을 돕기 위한 신나는 조합(마이크로크레딧)
• 가족기능 강화를 위한 전문가 배치, 아동, 가정, 기관으로 찾아가는 사회복지전문가, 지역사회복지사 배치
• 지역사회 내의 타 아동단체 및 복지관과의 연계 네트워크
• 자원봉사자 교육과 관리, 후원자 확보 및 관리 |
| 건전육성 | 발달권 2 참여권 | 심리·정서적 지지 상처치유 가정폭력 성학대 방지를 통한 건전육성 아동 의사 결정 참여를 통한 활동권리보장 | • 몸과 마음과 영혼의 상처 치유를 위한 사례 개입과 관리
• 심리상담, 심리치료, 집단상담, 개별상담, 일대일 멘토링
• 가정폭력 피해아동, 성폭력 피해아동을 위한 제반 교육 및 상담, 전문치료체계와 연계
• 각 지역아동센터 내에 아동총회를 통한 의사결정 및 참여, 전국 빈곤아동총회 결성과 참여
• 아동의 상황, 욕구, 아동의 의지가 반영된 제반 활동
• 권리 침해 및 학대, 방임을 방지하기 위한 권리교육 |

이러한 과제를 수행하는 데는 많은 인적 자원이 필요하다. 빈곤아동과 가족문제의 심각성과 복합성은 기존 지역아동센터의 인적·물적 자원으로 해결할 수 없다. 왜냐하면 기존인력으로는 다양한 지역사회 자원들을 체계적으로 연계하고 조직화하는 지역사회복지와 가족해체의 총체적인 국면에서 가족기능을 강화하는 과제를 해결할 수 있는 길이 없기 때문이다. 그러므로 훈련된 지역사회복지사제도는 빈곤아동과 가족에게 매우 중요한 지지체계라 할 수 있다.

빈곤아동과 가족의 지지체계인 지역사회복지사

(1) 지역아동센터에서 요청되는 욕구 발견하기

지역아동센터의 실무자는 아동이 빈곤의 영향으로 인해 나타나는 공격적인 행동이나 심리·정서적인 어려움이 해결되어 건강한 아동으로 성장할 수 있도록 지역사회복지사가 체계적인 지원을 해 줄 것을 요청하고 있다. 이처럼 지역아동센터는 빈곤아동과 가족을 소개하고 협력하는 매우 중요한 자원체계다. 지역아동센터 실무자가 아동을 소개한 이유로는 심리·정서적인 어려움(우울, 위축, 분노, 외로움, 짜증, 공격적 태도, 소외 등)이 88건(26.7%)으로 가장 많았고, 건

강한 또래관계 능력 향상(또래관계 형성의 어려움, 집단 따돌림 등)이 53건(16.1%),
교육 및 학습능력의 향상이 48건(14.5%), 가족기능 강화(편애, 부모의 관심 부족,
부모의 정서적 지지 부족 등)가 42건(12.7%), 안전한 보호가 30건(9.1%)으로 나타
났다.

[표 9] 지역아동센터 실무자가 지역사회복지사에게 호소한 어려움(2003)

심리·정서	건강장애	교육학습	대인관계	부모자녀	부부가족	안전보호	경제	기타
88 (26.7%)	14	48 (14.5%)	53 (16.1%)	42	28	30	24	3

(2) 지역사회 아동의 욕구 발견하기

지역사회에는 지역아동센터와 같은 안전한 체계에서 보호받지 못하는 아동도
존재한다. 아동이 안전한 체계 속에 있지 못하면 끼니를 제대로 챙겨먹지 못하
고, 가족과 사회 속의 폭력과 무관심으로 인해서 학교에 가지 않고, 건강한 대인
관계를 형성하지 못하여, 비행행동을 하게 된다. 이처럼 아동이 건강하게 성장
할 수 없게 될 때 빈곤의 대물림은 당연한 수순이다. 빈곤의 대물림의 고리를 끊
기 위해서 지역사회복지사 파견은 필수적이다. 빈곤으로 인해 다양한 어려움에
노출되어 비록 지금은 가족기능이 약화되었더라도 모든 가족은 건강하게 생활
하기 원하고, 아동의 건강한 성장을 바라고 있다. 이를 위하여 지역사회복지사
는 아동뿐 아니라 가족이 역량강화되어 스스로 어려움을 해결하고, 자신을 세울
수 있도록 지원하고 있다. 이때 빈곤아동을 둘러싼 학교와 지역사회의 생태체계
에 변화가 없으면 아동과 가족의 건강한 변화를 이끌기 어렵기 때문에 지역사회
복지사는 지역복지력 구축에도 노력해야 한다.

즉, 지역사회복지사는 지역사회 안에서 가족과 함께 다양한 빈곤문제를 해결
하고 건강한 지역사회를 구축하는 역할을 한다. 이는 아동과 가족의 내재된 빈
곤문제에서 시작하여 빈곤을 퇴치할 수 있는 힘을 기를 수 있도록 하는 중요한
역할을 빈곤현장에서 부여받는다고 할 수 있다.

(3) 빈곤아동과 가족을 위한 지역사회복지사 파견사업 (2006년도 중심으로)

지역사회복지사사업은 지역사회복지사가 빈곤가족을 지원하도록 지역사회로 파견(out-reach)하는 것을 원칙으로 한다. 즉, 지역사회복지사는 지역사회로 직접 찾아가, 아동과 가족을 소개받거나 발굴하여 동반자관계를 맺어 가정방문을 중심으로 아동과 가족을 지원하고 있다. 참여한 아동과 가족의 상황을 분명하게 탐색하여 가족이 안전한지, 욕구가 무엇인지, 강점은 무엇인지, 자원이 무엇인지를 발견해야 한다. 또한 가족이 주체가 되어 목표를 함께 세우고 위기개입, 정서적 지지, 교육, 옹호, 자원연계의 방법으로 더불어 함께 세우는 실천과정에 협력해야 한다. 이때 아동과 가족은 변화의 주체로서 지역사회복지사와 파트너십을 이루며, 자신의 어려움을 해결할 수 있는 역량강화가 이루어진다. 결과적으로 아동과 가족의 역량강화가 지역사회의 탄탄한 복지력을 구축하고, 건강한 생태체계로의 변화를 이루는 것이며, 이것이 지역사회복지사사업의 궁극적 목적이다. 이와 더불어 지역사회복지사가 보다 효과적으로 아동과 가족과 협력하기 위해 슈퍼비전과 교육훈련이 병행되어야 한다. 이를 통해 지역사회복지사가 강점 관점에 기반한 실천력을 갖추게 되고, 아동과 가족의 진정한 파트너로서의 역할을 수행할 수 있으며, 지역사회복지사의 소진을 예방할 수 있다.

다음 2006년 지역사회복지사가 지원한 아동과 가족의 현황을 살펴보면 2006년 지역사회복지사사업은 전국으로 확대되어 서울, 인천, 경기, 충청, 울산지역 13명의 지역사회복지사가 130명의 아동을 지원하였다. 지역사회복지사는 남자아동 73명(56.2%), 여자아동 57명(43.8%)을 지원하였고, 아동의 학력은 미취학 4명(3.1%), 초등학교 저학년 37명(28.5%), 초등학교 고학년 49명(37.7%), 중등 이상 40명(30.8%)이었다. 가족형태는 한부모가족, 조부모·친인척 양육가정 등 다양한 형태의 가족에서 성장하는 아동이 66.1%이었다. 양육자의 직업은 무직이 32명(24.6%)이고 계약직, 일용직, 자활근로, 공공근로 등 비정규직이 59명(46.1%), 정규직이 12명(9.2%)이었고, 양육자의 65명(50.0%)이 건강의 문제가 있었고, 건강에 어려움이 있다고 응답한 가족의 질병은 당뇨, 빈혈, 암, 알코올 의존, 관절염, 허리디스크 등이었다. 주거환경은 다세대주택이 63명(48.5%), 임대아파트 20명(15.4%)이었고, 월세에 사는 가족이 59명(45.4%), 전세를 사는 가족이 22명(16.9%)이었다.

특히, 빈곤과 맞물리는 폭력의 상황은, 즉시 개입해야 하는 위급한 상황에 놓여 있는 가족이 33명(25.4%), 가정폭력이 간헐적으로 발생하고 있는 가족이 40명(30.8%)이었다. 가정폭력이 중단되었으나 후유증으로 고통받고 있는 가족도 36명(27.7%)이었고, 가정폭력이 있었으나 중단된 경우는 12명(9.2%)이었다. 130명 아동 가운데 121명(93.1%)이 현재나 과거에 가정폭력에 노출되어 있는 심각한 상태이었다. 지역사회복지사가 아동을 초대하는 과정은 지역아동센터에서 소개한 경우가 99명(76.2%), 지역으로 찾아간 아동이 9명(6.9%), 지역사회 연계기관에서 소개한 아동이 16명(12.3%)이었다. 이처럼 지역사회복지사가 지원한 130명의 아동은 현재 지역아동센터를 이용하는 아동 가운데 도움이 더 필요한 아동, 가족과 지역사회 내 사각지대에 있는 아동과 가족이다.

실제 2007년 지역아동센터 이용아동 만족도조사와 2006년 지역사회복지사가 개입한 사례들의 비율을 비교해 보면 지역사회복지사가 개입한 아동의 빈곤 상황이 심각하다는 것을 알 수 있다. 물론 표본이 달라 정확한 비교분석을 할 수 없지만, 월세방에 거주하거나 주양육자가 질병이 있는 비율이 높고, 지역아동센터를 이용하는 중고생의 비율보다 더 많은 중고생들에게 지역사회복지사가 지원하고 있음을 알 수 있다.

[표 10] 빈곤아동과 가족을 위한 지역사회복지사 개입사례 비교

구분	지역사회복지사 지원 사례(2006)	지역아동센터 만족도조사(2007)
중·고등학생 수	30.8%	14.7%
월세방 거주 비율	45.4%	29.2%
해체가정의 비율	66.1%	43.3%
주양육자인 부모의 질병이 있는 비율	50.0%	17.9%
총 사례 수	130명	6,095명

출처: 2006년 지역사회복지사 보고서, 2007년 지역아동정보센터.

(4) 지역사회복지사제도 시행 10년 후의 중간평가 항목

- 아동권리 보호는 아동, 부모, 지역사회에 긍정적인 영향력을 끼치며, 아동 권리 보호는 아동 빈곤퇴치, 아동 학업성취 향상, 양육자의 빈곤퇴치과정으로 자활사업을 하게 되고, 건강이 증진되며, 범죄가 감소하였는가?

- 아동, 부모, 지역사회는 통합적인 지원(아동보호, 조기교육, 건강 및, 가족지원)이 이루어져 빈곤아동과 가족, 지역사회가 더 발전하였는가?

- 빈곤지역의 아동에게 통합적인 지원은 더 의미 있는 성과를 나타내었는가?

- 아동과 부모, 지역사회의 더 나은 미래를 위한 정부지원 체계인가?

- 모든 아동을 중요시하는 제도인가?

- 모든 아동의 보호 증진이 되었는가?

- 아동의 건간 증진과 정서적 발달을 이루었는가?

- 부모지원, 경제적인 지원과 가족기능 강화, 부모역할 강화, 자활지원을 이루었는가?

- 아동과 청소년의 미래를 개선하기 위한 변화의 공유프로그램을 실시하였는가? 미래를 개선하기 위하여 혜택받지 못한 사람과 능력을 지닌 사람 간의 격차를 줄이기 위한 것이며, 미래의 삶을 위한 행복의 열쇠 5가지(건강하게 살기, 안전하게 머무르기, 누리면서 성취하기, 긍정적으로 공헌하기, 경제적 행복을 획득하기)를 균형 있게 발전시켰는가?

- 또 지역사회복지사의 지역복지력 구축 활동을 통하여 빈곤아동과 가족을 지원하는 구체적인 지역자원과 민관 합동체계는 구축되었는가?

- 지역아동센터 건립의 수는?

- 빈곤아동 지원 확대 폭은? 추가 지원아동 수는?

- 지역사회복지사 증원 수는?

- 지역사회복지사제도의 정착 정도와 전망은?

▶▶ 4. 맺는 말

지역사회복지사는 국가경제대란이 일어났던 1998년 12월에 파견사회복지사라는 이름으로 시작된 부스러기사랑나눔회의 파일럿 프로젝트 연구사업이었다. 10년이 지난 지금은 지역사회복지사파견사업으로 명칭이 바뀌고 내용도 수정·보완되었다. 빈곤아동과 가족은 아주 오랫동안 고착된 빈곤문제의 영향권 안에 있다. 거대한 빈곤의 구조적인 악순환과 부익부 빈익빈의 양극화, 빈곤이 대물림되는 역사적인 불평등의 구조 아래에서 빈곤아동과 가족을 위한 지역사회복지사제도의 정착은 요원하다. 뿐만 아니라 빈곤아동과 가족의 상처와 고통이 짓누르는 힘과, 미래지향적인 삶을 살지 못하도록 발목을 부여잡는 열등감과 적대감, 분노와 공포, 정신장애와 대인관계 기술의 미흡과 사회부적응, 가정폭력과 집단 따돌림, 성학대와 방임 그리고 빈곤한 영적·정신적 상황과 경제적으로 재기할 수 없는 죽음과 같은 빈곤상황 속에 빈곤아동과 가족들은 놓여 있다. 이 속에서 빈곤아동은 폭발하고 부수고 훔치고 방황하고 포기하고 좌절하며, 빈곤가족 또한 술과 폭력과 절망에 자신들의 미래를 걸고 죽지 못해 살아가고 있다. 대한민국 헌법이 정하는 생존의 권리와, 행복하게 살 권리, 교육받을 권리, 문화환경을 누리고 살 권리, 참여하며 살 권리는 보장받지 못하는 상황에서, 수혜자라 명명하며 대상화하는 미시적인 상담과 각종 복지서비스와 구제와 자선과 기부와 사랑나눔으로는 근본적인 해결이 어렵다. 이는 빈곤아동과 가족과 함께한 지난 30년간의 임상결과에서 얻은 결론이다. 그러나 절망하고 포기하지 않는다. 지원체계를 정비한 지역사회복지사의 지역사회 구축을 통하여 빈곤아동과 가족을 둘러싼 지역사회의 자원들의 연계와 협력체계를 재정비함으로 다시 회복될 것이다.

빈곤아동과 가족은 지역아동센터와 지역사회복지사의 양적·질적 확장으로 지역사회 가운데에 더불어 세워짐으로써(empowerment) 파괴된 인간성이 회복

[표 11] 빈곤아동과 가족을 위한 헬리콥터 이론

헬리콥터	지역사회복지 적용	기존의 이론과 비교	
헬리콥터 이륙지점 (산, 들, 바다, 사막 등)	빈곤아동, 가족의 삶의 자리(빈곤상황에서 출발)	활주로와 공항 필요함	과거의 경험 중시 시설 중심, 병리적
헬리콥터 조종사	빈곤아동과 가족 중심	비행기 조종사	사회복지사, 시설장 중심
헬리콥터 본체	빈곤아동과 가족의 집	보잉 707	효율성 효과성의 관점 크고 좋은가 중심
헬리콥터 프로펠러	찾아가는 지역사회복지사	비행기 엔진	자본, 자본의 논리, 상업적 복지
헬리콥터가 솟아오 르기 위한 양력(바람)	지역사회복지사와 빈곤아동의 협력과 참여	연료	사회복지사의 수혜자 에 대한 대상화 지시적, 일방적 관점
헬리콥터가 날아감 (접근성, 기동성)	지역사회 가운데 세움 (empowerment)	비행(비행기를 탄 승객의 동의 를 구해야 합리 성, 문제해결 시점 지연됨)	소비자로 다시 수혜 를 지속적으로 받는 의존자
목적지에 착륙 (산, 들, 바다, 사막 어디에나 착륙함)	빈곤아동과 가족의 자리 에서 꿈을 이루고 행복 한 오늘과 내일의 주인 으로 자활함	공항 활주로를 통한 착륙	시설에 찾아와서 과 거와 연결된 활주로 같은 통로를 통해 고 착됨(집착, 갈등유지)
시간과 공간 이동이 자 유롭다.	과거와 미래는 없다. 날 마다 오늘 여기 나의 능 력 안에서 시작한다.	정해진 시간과 장소에서 이동	시간제약, 실적 중심 과거에 의해 현재행 동 분석, 빈곤으로 미 래는 없다.

되고 새 하늘과 새 땅의 주인으로, 국가에 기여하는 민주시민으로 빈곤을 퇴치하고 자활자립하게 될 것이다. 이 과정을 새로운 헬리콥터 이론으로 정리하면 [표 11]과 같다.

아무리 많은 사람을 위치 변경시키는 효율적이고 경제성이 뛰어난 보잉 점보 비행기도 출발 전후 활주로가 필요하다. 또한 비행장이라는 고정된 시설에서 이착륙할 수밖에 없다. 헬리콥터는 사막에도 바다에도 산에도 들에도 요청이 있으면 이·착륙이 가능한데, 바로 '여기 그 자리(hear and now)'에서 출발한다는 것이다. 다시 말하면 빈곤아동과 가족들을 상담할 때 가장 답답한 것은 빈곤의 구조적인 사회 악순환 문제와 빈곤에 의해 받은 깊고 넓으며 지속적인 영향 아래 있는 다중위기와 복합적인 상처를 함께 해결하는 상담기법이나 사회복지 실천기법이 없다는 것이다. 복잡한 과거에서 원인을 찾아 해결할 수 없고 절망 가운데 불투명한 빈곤아동들의 미래를 향해 함께 설계하기가 힘들었다. 단지 빈곤의 상황 그곳에서 아이들이 상처를 딛고 꿈의 날개를 펴고 자신의 삶을 향해 훨훨 날아오르도록 도와주기 위해서, 그 날아오르려는 몸짓이 자신들의 현재의 빈곤을 이겨내는 힘으로 스스로 축적하도록 돕기 위한 것을 우리는 10년 동안 찾았고 연구하고 실천하였다. 그 방안이 지역사회복지사다.

다른 사회복지 실천기법과의 차이를 설명하여 빠르게 이해하도록 돕는 데는 헬리콥터의 비행방법이 적합하다. 헬리콥터의 꼭대기에 빙빙 도는 프로펠러와 프로펠러가 일으키는 바람, 즉 헬리콥터를 날아오르게 만드는 양력인 바람의 역할이 바로 지역사회복지사의 역할인 것이다. 헬리콥터의 본체는 빈곤가족과 아동이다. 또 헬리콥터가 날아가기 위해서 조종하는 조종사도 빈곤아동과 가족이다. 지역사회복지사는 빈곤아동과 가족이 힘을 가지고 자신의 빈곤 환경과 지역사회와 가정, 학교에서 자신의 소중함을 알고 스스로 자신의 꿈과 미래를 향해 날아오르도록 돕는 바람이다. 바람은 어느 곳, 어느 시간에도 영향력을 미치며 존재한다.

정해진 시간과 장소에서 이동하고 이륙·착륙을 하며, 활주로가 있어야 반드시 착륙하는 비행기처럼 과거의 경험과 역사, 과거와 관련된 상황이 현재를 규정하고 현재에 영향력을 미치는 상담기법이나 사회복지 실천방법은 절망과 패배, 잘못과 시행착오, 경쟁대열에서의 반복된 낙오자의 상처를 더욱 아프게 한다. 과거에 의해 현재 행동이 분석되어, 빈곤상황은 미래에 제공되는 기회조차 제공받지 못한다.

그러나 헬리콥터 방식의 가족접근과 지역사회복지 통합적인 접근방식은 시간과 공간이동이 자유롭다. 그리고 과거와 미래는 없다. 날마다 오늘 여기 나의 능력 안에서 시작한다. 지역사회복지사의 바람의 양력은 도움의 손길일 뿐, 목적지를 향해 날아가는 사람은 빈곤아동과 가족이다. 그들의 참여와 협력을 통해 자기 스스로의 미래를 결정하고 개척한다.

헬리콥터가 이·착륙한 자리는 지역사회다. 이·착륙한 사막이나 바다나 들판이나 산꼭대기는 그대로 헬리콥터가 지나간 자리일지라도 그대로 유지된다. 지역사회의 체계는 일시적인 바람으로 들판의 풀들이 흔들리지만, 잡초들의 생명력은 그대로 그 지역사회체계 안에 유지된다. 이러한 영향력을 미치며 지역사회 안에 빈곤상황 안에서 더불어 세워 나가는(empowering) 역할을 지역사회복지사가 하는 것이다.

II. 찾아가는 사례관리의
이론적 기초

▶▶ 1. 생태체계이론

　지역사회복지사의 찾아가는 사례관리의 기반이 된 생태체계이론(ecosystem)은 생태학의 관점과 체계이론에서 파생된 개념이다. 체계이론에서 체계는 질서가 있으며, 상호 관련되어 있고, 기능적으로 전체를 구성하는 요소들의 집합체를 말한다. 체계이론은 가족을 개인이 아닌 전체의 맥락에서 접근할 뿐 아니라, 가족과 환경의 상호작용을 조명하는 개념적 틀로서 유용하다. 즉, 체계로서 가족에 대한 개입은 가족구성원들이 어떻게 서로에게 영향을 미치는가에 초점을 두고, 가족상호 간에 패턴화되어 나타나는 반복적인 상호작용에 개입한다는 것을 의미한다. 그렇기 때문에 사회복지사는 가족구성원으로서 개인이 어떠한 가족생활을 하는지, 특히 각 구성원 간에 어떠한 상호작용을 하고 있는지 이해해야 한다. 이는 사회복지사가 '왜'가 아니라 '무엇'이 일어나고 있는가에 우선적인 관심을 가져야 한다는 것을 말한다.

　생태학적 관점은 생태학으로부터 개념을 도출하여 사회 상호작용과 사회변화를 설명하는 비유로 활용되어 왔다. 사회복지실천에서 생태이론은 모든 개인이 다른 사람과 환경 속에서 지속적인 상호관계를 맺으며, 서로에게 영향을 미친다는 것을 전제로 하고 있다. 즉, 인간의 욕구를 만족시키고 발달과업을 수행하기 위해서는 개인이 환경과 긍정적 상호작용을 이루어야 하며, 환경 속의 체계를 적절하게 활용할 수 있어야 한다. 그러기 위해서는 자원에 대한 이해가 필요하다. 생태이론의 하위체계는 부모-자녀, 부부, 가족, 친척, 친구, 이웃, 문화 관련 집단 그리고 사회적 관계망 내의 다른 요소들을 포함하는 대인관계 체계와 제도 및 지역사회를 포함한 조직체까지도 포함하는 매우 광범위한 것이다. 이러한 상황적, 환경적 맥락에 따른 체계는 사정과 계획단계에서 가장 유용하며, 향후 실천과정에서도 클라이언트의 효과적인 자원연계에 중요한 관점으로 활용될 수 있다.

지역사회복지사의 찾아가는 사례관리에서 생태체계이론의 적용점은 참여자를 둘러싼 상황이나 환경과 어떤 상호작용을 하고 있는지를 확인하여, 참여자에게 긍정적인 영향을 주는 자원을 확인하고, 필요한 자원을 개발하는 데 중요한 기반이 된다는 것이다. 이는 참여자의 욕구를 체계 내에서 해결할 뿐 아니라 개별참여자가 체계 내에서 건강하게 자신의 역할을 담당할 수 있도록 지원하는 것이다. 실제 지역사회복지사가 소개받을 당시 참여자는 둘러싸여 있는 체계가 있음에도 불구하고 실제로는 자원을 확보하지 못하여 고립되거나 위험에 노출되는 경우가 많다.

지역사회복지사는 참여자의 상황을 함께 보고 강점과 자원을 발견하면서 끊어졌거나 소원했던 체계와, 필요에 의해 새롭게 연계한 체계를 더불어 함께 세우는 과정에서 실질적인 관계망으로서 역할을 하도록 지원해야 한다. 이러한 과정에서 참여자는 지역사회 안에서 체계와 파트너십을 발휘하게 되고, 삶의 주체로 어려움을 해결할 수 있는 능력을 갖추어 지역사회복지사와 관계 전환할 수 있다.

비단 참여자뿐만 아니라 가족체계는 누구에게나 매우 중요하다. 아동이 호소하는 많은 어려움은 가족체계 내에서 부정적인 상호작용의 결과가 대부분이다. 이때 지역사회복지사는 참여자와 가족의 건강한 요소를 찾아 긍정적인 상호작용을 이루는 과정을 탐색하여 이를 활성화시키면 가족 내에 고정되고 패턴화된 역기능에 변화가 생기게 된다. 이러한 변화가 긍정적임에도 불구하고 초기에는 저항을 동반하기도 한다. 지역사회복지사가 가족구성원의 변화의 촉매가 될 때, 가족구성원 상호 간의 영향만을 주고받는 것이 아니라 가족 전체에 영향을 미치게 되어 건강한 역동으로의 전환을 가져오게 한다. 즉, 가족 안에서 가족구성원 간의 경계가 분명해지고, 양육자와 아동 간의 건강한 관계가 형성되는 변화를 가져오는 것이다. 특히 양육자가 일관적이고 합리적인 양육패턴으로 아동을 지도하면 아동이 양육자가 형성한 안정감 있는 틀 안에서 자신에게 좋은 것을 선택하는 능력을 가지게 되고, 가족뿐 아니라 사회체계에서 살아갈 수 있는 긍정적인 삶의 기술을 배울 수 있다. 이처럼 아동의 긍정적 변화는 양육자가 건강한 양육패턴을 지속하게 하는 힘이 되고, 아동의 성장에 따른 유연성 있는 대처로 발전하게 된다. 이때 아동은 가족의 가치를 습득하고, 건강한 성장의 발판을 마련하게 된다. 뿐만 아니라 가족 내 건강한 상호작용은 가족을 둘러싼 환경에 영향을 미쳐서 함께 변화하고 발전할 수 있는 성장의 토대가 되는 것이다.

▶▶ 2. 임파워먼트이론

지역사회복지사의 찾아가는 사례관리의 기반이 된 임파워먼트(empowerment)는 형질을 바꾸는 활동으로 자신의 실천에 변화를 가져오는 것을 말한다. 임파워먼트는 힘의 이동에 관심을 갖고, 그동안 주변에 밀리거나 억압받은 사람들의 욕구와 권리를 충족시키는 것을 강조하며, 클라이언트에 대한 상담에서 서비스 기획에 이르는 모든 활동의 범주에서 사용된다. 이것은 '사람에 대한 것'이라기 보다는 '사람과 함께하는 것'에 초점을 맞추고 있다. 즉, 임파워먼트는 자기인식과 자기통제를 강조하며, 이성과 인지적 수단을 통해 자신의 삶을 통제하여 개인의 기량을 향상시키는 것이다. 이러한 임파워먼트는 실천의 모든 영역과 부분에서 에너지를 창출하는 사회복지이론과 실천의 중심이다.

임파워먼트 실천을 위해서는 다음과 같은 원칙을 가져야 한다. 첫째, 여러 가지 형태의 억압에 도전하는 사람들과 임파워먼트 접근으로 함께 일하기 위한 방법에 지속적으로 노력을 기울여야 한다. 둘째, 사회복지사와 클라이언트는 임파워먼트 과정을 공유해야 하며, 적어도 계획하기, 협력하여 일하기, 자율적으로 일하기, 수행평가하기 등이 포함되어야 한다. 셋째, 클라이언트가 가능한 한 스스로를 옹호하고 스스로에게 힘을 부여할 수 있어야 한다. 넷째, 사회복지사는 클라이언트가 가능한 한 자신의 경험, 인식, 소망을 표현하도록 촉진해야 하며, 자신의 선택을 실현할 수 있도록 격려해야 한다. 다섯째, 사회복지사와 클라이언트는 임파워먼트를 달성하기 위하여 함께 노력해야 한다. 여섯째, 사회복지사와 클라이언트는 다양한 임파워먼트 영역인 개인, 집단, 조직 등의 연결을 최대화해야 한다. 일곱째, 사회복지사는 클라이언트가 상황에 적응하기보다는 도전할 수 있도록 지속적인 힘을 부여해야 한다. 결국 임파워먼트는 우선 사회복지사 자신에게 적용하여 능력 부여를 하고, 클라이언트와 이외의 많은 사람들이 자신과 타인의 발전을 위해 적용할 수 있어야 하는 것이다.

특히 마일리(Miley)는 사회복지사가 사회복지 실천현장에서 임파워먼트를 3단계로 나누어 실천해야 한다는 점을 강조하고 있다. 첫 번째 대화단계(dialogue phase)는 사회복지사와 클라이언트 간의 상호신뢰를 바탕으로 기본적인 방향과 목적 설정을 정의하여, 협력적인 관계를 시작하고 유지시키는 과정이다. 대화단계의 구체적인 과정은 함께 일하는 것을 준비하고, 파트너십을 형성하며, 도전을 분명히 하고, 강점을 찾고 방향을 설정하는 것이다. 두 번째 발견단계(discovery phase)는 사회복지사와 클라이언트가 체계적인 해결방안을 위해 자원들을 정하여 찾는 것이다. 자원은 현재 클라이언트가 가지고 있는 내부자원과 환경으로부터의 외부자원이며, 사회복지사는 클라이언트와 협력하여 변화를 위한 정보를 모으고 발전시켜 분석해야 한다. 발견단계의 구체적인 과정은 자원체계를 찾고, 자원능력을 분석하고, 해결의 틀을 마련하는 것이다. 셋째 발전단계(development phase)는 사회복지사와 클라이언트가 현재 자원을 활용하고 클라이언트의 목표를 달성하기 위한 새로운 선택을 만드는 과정이다. 발전단계는 클라이언트의 변화가 안정되고 강화되며 강점이 더욱 많아지도록 하는 활동의 시작으로, 자원을 활성화하고, 기회를 확장하며, 성공을 인식하고, 결과를 만들어 내는 과정이다.

지역사회복지사의 찾아가는 사례관리에서 임파워먼트 이론의 적용점은 다음과 같다. 지역사회복지사가 참여자와 함께 일하기 전에 교육과 훈련을 통해 지식과 기술을 습득하고, 개인과 전문가의 가치를 명확히 하는 지역사회복지사 자신의 임파워먼트로부터 시작한다. 임파워먼트된 지역사회복지사는 참여자가 가지고 있는 지식, 가치, 기술로부터 강점을 발견하고, 참여자가 문제를 해결할 수 있는 능력이 있다는 신뢰로부터 협력의 토대를 마련한다. 이는 지역사회복지사가 참여자의 문제해결의 주체가 아니라 참여자에 대한 존중을 기반으로 참여자가 자신에 대해 가장 잘 아는 전문가라는 사실을 인정하면서 평등한 파트너십을 유지하는 과정이다. 결국 지역사회복지사는 참여자가 해결을 원하는 욕구에 대한 목표를 세우고, 원하는 자원을 선택하고 결정하여 실행할 수 있는 능력을 갖도록 지원한다. 참여자가 자신의 선택과 결정에 따른 노력과 책임을 통한 성공의 경험을 인식하게 되면, 또 다른 과제에 도전할 수 있는 힘이 생기게 되고, 혹여 실패를 경험하더라도 새로운 기회를 통해 긍정적 결과를 만들어 낼 수 있도록 역량이 강화되는 것이다.

결국 더불어 함께 세우기 과정을 통해 참여자가 임파워먼트되면 자연스럽게 지역사회복지사는 참여자 뒤로 물러서게 될 것이다. 참여자 뒤로 물러서게 될 때쯤에는 지역사회복지사의 지원이 없더라도 참여자가 지역사회 내에서 자원체계와 협력적 파트너십을 유지하면서 자원을 이용하고 원하는 것을 얻을 수 있게 된다. 궁극적으로 참여자가 지역사회 내에서 건강한 지역사회 일원으로서의 역할을 수행하여, 또 다른 지역사회 구성원의 지지자로서의 역할을 담당하게 된다.

▶▶ 3. 강점이론

지역사회복지사의 찾아가는 사례관리의 기반이 된 강점(strength) 관점은 모든 사람은 강점을 가지고 있다는 인식에서 출발한다. 클라이언트 자원과 지역사회 자원을 규명하고, 이것의 활용을 촉진하는 것은 사회복지사와 클라이언트의 상호작용에 내재되어 있다. 살리비(Saleebey)는 강점 관점에서 사회복지사는 "참여자의 장점, 능력, 재능, 자원과 열망에 대한 깊은 이해와 존경을 통해 우선적으로 끌려야 된다."고 말하고 있다. 이는 모든 개인과 집단이 능력, 에너지, 용기, 저항력, 통합능력 그리고 다른 장점을 가지고 있다는 말이다. 이러한 강점을 인식하고 변화하는 과정에 사용한다면 클라이언트의 바람직한 변화를 위한 동기와 잠재능력을 향상시킬 수 있다. 또한 사회복지사는 클라이언트 체계와 관계를 형성하고, 문제에 중심에 두기보다는 체계가 가지고 있는 자질과 기술을 토대로 접근한다. 그러므로 사회복지사는 클라이언트 체계와 환경의 맥락에서 자원을 이용할 수 있어야 하고, 더욱 효과적으로 기능이 증진되도록 이끌어야 하는데, 이는 클라이언트의 회복력을 통해 더욱 견고해진다.

회복력(resilience)은 역경에 처한 개인이 역경으로부터 회복하여 긍정적 적응 결과를 가져오게 하는 개인의 심리사회적 능력으로 정의될 수 있다. 심리적 능력은 역경의 실체 인정, 부정적 정서 부인, 긍정적 가치 부여, 희망, 삶의 의지, 의미 부여, 자신감, 자기존중감, 문제해결력, 결단력, 융통성이 있고, 사회적 능력은 소속감, 사회적 지지의 충원이다. 가족이 모든 영역에서 강할 수 없지만, 모든 가족은 강점과 자원이 있으므로 가족구성원의 강점과 잠재력에 주목하고 긍정적 의도, 노력, 성취에 이르도록 해야 한다. 때로는 가족이 위기 중에 있으면 강점을 주목하지 못할 수도 있으므로 사회복지사가 강점을 부각하여 자원을 재조직하면 강점이 미래에 필요한 것에 접근할 수 있는 자신감을 향상시켜 클라이언트 스스로 어려움을 해결할 수 있는 힘을 갖게 된다.

지역사회복지사의 찾아가는 사례관리에서 강점 관점의 적용은 지역사회복지사의 갖추어야 하는 가장 기본적인 관점이다. 지역사회복지사는 참여자 누구에게나 강점이 있다는 사실을 명심해야 한다. 비록 참여자가 현재 가지는 어려움으로 강점을 발견하기 어려운 경우가 있더라도 참여자를 세밀하게 관찰하여 강점을 발견할 수 있도록 지지하고 격려해야 한다. 매일 야단을 맞고 친구에게 따돌림을 당하는 아동도 인사를 잘하고 골고루 먹는 강점이 있을 수 있으며, 술을 먹고 아동을 적절히 양육하지 못하는 양육자도 아동을 잘 키우길 원하여 준비물은 꼭 준비해 주는 강점을 가지고 있을 수 있다. 주위에서 잘하는 것이 하나도 없다고 낙인되어 스스로 건강한 요소가 없다고 좌절하는 참여자도 강점은 있다. 이들이 발견하지 못한 강점을 찾고 때로는 새로운 강점을 개발할 수 있도록 지역사회복지사는 끊임없이 지원해야 한다.

참여자의 강점을 발견하기 위해 선행되어야 할 부분이 있다. 지역사회복지사

스스로 자신의 강점을 발견하는 훈련을 통해 긍정적인 자기인식을 할 수 있어야한다는 것이다. 이는 강점 관점이 지역사회복지사의 생활 속에서 실천력을 가지고 있어야 한다는 것을 말한다. 실제 지역사회복지사로 일하기 시작하면, 다양한 어려움을 가진 아동과 가족을 만나게 되는데, 이때 문제가 너무 방대하여 강점을 찾는 데 어려움이 있다. 때로는 자신이 가지고 있는 가치나 생각으로 판단하며 참여자를 훈계하기도 한다. 그러나 참여자를 만나고 지원하면서 의도적이고 세밀하게 참여자의 강점을 찾기 시작하면, 참여자 스스로 자신의 강점을 인정하고 개발하기 위해 노력한다. 이를 통해 참여자는 어려움을 해결할 수 있는자신감과 내적 힘을 가지게 되고, 지역사회복지사와 보다 평등한 파트너십을 유지하면서 삶의 주체자로 살아가게 되는 것이다. 강점 관점이 지역사회복지사에게 잘 맞는 편한 옷처럼 참여자와 함께하기를 시작하는 그 순간인 참여자를 소개받을 때부터 참여자와 지지적 관계를 유지할 때까지 지속적으로 이루어져야한다는 사실은 반드시 기억해야 한다.

▶▶ 4. 발달이론

발달과 관련하여 많은 이론들이 있지만, 수많은 발달학자들이 동의하는 발달에 관한 원칙이 있다. 발달은 임신에서부터 사망에 이르기까지 끝나지 않고 계속적인 변화를 가져오는 역동적인 과정이며, 대부분의 발달은 예상할 수 있고정해진 방향으로 전개되는 방향지향적 원칙을 갖는다는 것이다. 또한 발달은 단계적으로 일어나며, 초기에서 후기로 누적되는 과정이라고 할 수 있다.

지역사회복지사의 찾아가는 사례관리의 기반이 된 대표적인 발달이론은 다음과 같다.

피아제(Piaget)의 인지발달

(1) 감각운동기(0~2세)

상징이 아닌 운동능력에 의해 발달하며, 주변세계에 대한 이해는 신체적 상호작용과 경험에 기초하기 때문에 제한적이다. 7개월 정도 되면 대상영속성 개념을 갖게 되는데, 이는 모든 대상들이 독립적인 실체로서 장소를 옮기거나 시야에서 사라지더라도 계속 존재한다는 사실을 인식하는 것이다.

(2) 전조작기(2~7세)

상징을 사용하고 이해할 수 있으며, 언어 사용이 발달하고, 중요한 수단으로 상상력과 기억능력이 발달한다. 하지만 사고능력은 비논리적이고 연역적이지 못하며, 자기중심적 사고가 지배적이다. 마술적 사고는 아동으로 하여금 내가 나 자신에게 나쁜 일이 일어나도록 원인을 만들었다면 또다시 그 일이 일어나지 않도록 할 수 있다는 믿음을 확장시킨다.

(3) 구체적 조작기(7~11세)

구체적 사물과 관련하여 상징과 논리적이고 구조적으로 조작함으로써 세계를 이해한다. 조작적 사고가 발달하고 자기중심성은 감소한다. 아동은 그들 자신의 외부에 존재하는 영향과 원인들을 이해할 수 있는 능력이 발달하기 시작한다. 또한 사고에 있어서 가역성을 획득하게 되므로 이전 단계에서는 불가능했던 보존 개념을 형성하게 되며, 분류가 가능해지고 서열화하는 능력을 갖춘다.

(4) 형식적 조작기(11~15세)

사고가 추상적인 원리에 근거를 두고 가설적인 가능성을 고려하는 능력이 생긴다. 지식과 경험의 축적을 근거로 지적 능력이 향상된다. 자아정체성을 발달시키기 시작하고, 그렇기 때문에 한계에 도전하려는 시기이며, 사건의 복잡한 의미를 가려내는 능력이 생긴다.

에릭슨(Erikson)의 정신사회학적 발달

(1) 신뢰 대 불신(출생~1세)

이 시기에 신뢰는 아기가 요구에 대해 일관적이고 예상할 수 있는 만족을 통해 형성되어 세상을 안전하고 의지할 수 있는 장소로 간주하도록 한다. 이와 반대로 불신감은 양육자의 행동을 전혀 예측할 수 없고 믿을 수 없으며, 필요할 때 양육자가 거기 없을 것이라는 느낌이다. 돌보는 이에게 신뢰감을 갖게 되면 양육자가 보이지 않더라도 불안이나 걱정을 보이지 않고 잘 견뎌낸다.

(2) 자율성 대 수치와 회의(2~3세)

걷기 시작하면서 자율감이 발달하고 외부환경을 탐색할 때 새로운 안정감이 생긴다. 자율성은 생물학적 성숙으로 스스로 어떤 일을 할 수 있는 능력, 즉 자신의 괄약근 통제, 자기 발로 서기, 손을 사용하는 것 등을 발달시키고, 수치와 회의는 사회의 기대와 압력을 의식함으로써 생긴다.

(3) 주도성 대 죄의식(4~5세)

간단한 자기통제를 하는 것에서부터 행동의 주도성까지 발전하여 계획을 세우고 목표를 설정하며 달성하고자 노력한다. 그러나 새로운 자기주도적 활동이나 환상에 대해 처벌하거나 금기시하고 혹은 나쁜 것으로 느끼도록 하면 죄책감이 발달한다.

(4) 근면 대 열등감(6~11세)

사회에서 가치 있게 여기는 기술을 습득하는 자아성장의 결정적인 단계로 인지적, 사회적인 기술을 숙달하게 된다. 아동의 세계가 확대되고, 집 밖에서 새로운 영향력을 받게 된다. 학교에 들어가면서 보다 지적인 기술을 습득하게 되며,

어느 경우에서나 의미 있는 작업을 하는 법을 배우게 된다. 꾸준한 주의집중과 지속적인 근면을 유지하는 자아력을 발달시켜 또래와 함께 일하고 노는 법을 배운다. 이 시기의 새로운 기능은 주로 양육자나 교사의 태도에 의해 결정되는데, 건설적이고 교훈적인 칭찬이나 강화는 근면성을 길러 주지만, 조롱하고 거부적인 태도는 부적합이나 열등감을 발달시킨다.

(5) 정체감과 역할혼돈(12~18세)

급격히 성장하여 많은 변화를 보이기 때문에 자신의 존재에 대한 새로운 탐색을 시작한다. 실제로 정체감 형성은 전 생애에 걸친 과정이나, 이 시기가 가장 중요하다. 보다 넓은 세계에서 자신의 미래에 관해 걱정하고, 자신 앞에 놓여 있는 무수한 선택의 가능성에 압도되기도 한다. 자신이 누구인가에 대한 확신을 갖고 있지 못하기 때문에 소속집단과 동일시하려는 경향도 있다. 아동기과 성인기의 과도적 시기로 정체감이 형성된 청소년은 확신을 가지고 성인기를 대비하지만, 실패한 개인들은 역할혼돈에 빠지기도 한다.

(6) 친밀감 대 고립감(성인 초기)

부모로부터 독립하고 성취하여 직업을 선택하고 배우자를 찾으며 책임 있는 성인으로서의 역할을 시작한다. 생산적인 일뿐 아니라 우정 혹은 성적 결합의 형태로 타인과 친밀감을 형성한다. 친밀한 관계에 실패한 개인은 고립감을 가지고 타인과의 접촉을 회피하며, 자신에게 위협적으로 느껴지는 사람에게 거부적이며 공격적이 된다.

(7) 생산성 대 침체감(중년기)

생산성은 자녀를 낳고 기르는 것뿐 아니라 직업을 통해 물건을 만들고 이상을 세우는 것도 의미한다. 자녀가 없더라도 생산성을 성취할 수 있는데, 다른 사람의 자녀를 위해 일하거나 그들에게 보다 나은 세계를 만들어 주는 데 기여함으로써 다음 세대를 돌보고 인도할 수 있다. 생산성이 결여되면 성격이 침체되고 따분함을 느끼며 빈곤한 대인관계를 가지게 된다.

(8) 자아통정감 대 절망감(노년기)

노인은 죽음에 직면하게 됨에 따라 생의 재음미에 많은 시간을 보내며, 자기의 생애를 돌아보고 그것이 가치가 있었는지에 대한 의문을 갖게 된다. 이 과정에서 궁극적인 절망에 직면하게 되며, 이때 자아통정감을 찾으려고 노력한다. 자아통정감은 자신의 생을 다른 어떤 것에 의해서도 대처될 수 없는 것으로 받아들이는 것을 의미하며, 그 자체에 대해 초연하고 철학적인 지혜로 인도하는데, 그렇지 못하고 삶을 무의미한 것으로 느끼게 되면 절망감에 빠지게 된다.

지역사회복지사의 찾아가는 사례관리에서 발달이론의 적용점은 다음과 같다. 발달이론은 아동이 학령기에 갖추어야 하는 과업수행 정도를 확인하여 과업수행의 어려운 부분을 발견할 수 있다. 아동은 과업수행의 어려움과 욕구가 동일한 경우가 많기 때문에 학령기 아동이 갖추어야 하는 신체, 인지, 정서, 사회, 성적인 부분에 대해 정확히 인지하여 개별아동의 상황에 맞고, 원하는 부분에 초점을 맞추어 지원해야 한다. 가령 아동이 보여 주는 다양한 문제행동을 이전 단계 과업을 수행하지 못했거나 혹은 다양한 어려움 속에서 살아온 생존기술로 이해하면 보다 아동의 현재 상황에 부합하는 효과적인 지원이 가능할 수 있다. 아동발달에 있어서는 많은 변수(사회문화적 배경과 경험)가 최종 결과를 가져온다는 사실을 명심하면서 아동과 가족을 지원해야 한다.

▶▶ 5. 가족중심 서비스

지역사회복지사의 찾아가는 사례관리의 기반이 된 가족중심 서비스는 가족의 일상생활과 일상환경에 관심을 가지고 있다는 점에서 가족과 지역사회에 기반을 두고 있다. 가족은 문제가 발생하는 곳이기도 하지만 해결책을 모색할 수 있는 곳이기도 하다. 사회복지사는 일차적으로 클라이언트 가족 혹은 지역사회에서 업무를 수행하기 때문에 일상환경에서 어려움을 가진 가족의 삶에 즉각적인 변화를 가져올 수 있다.

가족중심 서비스는 첫째, 가족이 아동발달에 있어 기본적인 역할을 담당한다. 사회복지사는 아동이 가족에게 어떤 가치를 부여하는지를 이해하고 접근해야 하며, 이때 가족구성원이 아동의 유일한 원가족임을 기억해야 한다. 둘째, 가족은 체계의 부분이다. 가족중심 서비스에 있어 체계의 개념이 복잡한 상황을 이해하고 효과적으로 개입하는 데 도움이 되며, 가족을 둘러싼 환경을 사정하는 데 유용한다. 셋째, 참여자가 동료다. 가족구성원은 모든 권리와 특권과 책임성을 갖는 완전한 파트너이기 때문에 가족구성원이 충분히 참여할 수 있도록 시간과 노력을 투자해야 한다. 넷째, 강점이 강조되어야 한다. 강점 관점에 의한 접근은 가족구성원의 강점을 찾아내어 강화시키는 데 초점을 둔 것이다. 강점은 소질, 능력, 취미, 부모로서 책임수행, 꿈, 포부뿐 아니라 친구, 이웃 그리고 친척과의 관계까지 포함되며, 모든 강점은 가족의 욕구를 충족시키는 중요한 자원이 될 수 있다. 다섯째, 가정이 가장 중요한 환경이다. 대부분 가족에게 가장 편안한 장소가 가정이므로, 가족 맥락에서의 서비스 제공은 정확한 사정뿐 아니라 신속한 지원계획을 세우고 개입을 가능하게 한다. 여섯째, 가족의 욕구에 기초한 서비스를 제공해야 한다. 가족중심 서비스는 다양하고 복잡한 가족의 욕구를 감안하여 이에 부합하는 서비스 제공이 이루어져야 한다. 가족의 욕구는 시간에 따라 변화하므로 융통성 있는 서비스가 제공되어야 하며, 가족구성원의 욕구에 여러 체계가 관련되어 있으므로 조정과 협력이 필요하다. 일곱째, 가족과 사회복지사는 지역사회를 기반으로 활동해야 한다. 가족은 지역사회에서 살고 있으므로 효과적이고 지속적인 해결책은 참여자친화적이며 지역사회친화적이어야 한다.

지역사회복지사의 찾아가는 사례관리에서 가족중심 서비스의 적용점은 다음과 같다. 지역사회복지사가 가족중심 서비스를 기본 원칙으로 하여 가족보존을 지향하고 있다는 점은 아무리 강조해도 지나치지 않다. 아동이 가지는 위험요인의 대부분은 가족이며, 보호요인도 가족이다. 물론 모든 가족의 양육자는 아동이 건강하게 성장할 수 있도록 훈육하기를 바라고 있다. 그러나 양육자의 기술이 부족하여 부정적인 훈육을 하고 있는 경우가 많기 때문에 지역사회복지사는 양육자가 건강한 성인으로서 부모역할을 담당하고 가족 내 유대감이 형성되도록 지원해야 한다. 모든 아동은 외부적 환경이 아무리 쾌적하더라도 가족과 함께 생활하기를 원하며, 위험한 상황으로 인해 분리된 아동이라 할지라도 가족과 분리됨으로 인한 상실을 경험하고 가족과 함께 살 수 있기를 기대한다. 그렇기 때문에 지역사회복지사는 가족구성원의 욕구에 따라 지역사회 자원을 소개하고 선택할 수 있도록 지원하며, 아동이 가족으로부터 분리되기 전에 가족기능이 강화될 수 있도록 지원해야 한다. 지역사회복지사사업에 있어 가족중심 서비스는 매우 중요하나, 아동의 안전과 생명이 위험할 때는 아동을 가족으로부터 분리할 수밖에 없다. 비록 아동이 가족과 분리되더라도 비가해 양육자가 건강하게 아동을 양육할 수 있도록 지역사회복지사는 아동복귀를 준비하며, 가족지원을 지속해야 한다. 양육자가 내적 혹은 경제적인 어려움으로 아동을 양육하지 못할 때 아동이 일시적으로 그룹홈 등에 입소할 수 있지만, 지역사회복지사는 지속적으로 양육자를 지원하여 양육자의 내적 힘을 기름과 동시에 가족기능을 강화하여 아동이 가정으로 복귀할 수 있도록 지원해야 한다.

III. 찾아가는 사례관리의 실제

제·1·장
초대하기

종합사회복지관의 재가복지 담당 사회복지사를 통해 지역아동센터에 다니게 된 하늘이네 남매는 센터에 나오는 날보다 나오지 않는 날이 더 많았다. 지역아동센터 실무자는 하늘이네 남매의 둘째와 셋째인 바다와 산이 지역아동센터뿐 아니라 학교도 자주 결석하고, 옷이나 몸이 청결하지 못해서 냄새가 많이 날 뿐 아니라, 식사를 제대로 하지 못한다며 걱정을 하였다. 바다는 매우 산만하고, 산이는 공격적이어서 지역아동센터 다른 아이들이 옆에 앉으려 하지 않는다고 덧붙였다. 하늘이네 남매는 어머니와 함께 살고 있는데, 집안이 매우 지저분하고 다른 사람과 왕래가 없으며 남매가 학교에 가는지 가지 않는지에 대해 어머니가 관심이 전혀 없는 것처럼 보여, 아이들이 가정에서 적절한 보호를 받지 못하는 것이 아닌가 우려된다며 지역사회복지사에게 산이와 바다를 소개하였다.

지역아동센터 실무자는 바다와 산이가 깨끗해지고 학교와 지역아동센터에 출석을 잘하고, 다른 사람과 건강한 상호작용을 하기 바란다고 하였다. 어머니도 일상생활기술과 대인관계 및 자녀양육에 대한 도움이 필요한 것으로 보여, 하늘이네 가족을 지역사회복지사에게 소개하였다고 하였다. 초기 지역사회복지사는 산이와 바다가 지역아동센터에 불규칙적으로 와서 초대하는 것이 쉽지 않았다. 그래서 지역아동센터에 꾸준히 참석하고 있는 맏이 하늘이에게 지역사회복지사를 소개하고 참여자로 초대하였더니, 하늘이가 흔쾌히 승낙하였다.

'초대하기'는 사회복지 실천과정 중 접수단계 혹은 관계형성단계에 해당하는 부분이다. 즉, 지역사회복지사가 처음으로 도움이 필요한 아동과 가족을 소개받고 만나게 되는 과정이다. '초대'는 흔히 기쁜 일이나 특별한 목적이 있는 만남의 자리에 함께할 이들을 모을 때 사용하는 말이다. 이는 사회복지 실천과정에서 참여가 첫째, 지역사회복지사와 참여자[1] 간의 교제와 성장이 있는 인간적인 만남을 전제로 하기 때문이며 둘째, 참여자가 초대받은 자리에 나아갈 것인지를 결정할 때 본인의 의견과 선택이 가장 중요하다는 것이다. 이처럼 참여자가 자신의 자유의사로 지역사회복지사와 함께할 것을 결정한다면 그 관계는

---

1) 찾아가는 사례관리에서 '참여자'는 클라이언트를 의미한다. 참여자는 지역사회복지사에 의해 수직적으로 제공되는 서비스가 아니라 참여자의 요청과 선택으로 이루어지는 수평적 협력관계를 말하며, 동반자적 지위를 강조하기 위해 사용하는 용어다.

평등한 파트너십에 기반했다고 할 수 있다.

▶▶ 1. 초대하기의 종류

초대하기는 크게 '소개받기' 와 '찾아가기' 의 두 유형으로 나누어진다. 소개받기는 지역사회복지사가 참여자를 이미 알고 사람들이나 지역사회조직, 참여자 본인으로부터 직접 소개받는 것이고, 찾아가기는 지역사회복지사가 보다 적극적으로 지역을 순회하여 도움이 필요한 참여자를 직접 찾아가는 것을 의미한다.

소개받기

소개받기는 기존의 사회복지 실천과정에서의 접수방법 중 하나인 의뢰받기를 대신하는 말이다. 도움이 필요한 아동과 가족이 그들과 관계를 맺어 온 사람들에 의해 일정한 과정과 절차를 거쳐 소개받고 지역사회복지사와 관계를 맺는 것을 의미한다. 이 과정은 참여자를 알고 있는 사람이나 조직에 의한 소개뿐만 아니라 참여자인 아동과 가족이 직접 도움을 요청하는 경우도 포함된다. 따라서 소개받기는 도움이 필요한 이들이 타인에 의해 수동적으로 의뢰된다는 의미를 지양하고, 사람과 사람이 '상대' 로서 만나 관계의 범위를 넓혀 가며 서로가 성장하는 상호지원 과정을 의미한다.

(1) 소개하고 추천하는 사람들

지역사회복지사는 지역사회 내의 다양한 사람들로부터 도움이 필요한 아동과 가족을 소개받고 있다. 아동과 접촉할 기회가 많아서 아동을 관찰하거나 친밀한 관계를 맺고 있는 사람들이 바로 그 주인공이다. 이런 점에서 지역사회복지사는 다양한 지역사회 내 주체들과 긴밀한 네트워크를 형성하는 것이 중요하다. 지역사회에서 함께 생활하고 있는 이웃이 아동과 가족이 겪고 있는 어려움과 욕구를 가장 잘 아는 경우가 많기 때문에 참여자 소개에 있어 중요한 역할을 한다. 예를 들면, 수업시간에 돌아다니고 학교에 가지 않는 아동을 학교 앞 상인이 소개하거나, 이웃주민이 늦게까지 돌아다니는 아동의 안전을 걱정하면서 지역사회복지사에게 소개하기도 한다. 소개받기에서 더욱 특별한 점은 과거의 사업 참여자가 다른 아동과 가족을 추천한다는 점이다. 이는 지역사회복지사가 참여자를 수혜의 대상이 아니라 동등한 파트너 관계임을 보여 주는 단면이다. 게다가 이전 참여자는 지역사회복지사의 활동에 대해 누구보다 잘 이해하기 때문에 도움이 필요한 가족을 지역사회복지사에게 직접 소개하기도 하고, 지역사회복지사사업을 지역사회 내에 홍보하기도 한다. 그리고 참여자가 자신을 스스로 소개하며 도움을 요청하는 경우도 있다는 점을 기억해야 한다. 다음은 도움이 필요한 아동과 가족을 소개하는 다양한 사람과 전문가들이다.

① 스스로 도움을 요청하는 아동과 가족들

지역사회복지사의 참여자 지원을 지켜본 아동이나 가족이 직접 참여를 요청하는 경우다.

② 아동 · 가족과 함께 일하는 사회복지 전문가들
- 지역아동센터 실무자, 지역사회복지사
- 종합사회복지관의 재가복지 · 아동복지 담당 사회복지사
- 가정위탁지원센터, 건강가족지원센터, 정신보건센터, 알코올상담센터 등의 사회복지사
- 아동보호전문기관, 가정폭력상담소, 성폭력상담소 등의 위기 관련 기관 사회복지사 혹은 상담원

③ 교육을 담당하는 교사들
- 초등학교 혹은 중학교 교사

- 어린이집 또는 유치원 등의 교사
- 보습 혹은 특기교육(피아노, 미술, 태권도 등)학원 강사

④ **공공기관**
- 구청 혹은 동사무소 사회복지 전담공무원
- 지구대 혹은 경찰서의 경찰

⑤ **종교를 통해 아동·가족과 함께하는 사람들**
- 종교기관(교회, 성당, 절 등)의 종사자
- 함께 믿는 교인 등

⑥ **의료기관에 소속되어 있는 전문가들**
- 병원 혹은 보건소 의사, 간호사
- 약사

⑦ **지역사회 내 이웃들**
- 학교 앞의 상인들(분식집 주인, 문구점 주인 등)
- 아동의 놀이기구(오락기, 퐁퐁)를 관리하는 사람들
- 지역사회복지사사업에 참여한 경험이 있는 사람들

[그림 1] 슈퍼를 하는 이웃 할머니가 도움이 필요한 아동과 가족을 잘 알고 있다.

[그림 2] 문구점 주인은 수업시간 중에나 귀가시간 이후에도 늦게까지 오락을 하는 아동을 눈여겨보았다가 소개하기도 한다.

- 민재는 지역사회복지사가 만나고 있는 아동의 담임교사에 의해 소개되었다. 담임교사는 민재가 방과 후에 동네를 늦게까지 배회하고 아버지와의 관계에서 어려움이 있는 것 같다면서 지역사회복지사에게 지원을 요청하였다. (학교 교사)
- 지역 간담회를 통해 지역사회복지사의 역할을 알게 된 상담소 담당자는 성학대 피해아동이 어머니의 알코올 의존으로 인해 가정에서 안전하게 보호되지 못하고 있다면서 지혜를 소개하였다. (지역 내 위기지원기관)
- 지역사회복지사가 지원하는 아동의 아버지가 같은 아파트에 사는 정재가 도벽과 공격성으로 생활에 어려움이 있다고 정재를 만나 줄 것을 부탁하였다. 정재와 가족에게 직접 지역사회복지사를 소개하면서 만남을 시작하였다. (기존 참여자)
- 지역사회복지사의 활동을 이미 알고 있던 학교 앞 분식집 아주머니는 지각과 잦은 결석을 하고 있는 미연이를 알게 된 후, 미연이가 가족으로부터 적절한 보살핌을 받지 못한다고 여겨져 미연이를 만날 줄 것을 지역사회복지사에게 요청하였다. (학교 앞 분식집 아주머니)

(2) 소개받고 추천받는 사람들

흔히 빈곤아동과 가족이 겪는 어려움은 복합적이고 만성적이다. 이는 다양한 어려움이 각각 개별적으로 따로 발생하는 것이 아니라 여러 요인이 다발적으로 작용하며, 서로 연관되어 상호영향을 주기 때문에 가중되거나 만성화되는 것이다. 예를 들면, 우울과 공격성 등의 심리·정서적인 어려움을 보이는 아동은 가족 내에서 학대를 경험한 경우가 많고, 그 결과 학교에서 집단따돌림을 당하는 모습을 흔하게 볼 수 있다. 따라서 각각의 어려움이 개별적으로 기술되지만 서로 연관되어 있고, 그로 인한 어려움이 가중된다는 사실을 항상 고려해야 한다.

아래는 지역사회복지사가 흔히 접하는 참여자의 어려움에 대한 유형이다. 참여자의 어려움을 문제적, 진단적으로 접근하는 것을 피하기 위해서 아동과 가족이 겪는 어려움을 욕구의 용어로 전환하였다. 이는 참여자의 저항을 감소시켜 아동과 가족의 어려움을 해결하는 것 이외에 환경의 변화에 관심을 기울여 지역사회가 참여자의 적극적 옹호자로서의 역할을 수행하도록 하기 위함이다.

① 마음의 힘 키움이 필요한 사람들

'마음의 힘 키움이 필요하다.'는 것은 잦은 짜증, 공격성, 주의산만, 우울함, 자주 삐침, 고집 부림, 심술 부림 등의 심리적인 어려움을 해결 또는 조절할 필요가 있다는 것이다. 사실 이러한 감정과 행동은 표현의 차이는 있지만, 아동이든 성인이든 모두가 생활 속에서 순간순간 느끼는 것이다. 따라서 이와 같은 감정과 행동을 보인다고 해서 모두 지역사회복지사의 도움이 필요한 것이 아니라, 심리·정서적인 어려움으로 인해 또래관계나 사회생활에 어려움을 겪는 이들을 초대해야 한다. 예를 들면, 짜증을 부리는 정도가 심해서 다른 아동이 함께 노는 것을 기피하고 집단따돌림을 당하여 또래 내에서 고립되거나 자신이 속한 공동체의 과업 성취에 방해가 되는 아동을 들 수 있다.

- 아홉 살 영호는 다른 사람의 말이나 행동에 예민하게 반응하여 자신을 무시하거나 자기 탓을 한다고 생각하는 순간, 참을 수 없을 정도로 화를 내곤 했다. 펄쩍펄쩍 뛰면서 크게 소리를 지르고, 욕을 하며, 자기 물건이건 다른 사람의 물건이건 상관없이 집어던져 부숴버리는 일이 빈번히 일어났다. 집안에서도 방문을 발로 차고, 눈에 보이는 것은 무엇이든 집어던지며, 때로는 누나를 때리기도 하였다. (분노조절의 어려움)

- 여덟 살 하늘이는 늘 기운 없이 고개를 숙이고 다른 사람들과는 눈도 잘 마주치지 않은 채 지역아동센터에 다니고 있었다. 몸이 조금이라도 아프면 학교나 지역아동센터에 결석하고 때로는 일주일에 3일 이상 결석하기도 한다. 말을 거의 하지 않고, 몇 번을 물어야 겨우 단답형의 대답을 하며, 친구와 떨어져 항상 혼자 고립되어 있다. (무기력)

- 열두 살 아영이는 기분이 상하거나 자신이 잘못한 일이 있으면 한 마디도 하지 않은 채 화난 표정으로 상대방을 무섭게 응시하였다. 특히 눈을 치켜뜨고 어른들을 빤히 쳐다보거나, 힘으로 버티면서 길에 드러눕는 행동도 하였다. (고집스러움)

- 잠시도 가만히 앉아 있지 못하고, 뛰어다니고 자주 넘어져서 다치는 일이 많은 열 살 진주는 활발하다고 보기에는 지나침이 많았다. 알림장을 써오는 날은 거의 없으며, 연필을 자주 잃어버리고, 수업시간은 항상 전쟁이다. (주의산만, 과잉행동)

② 신체 · 정신적으로 건강하기를 원하는 사람들

빈곤가족의 아동은 나이에 비해 적절한 발달을 이루지 못하여 지나치게 왜소하거나 비만하고, 충치와 결치 등 치과적 문제가 많이 있다. 그리고 영양실조와 빈혈, 야뇨, 유분증, 근육병, 소아당뇨, 사시, 아토피, 언어장애, 지적 장애, ADHD 등의 어려움을 가지고 있는 아동이 상대적으로 많아 신체 · 정신적으로 건강을 유지할 수 있도록 지원해야 한다.

아동뿐 아니라 가족구성원도 정신장애(정신분열, 우울, 알코올중독 등), 지적 장애, 허리디스크, 골다공증, 고혈압 등의 만성질환 등을 호소하고 있다. 양육자의 건강이 아동 양육태도와 깊은 연관이 있다는 점에서 양육자가 건강하도록 지원하는 것은 매우 중요하다. 특히, 조부모 가족에서 양육자의 건강은 매우 중요하다. 예를 들어, 고혈압과 당뇨를 앓고 있는 조모는 본인이 건강하지 않아 아동에게 잦은 짜증과 화를 내며 청소나 빨래 등을 시키고 외출을 제한하기 쉽다. 그리고 조모의 병과 죽음에 대한 잦은 언급은 아동으로 하여금 죽음에 대한 두려움을 가지게 한다. 알코올 문제는 양육자 본인의 건강뿐 아니라 가정폭력, 학대, 경제적 어려움 등 가족 전반에 직접적으로 관련되어 있으므로 우선 고려해야 할 부분이다.

- 갑상선수술을 몇 차례 받고 관절염을 심하게 앓아 거동이 불편한 영수 할머니는 집안살림과 손자를 돌보는 데 어려움이 있었다. (만성질환)
- 학교에서 집단따돌림을 당하고 있던 지애는 자신의 눈이 사시인 것을 본인과 가족 모두 알지 못했다. (사시)
- 젊었을 때 위암수술을 받았던 호영이 아버지는 입맛이 없다고 종종 밥 대신 술로 배를 채우는 알코올 의존이 매우 심하다. 아버지는 만취했을 때 가족들이 잠을 자지 못하게 하거나 소리를 지르는 등의 행동을 하여, 가족은 심신의 어려움을 호소하였다. (알코올중독)
- 승경이는 열 살인데, 다리에 힘이 없다면서 할머니와 동생에게 자주 업어달라고 하였다. 걸을 때 절뚝거리고 계단을 올라가는 것을 매우 힘겨워하였다. (근육병)

[그림 3] 선영이 할머니는 허리디스크로 매우 고통받고 있어, 아동양육이나 집안살림을 할 수가 없었다. 걷는 것도 불편하여 횡단보도에서 잠시 앉아 쉬고 있다.

③ 학습의 성취와 즐거운 학교생활을 위해 도움이 필요한 아동

가) 학교 적응이 필요한 아동

지역사회복지사가 만나는 아동 대부분은 심한 학습부진을 보인다. 읽기, 쓰기, 셈하기 등의 어려움을 호소하며, 본인 연령의 학습수행이 어려워 자신보다 저학년 아동의 교재로 학습하는 경우가 많다. 뿐만 아니라 알림장 쓰기, 준비물 챙기기, 과제물 하기 등 학교생활의 기본적인 과업을 수행하는 데도 어려움이 있다. 이처럼 학습능력이 떨어지고 잦은 결석을 하지만, 아동은 연령에 맞는 학습수행능력을 가지길 원한다. 예를 들면, 다른 아동처럼 받아쓰기에서 100점을 받고 싶고, 국어와 수학시간에 도움반이 아닌 자신의 반에서 공부하고 싶어하며, 시험 결과가 좋아 교사와 양육자에게 칭찬받고 싶다는 욕구를 자주 표현한다.

나) 학교에서 권리를 보장받아야 하는 아동

아동이 학교에서 주어진 과업을 수행하기 위해 노력해야 하는 것은 당연하지만, 다양한 특성을 가진 아동을 이해하고 상황을 고려한 교육 서비스를 제공해야 하는 학교의 역할이 더욱 중요하다고 할 수 있다. 그러나 현실에서는 아동의 상황에 맞는 교육을 제공하기보다 아동과 양육자의 욕구와 결정은 전혀 고려되지 않은 채 일방적으로 교사나 학교의 결정으로 아동이 도움반(특수학급)에 배정되어 원치 않는 수업을 받게 되는 일이 종종 발생한다. 또한 '문제아' '말썽꾸러기'로 낙인되어 학교에서 어떤 문제가 발생하면 가장 먼저 지목되는 불이익을 경험하기도 한다.

- 여덟 살인 강수는 자기 고집대로 되지 않으면 짜증을 부리거나 울음을 그치지 않았고, 학습부진 등의 어려움을 보였다. 교사는 아동에 대한 충분한 이해가 되지 않은 상황에서 아동에 대한 통제의 의도(학급 내 분위기 쇄신)로 특수학급에 보내려는 시도를 하였다.
- 교육 수준 및 사회기술이 낮은 진수를 교사가 특수학급으로 의뢰하였는데, 아동에 대한 지능검사와 입급 동의서 작성 등의 과정에서 보호자인 어머니는 배제되었다.

④ 자기관리능력을 배우길 원하는 아동과 가족

가) 일상생활기술을 향상시켜야 하는 아동

지역사회복지사가 참여자로 소개받는 아동 가운데 많은 수가 세수하기, 이닦기, 손·발톱 깎기, 목욕하기 등의 청결부분과 계절에 맞는 옷 입기, 준비물을 챙기거나 시간 지키기 등의 어려움을 갖고 있었다. 물론 아동의 나이에는 청결과 일상생활기술을 이미 교육받아 실천해야 하지만, 양육자의 상황으로 일상생활기술 교육을 받은 경험이 없는 경우도 있다. 그래서 아동 스스로 일상생활기술을 배우는 것을 원하지 않거나 배워야 할 필요성을 느끼지 못하기도 한다. 그러나 일상생활에서 자기관리능력의 약화는 아동의 건강에 악영향뿐 아니라 또래관계에도 어려움을 갖게 되는 직접적 요인이 될 수 있기 때문에 지역사회복지사의 지원이 필요하다.

나) 다양한 정보와 일상생활기술이 필요한 가족

더불어 살아가기 위해서는 다른 사람과 관계를 형성하고 유지하는 대인관계기술뿐 아니라 교통수단, 병원, 은행과 같은 사회적 수단과 조직을 이용하는 방법과 공적부조, 교육제도 등과 같은 사회적 제도에 대한 정보를 충분히 가지고 있어야 한다.

그런데 도움이 필요한 가족구성원 가운데 대중교통 이용법을 몰라 외출에 제한을 받거나, 물건값을 제대로 계산하지 못하기도 한다. 경제적으로 어렵지만 국민기초수급권에 관한 정보가 없고 공공기관에 대한 두려움으로 신청하지 못하기도 한다. 게다가 빠르게 변화하는 정보의 홍수 속에서 적절한 정보를 습득하지 못하는 경우가 있다. 때로는 양육자 역시 아동기에 일상생활기술 교육을 받지 못해 본인뿐 아니라 아동을 청결하게 양육하지 못하고, 집도 매우 더러워 건강의 위협을 받기도 한다.

> • 아버지와 함께 살고 있는 열두 살 숙영이가 지역아동센터에 오면 냄새가 나서 친구들이 옆에 앉으려고 하지 않았다. 숙영이의 머리는 항상 기름기로 인해 번들거리고, 목욕은 두 달 이상 하지 않는 경우가 많았다. 게다가 속옷은 목욕할 때만 벗어서 버리고 새로 입는다고 하였다. 숙영이는 속옷을 빨아 입는 것을 몰랐고, 자주 갈아입어야 한다는 사실조차 알지 못했다.
> • 성민이 어머니는 아홉 살 성민이의 지적 장애와 성민이 할머니의 치매로 인해 힘든 하루하루를 보냈지만, 혼자서 동사무소를 방문하고 서류를 준비하는 일을 어떻게 해야 할지 엄두를 내지 못해서 공식적인 도움을 받지 못한 채 지내고 있었다.

⑤ 또래관계 향상이 필요한 아동

지역아동센터에는 보다 건강한 발달을 위해 또래관계 향상이 필요한 아동이 많다. 또래에게 욕이나 폭력을 사용하여 다투는 아동, 또래와의 놀이에 끼지 못하고 항상 혼자서만 놀고 있는 아동, 무조건 친구들이 시키는 것을 따르려 하거나 저항하지 못하는 아동, 집단따돌림시키거나 괴롭힘을 받는 아동, 언제 어떻게 친구에게 말을 걸고 얘기를 해야 하는지 잘 모르는 아동이 있다. 그럼에도 불구하고 대부분의 아동은 또래와 잘 지내고 싶은 욕구를 가지고 있다. 비록 친구를 때리거나 위협하는 공격적인 아동도 친구와 사이좋게 지내길 원하고, 매일 친구를 방해해서 원망을 듣는 아동도 또래와 긍정적 관계를 유지하길 원하고 있다.

⑥ 가족형태의 변화에도 건강한 가족기능을 유지하기 원하는 가족

현대사회에는 다양한 가족이 존재한다. 양부모가족, 한부모가족, 조부모가족, 재혼가족, 때로는 친척이나 그룹홈, 쉼터와 같은 대안가족과 함께 살기도 한다. 이와 같은 가족형태의 변화는 가족구성원 한 사람에게 역할이 가중되거나 혹은 역할전이가 이루어져 가족기능의 약화를 초래하기도 한다. 예를 들면, 조부모가 아동을 양육할 때, 본인의 자녀를 양육했을 때와 다른 시기와 환경으로 세대 간의 갈등을 겪을 수 있다. 한부모는 가사, 경제, 양육의 다중책임으로 인해 양육자가 소진되거나 가족구성원과 갈등이 유발될 수 있다. 때로는 아동이 부재한 양육자의 대리역할을 하면서 갈등이 생길 수 있다. 재혼가족은 새로운 가족구성원이 결합하면서 역할혼란과, 상반되는 가족문화로 인한 갈등이 유발될 수도 있다. 비록 가족의 형태는 다르더라도 모든 가족은 가족구성원 간의 긍정적인 의사소통과 유대감이 향상되기를 원한다.

> • 조부모가정의 현석이는 할머니가 자신이 있는 자리에서 다른 사람에게 자신에 대해 욕을 하거나 고생한다는 말을 많이 해서 늘 할머니 눈치를 보고 속상해한다.
> • 부자가정의 소진이는 어머니 역할을 대신하며 동생까지 챙겨야 하는 것에 대한 스트레스가 많아 짜증을 많이 내서 아버지와 갈등이 있고, 동생과 사이가 좋지 않다.

⑦ 안전이 가장 우선시되어야 하는 가족들

가정폭력은 어떤 가족에서나 발생할 수 있지만, 빈곤은 가정폭력을 유발시키는 요인이기도 하다. 따라서 폭력은 빈곤아동과 가족 내에서 대단히 중요한 이슈다. 가정폭력은 부부학대, 아동학대, 형제학대, 노인학대 등 다양한 형태로 발생하고 있다. 폭력뿐 아니라 방임도 안전을 위협하는 요인이다. 그렇기 때문에 안전을 위협받는 아동과 가족이 있다면 다른 어떤 어려움에 앞서 안전을 보장해야 한다. 예를 들면, 양육자가 새벽까지 일을 해서 나이 어린 아동이 혼자 집에 있거나, 아동을 신체적으로 때리거나 비난과 협박을 일삼기도 한다. 또한 아버지의 폭력에 노출되었던 아동이 청소년이 되면서 어머니에게 폭력을 사용하거나, 성적으로 아동을 학대하는 경우들이다.

[그림 4] 정신장애인인 어머니에게 말을 듣지 않는다며 손톱에 긁혀 상처가 난 아동의 옆 얼굴

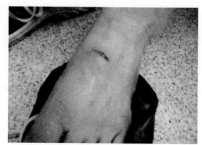

[그림 5] 부부싸움 도중 배우자가 던진 칼에 맞아 상처가 난 발

- 연수네 집은 냉장고, 가스레인지 등 모든 가전제품이 고장났고, 바퀴벌레가 돌아다니며, 동물의 배설물이 가득하여 집안에 악취가 진동한다. (물리적 방임)
- 민지는 배가 아파 할머니에게 말했지만, 할머니는 바쁘다며 병원에 데리고 가지 않았다. 그 후 민지의 복통이 더욱 심해졌다. (의료적 방임)
- 지환이 할아버지는 지환이의 도벽과 늦은 귀가를 이유로 다리를 사슬로 묶어 방에 감금하였다. (아동학대)
- 민수 아버지는 함께 살고 있는 장모가 술주정을 한다며 물건을 던지고 얼굴을 때렸다. (노인학대)
- 경민이 아버지는 경민이의 어머니가 말대꾸를 한다며 결혼 초기부터 심한 욕설과 폭력을 행사하였다. (가정폭력)
- 열네 살 현주는 놀이터에서 혼자 놀고 있을 때마다 동네 아저씨가 다가와 엉덩이를 만졌고, 혼자 집에 놀러오면 용돈을 주겠다고 하였다. (성학대)

⑧ 경제적인 자활을 꿈꾸는 가족들

장기화된 경기침체와 실업문제 등으로 빈곤가족은 가중된 어려움을 겪고 있으며, 중산층이 빈곤층으로 하향이동하여 새로운 빈곤가족이 양산되고 있다. 이

와 같이 빈곤가족 가운데는 신용불량으로 인한 빚독촉, 급여 및 생활집기 차압 등의 압력과 생활고로 겪고 있는 경우도 있다. 또한 새롭게 빈곤층이 된 가족은 국민기초수급제도 등 사회안전보장에 대한 정보부족 등으로 생계의 기초선도 지키지 못한 채 자살 등 최악의 선택을 하거나, 가족이 해체되는 경우도 있다.

- 예준이 어머니는 예준이의 아버지가 돌아가시기 전에 진 빚 2,000만 원 때문에 신용불량자가 되어 모든 금융활동을 할 수 없게 되었다. 파산절차를 밟아 신용회복을 하고자 하나, 파산비용을 마련하지 못하고 있다.
- 권혁이 아버지는 아동양육 의지가 있지만, 경제적인 어려움 때문에 권혁이를 가정과 보육시설을 오가면 키우고 있다. 그럼에도 불구하고 국민기초수급권자로 보호받지 못하고 있다.

[그림 6] 경기침체 상황 속에서 빈곤가족의 생활은 카드빚과 독촉, 신용불량자 등록 등 매우 어려워지고 있다.

찾아가기

'찾아가기'는 기존의 사회복지 실천과정 중 '사례발굴'에 해당하는 말이다. 지역사회복지사의 실천과정을 통해 살펴보면, 찾아가기는 일차적으로 이미 빈곤아동과 가족과 관계를 맺고 있는 지역사회 구성원으로부터 소개되는 것이다. 찾아가기에 있어 지역사회복지사의 지역사회 역량은 매우 중요하다. 즉, 지역사회복지사의 지역사회 내 활동내용과 범위가 긴밀해질수록, 도움이 필요하지만 사회복지 서비스의 사각지대에 놓여 있던 아동과 가족을 발견할 가능성이 높아지기 때문이다.

찾아가기의 핵심은 '방향성'과 '정기성' '민감성' '책임감'이다. 찾아가기는 지역사회복지사가 도움이 필요한 아동과 가족의 발견이라는 '방향'을 가지고 그들을 '민감'하게 발견하기 위해 '정기적'으로 '책임감'을 가지고 지역사회로 찾아가는 것이다.

지역사회복지사의 찾아가기에 있어 일차적 목적은 사례발굴이다. 그러나 보다 궁극적인 목적은 지역사회를 기반으로 활동하여 지역사회 역량을 강화하고, 지역복지력 구축의 주체로서의 역할을 수행하는 것이다. 이를 위해 지역사회복지사는 도움이 필요한 아동과 가족을 발견하고 욕구를 파악하여, 자원을 연계하고 지역조직과의 협력체계 구축을 위한 활동을 실천해야 한다. 찾아가기에는 두 가지 유형이 있다. 첫째, 직접 찾아가기는 지역사회복지사가 지역에서 활동하고 순회하면서 직접 도움이 필요한 아동과 가족을 발견하는 것이고, 둘째 간접 찾아가기는 지역을 이해하고 서로의 협력을 위해 다양한 관계를 맺고 있는 자원들로부터 아동과 가족을 발견하는 것으로 소개받기와 연결된다.

(1) 직접 찾아가기

지역사회복지사가 직접 아동을 만날 수 있는 장소는 당연히 아동이 많이 오고 가며 생활하는 곳이다. 지역사회복지사가 아동을 발견하기 위해서는 여러 가지 요소들을 고려해야 한다. 먼저 주의 깊게 관찰하고, 몇 가지 간단한 질문으로 시작하여 가벼운 대화를 통해 아동과 친해져서 정보를 수집해야 한다. 직접 찾아가서 아동을 발견하는 것은 기존 서비스에서 사각지대에 놓여 있는 아동을 지역사회 내 안전망에서 보호할 수 있는 중요한 기회가 된다.

① 아동을 만날 수 있는 장소

아동이 자주 가는 곳이 아동을 쉽게 만날 수 있는 장소다. 일반적으로 학교 운동장, 놀이터, 학교 앞 오락기계, 인터넷의 보급과 함께 아동이 많이 찾는 PC방 그리고 아동의 시각을 자극하는 대형할인마트의 오락기계, 컴퓨터, 시식코너 등이 대표적인 장소다.

② **민감하게 살펴보기**

도움이 필요한 아동이나 가족을 발견하기 위해 눈여겨 보아야 할 부분이 있다. 먼저 주의 깊게 관찰해야 하지만, 때로는 간단한 대화를 통해 도움이 필요한 아동과 가족인지를 확인할 수 있다. 아래는 지역사회복지사가 아동의 도움 여부를 판단하는 데 유용한 지표들이다.

가) 옷이나 신체의 상태

계절이나 상황에 맞게 옷을 입었는가? 팬티와 브래지어 등 속옷을 갖추어 입었는가? 옷의 위생상태는 어떠한가? (전체적으로 더러운지, 냄새는 나지 않는지, 엉덩이 부분이 젖어 있는지), 머리는 잘 손질되어 있는가? 손발은 깨끗한가? 손·발톱이 잘 깎여 있는가?

나) 몸에 있는 멍이나 상처들

멍이나 상처가 있는가? (쉽게 눈에 띄지 않는 곳에 멍이 있는지, 넘어져서 생길 수 없는 곳에 상처가 있는지, 다른 멍 색깔과 자국이 여러 군데 있는지), 피부병이나 부스럼은 아닌가? 상처에 대한 처치가 잘 되었는가? (소독이나 연고 바르는 것과 같은 일상적인 처치)

[그림 7] 손톱이 길고, 손톱 밑에 때가 까맣게 끼어 있으며, 더욱이 사인펜으로 한 낙서가 지저분하다.

다) 아동을 만난 시간이나 장소

일반적인 아동의 생활패턴에 비추어 아동을 만날 수 있는 적당한 시간과 장소인가를 고려해야 한다. 학교 수업시간인데 놀이터나 공터에서 놀고 있다든? 밤 늦은 시간에 돌아다닌다든? 밤 10시 이후에 PC방에 있다든? 하는 경우다.

라) 신체적으로 증후를 보이는 경우

아동의 신체는 아동이 적절한 보살핌을 받고 있는가를 총체적으로 보여 주는 경우가 많다. 발육부진, 비만, 사시, 치아상태, 발음문제 등은 그 가족의 심리적·경제적·사회적 상태를 보여 준다고 해도 지나치지 않다. 아동에게 나타나는 신체적 어려움이 가족의 어떠한 요소들과 관련이 있는지를 고려해야 한다. 학대나 방임을 받은 것인가? 치료하지 못할 정도의 경제적 어려움이 있는 것은 아닌가? 낮은 지적 수준 등으로 중요한 문제로 인식하지 못하고 있는 것은 아닌가를 세심하게 살펴야 한다. 이처럼 신체적 요소들을 잘 관찰하고 간단한 대화를 통해 아동의 가족 상황을 파악할 수 있다.

마) 다른 사람과의 상호작용

집단따돌림이나 괴롭힘을 당하고 있는가? 늘 혼자 놀고 있는가? 양육자가 아동을 때리고 있지 않은가? (길거리에서/발가벗겨진 채 등) 아동이 양육자 앞에서 지나치게 경직되어 있는가? 양육자가 아동양육 측면에서 적절히 아동을 대하고 있는가? (말보다는 쉽게 때린다든지, 억지로 잡아끈다든지, 욕설이나 비난을 하는지, 보호자가 아동을 과잉보호하지 않는지) 등이다.

'민감하게 살펴보기' 과정에서 아동에게 우려되는 지표가 관찰될 경우 아동과 대화를 시도하여 보다 구체적인 상황을 파악해 볼 필요가 있다. 아동과 대화를 시작할 때는 연령에 따라 첫인사 이후 관계 맺는 방법이 달라져야 한다.

바로 아동에게 다가가 말을 거는 것도 좋지만, 아동의 시선을 끌 수 있는 관심거리로 시작하면 아동과 쉽게 친해질 수 있다. 예를 들면, 아동이 좋아하는 카드를 보면서 "와~! 카드구나. 나도 이거 있는데." 라고 말하면서 아동이 관심을 보일 수 있는 소재를 제공하면 자연스럽게 친해질 수 있다. 단, 아동이 낯선 사람에 대해 경계하는 것은 당연하다는 것을 기억해야 한다. 아무리 돕고자 하는 마음을 가지고 다가간다 해도 상대방의 입장에선 낯선 이를 경계하고 조심하게 마련이다. 그런 마음을 이해하고 조심스럽게 접근하는 것이 필요하다. 다음은 아동과 대화를 시작하는 데 유용한 몇 가지 방법이다.

• 호감 표현하기: 말보다 먼저 표정이나 동작으로 상대방에 대한 호감을 표현하는 것이 좋다. 예를 들면, 그냥 친절하게 인사를 한다든지, 호감을 표현하며 웃는다든지, 상대방의 말이나 행동에 대해 적극적인 반응을 하는 것이다.

• 상황에 대한 적절한 언급하기: 상황을 표현하는 적절한 한두 마디를 건네는 것도 효과적이다. 날씨나 계절의 변화, 입은 옷의 색깔이나 스타일에 대해 묘사, 현재 있는 장소의 상황에 대해 먼저 말을 건네는 것도 좋다.

"날씨가 무지 덥네요."
"놀이터에 사람이 많아 그네가 비지 않는구나."
"점심 먹을 시간인데 밥 먹었니?"
"그거 맛있니? 불량식품 같은데…."
"요즘은 유희왕 카드가 유행인가 보다."

• 아동과 가족에 대해 느낀 그대로 표현하기: 도움이 필요해 보이는 아동이나 가족에 대해 보고 느낀 것을 그대로 표현하는 것도 좋다. 이는 가벼운 수준에서 그들을 이해하고 있다는 것을 표현하는 수단이 될 수 있기 때문이다. 예를 들어, 아동이 다쳤거나 배고픈 상황 등에 대해 도움의 말을 건넬 수 있다.

"무릎이 좀 까졌네? 인라인 타다가 다쳤구나? 약 발라야 될 것 같은데… 집에 데려다 줄까?"
"혹시 많이 힘드세요? 어디 아프신 것 같은데…."

③ 아동과 가족에 대한 기본적인 정보를 수집하기

아동과 첫인사를 나누고 대화가 시작되면, 지역사회복지사는 아동이 찾아가기가 필요한 참여자인지를 판단하기 위한 기본적인 정보를 수집해야 한다. 일반적으로 아동은 학교에 다니기 때문에 학교와 반, 이름을 알아두면 유용하다. 그런 경우 캐묻듯이 물으면 아동이 부담을 가지므로 '맞추기 게임' 등 재미있는 다양한 방법으로 묻는 게 좋다. 묻는 순서는 이름-학년-반 순서가 좋고, 이름에 대해서 특별한 칭찬이나 독특성을 말해 주면 경계심을 푸는 데 도움이 된다. 그리고 학년보다는 나이를 묻는 것을 아동이 편안해한다.

> "이름이 뭐니?"
> "소영이요."
> "어~이름이 되게 예쁘다. 내가 몇 살인지 맞혀볼까?"
> "아홉 살 쯤 되어 보인다."(나이보다 어리게 말할 것)
> "아니에요. 열한 살이에요."
> "그럼 4학년이겠네?"
> "또 틀렸어요. 생일이 빨라서 5학년이걸랑요!"
> "여기서 노는 것 보니까 ㅇㅇ초등학교지?"
> "딩동댕~ 그건 맞았어요."

아동이 또래나 어른과 함께 있는 경우에 관계를 파악하면 상황에 대한 좀 더 많은 이해를 도모할 수 있다.

> "너희들 모두 함께 놀러온 거니? 다 같은 반 친구들이야?"
> "따님이신가 봐요. 아빠를 닮았네요!"
> "엄마도 함께 왔니? 아니야? 그럼 누구랑 같이 왔어?"

④ 초대 여부를 판별하기 위해 탐색하기

아동과 가족에 대한 기본적인 정보를 수집한 이후 도움이 필요한 아동과 가족인지를 알아보기 위한 구체적인 대화가 필요하다. 관찰한 옷이나 신체의 상태, 몸에 있는 멍이나 상처들, 아동을 만난 시간이나 장소, 신체적인 결함, 다른 사람과의 상호작용 등과 관련된 내용으로 대화의 방향을 잡아 나가고, 이는 대화 내용을 결정하는 데 기반이 된다.

대화할 때 주의할 점은 판단하거나 결론을 내리듯 하지 말고 상대방이 덜 위협적으로 느끼도록 관찰내용을 사실적으로 말해야 하며, 돕고 싶다는 태도로 물어보아야 한다. 특히 학대나 방임이 의심될 경우 직접적이거나 조사하는 말투는 삼가야 하며, 사실을 확인해도 양육자를 비난해서는 안 된다. 왜냐하면 학대와 방임은 대부분 가족 안에서 이루어지기 때문에 양육자에 대한 비난은 아동으로 하여금 방어적인 태도를 취하게 하여 오히려 접근이 어려워질 수도 있다.

"긴 바지를 입었네? 여름인데 무지 덥겠다! 네가 특별히 좋아하는 옷이야?"

"아이구~ 심하게 긁혔구나! 많이 아프겠다. 요런… 장난꾸러기인가 보네? 무슨 놀이하다가 다친 거야?"

"뾰루지 났네? 어? 뭐에 물린 건가? 많이 간지러울 것 같아."

"어~ 지금은 학교 수업시간일 텐데…. 오늘 무슨 날이니? 학교에 안 갔구나!"

"밤이 다 됐는데… 놀이터에 있네. 너 노는 것 무지 좋아하는구나! 혹시 누구 기다리니?"

"4학년인데 키가 정말 크고 덩치가 좋구나. 중학생인 줄 알았어."

"얘들아~ 왜 여럿이 한 아이를 놀리니? 정말 속상하겠다. 무슨 일이 있었니?"

"어머님이시군요? 아이들이 참 예의가 바르네요."

"아이가 무슨 큰 잘못을 했나요? 화가 많이 나신 것 같아요. 일단 집안에 들어가서 이야기하시는 건 어떨까요?"

⑤ 지역사회복지사 소개하기

도움이 필요해 보이는 아동과 가족에게는 지역사회복지사가 자신을 먼저 소개해야 한다. 연락처가 담긴 명함을 제공하고 지역사회복지사의 역할과 활동을 소개한 후 도움을 줄 수 있다는 사실에 대해 알려야 한다. 예를 들면, "아이가 너무 산만해서 힘들어요."라고 양육자가 호소할 경우 "아이에게 도움을 줄 수 있는 관련기관을 소개할 수 있어요."라고 이야기한 후 "도움이 필요한 경우 언제든 연락을 주세요."라고 말할 수 있다. 때로는 지역사회에 접근이 용이한 기관을 소개하면 이후 아동을 쉽게 만날 수 있을 뿐 아니라, 아동과 가족에게 필요한 지원이 지역사회 내에서 즉각적으로 이루어질 수 있다.

⑥ 연결고리 만들기

첫 대화 이후에 도움이 필요한 아동, 가족과 관계를 맺기 위해서는 연결고리가 필요하다.

> "선생님이 다음에도 또 만났으면 하는데, 너는 어때?"
>
> "다음에 널 만나려면 어떻게 해야 하니?"라고 아동에게 물어보거나, "내가 언제 이곳에 오는데… 우리 약속 시간 정해 볼까?"
>
> "내가 너를 다시 만나기 위해서 부모님과 연락해 보고 싶은데, 집 전화번호를 알려 줄 수 있겠니?"
>
> "어머님이 괜찮으시다면 다음에 다시 뵙고 싶은데, 가능할까요?"

TipS 아동과 편안한 만남을 지속하기 위한 요령

- 첫 만남 이후 다시 아동을 만났을 때, 먼저 이름을 불러 알아보거나 외모의 변화가 있을 때 이에 대해 언급해 주는 것은 아동에게 관심을 갖고 있음을 표현하는 효과적인 방법이다.
- 지역사회 기관과의 준비된 연계가 이루어져야 한다.
- 지역사회복지사는 지역사회 기관과 아동·가족을 연계할 수 있다. 아동과 가족에게 이용할 수 있는 기관에 대해 소개한 후, 기관 담당자에게 연락하여 아동과 가족이 방문할 때 어려움 없이 정보를 제공받고 자원을 이용할 수 있도록 해야 한다.
- 지역사회복지사는 아동, 가족과 관련 있는 기관을 방문하여 정보를 수집할 수 있다. 예를 들면, 학교를 방문하여 아동의 상황에 대해 보다 정확하게 알아볼 수 있다.

가) 공식적인 자원

아동의 공식적 체계인 학교에서 아동의 또래관계나 학습수행 정도 등의 객관적인 정보를 확인할 수 있다.

나) 비공식적인 자원

인근 슈퍼마켓이나 학교 문구점 등을 통해 자연스럽게 확인할 수 있다. 아동이 학교수업 시작 이후에도 계속 오락을 하는지, 슈퍼마켓에서 아동이 얼마나 자주 인스턴트 음식을 구입하는지, 술을 자주 사러 오는지, 외상을 어느 정도 하는지, 싸우는 소리나 아동이 맞는 소리가 자주 나는지 등을 알 수 있다.

Tips 아동과 가족의 사생활 보호는 꼭 기억해야 한다.

아동의 정확한 정보를 수집을 위해 지역사회 자원으로부터 정보를 얻는 과정이 개인의 사생활을 노출하기 쉬우므로 주의해야 한다.

• 소연이를 제일 처음 만난 것은 놀이터에서 동생과 함께 있을 때였다. 한눈에 보아도 옷차림이 지저분하고, 여름인데도 원피스 안에 긴 바지를 입고 있었다. 지역사회복지사가 눈여겨 보고 있는데, 소연이의 어머니처럼 보이는 사람이 다가와 집으로 가자고 하였다. 소연이는 별로 신경 쓰지 않고 자기가 하던 행동을 계속하였고, 어머니는 손으로 소연이 등을 때리고 잡아끌면서 소리를 질렀다. 그후 지역아동센터 주변 골목길에서 아버지가 끄는 리어카에 앉아 있는 소연이를 보았다. 아버지는 잔뜩 술에 취해 비틀거리고 있었고, 소연이는 "배가 고파. 집에 가자."며 조르고 있었다. 지역사회복지사는 손에 들고 있던 지역아동센터 아동들의 간식을 하나 건네주며 말을 걸었다. 간단한 대화를 통하여 소연이가 ○○초등학교 1학년 2반이며, 학교에 결석했다는 것을 알 수 있었다. 아버지에게 지역아동센터를 소개하고 한 번 방문할 것을 권유했다. 그 사이 지역사회복지사는 소연이와 아버지와의 대화를 통해 알게 된 정보를 가지고 담임교사 및 사회복지 전담공무원과의 면담을 통해 그 가족의 상황을 알아보았다. 그 다음 주에 소연이는 어머니와 함께 지역아동센터에 와서 입학원서를 썼고, 지역사회복지사와도 지속적인 만남을 가지게 되었다.

(2) 간접 찾아가기

간접 찾아가기는 제6장 '더불어 함께 세우기' 내용과 깊은 연관을 갖는다. 초기에는 지역사회가 지역사회복지사사업에 대한 이해가 없기 때문에 지역사회복지사가 지역사회로 들어가 지역의 특성을 이해하고 지역사회 조직과 주민에게 지역사회복지사의 역할을 알리면서 아동과 가족을 찾아가는 경우가 많다. 그러나 점차 지역사회복지사가 지역사회 자원과 연계되면서 도움이 필요한 아동과 가족을 지역사회로부터 적극적으로 소개받는 경우가 많아졌다. 이는 다시 '소개받기'로 연결된다.

① 지역사회 내 공식적 · 비공식적 지도자 활용

지역사회에는 공식적 · 비공식적 지도자가 있다. 지역사회 지도자라는 말은 정치인이나 공무원 등 어떤 형태든지 간에 공식적인 영향력을 지닌 사람만을 의미하는 것은 아니다. 공식적인 지도자는 시민단체 실무자, 통장, 주민자치위원장, 학교운영위원(장) 등 지역사회 내의 공식적인 영향력을 지닌 사람이다. 반면 비공식적 지도자는 도움이 필요한 아동, 가족과 접촉이 많거나 관계를 맺고 있는 동네 슈퍼마켓, 분식집, 문구점, 약국 등 지역사회 내에 쉽게 만날 수 있는 사람들을 포함한다. 지역사회복지사는 공식적 지도자뿐 아니라 비공식적 지도자에게 관심을 기울여야 한다.

② 목적이 있는 지역사회 방문

주민자치활동, 반상회 등 지역사회 내 활동이나 행사에 참여하여 정보를 획득하고, 지역사회복지사사업을 소개하여 도움이 필요한 아동과 가족을 소개받을 수 있는 기초 작업을 해야 한다. 이는 지역사회복지사 활동에 대한 홍보가 지역사회 내 교사, 사회복지 전담공무원 등과 같은 관련 전문가를 넘어서 지역사회 내 주민에게 보다 적극적으로 이루어져야 함을 시사한다. 이와 같은 과정을 통해 지역사회복지사는 지역사회 다양한 구성원과 지속적이고 친밀한 관계를 형성하고 유지하게 된다. 이는 사례발굴의 차원을 넘어서 지역사회에 대한 깊은 관심을 가지고 지역사회 내의 각종 자원 파악하여 지역 내 안전망 구축을 위해 협력하는 것이다. 또한 도움이 필요한 아동, 가족의 역량강화가 이루어져 건강한 지역사회 일원이 될 수 있도록 다양한 노력을 해야 한다는 것을 의미한다.

TipS 지역사회복지사 소개하기

- 기관 리플렛, 명함, 단정한 옷차림으로 만난다.
- 만나게 되는 사람에게 지역사회복지사를 소개할 수 있는 시간(3~5분)을 요청한다.
- 기관과 지역사회복지사 역할을 소개한다.

"저는 (사)부스러기사랑나눔회에서 근무하는 지역사회복지사입니다. 저희는 각 지역에서 안전한 환경(가정폭력, 아동학대, 방임 등)이 요청되거나, 학교생활과 친구 관계를 보다 잘하고 싶은 아이들을 만나고 있습니다. 저희는 가족과 파트너가 되어 가족의 욕구에 맞는 정서적 지지, 교육, 자원 연계 등으로 가족의 변화를 이루어 아동이 건강하게 성장하도록 돕고 있습니다."

- 주위에 도움이 필요한 아동이 있다면 이후라도 연락해 줄 것을 요청한다.

"혹시 주위에 밤늦은 시간이나 수업시간에 거리를 돌아다니고, 계절에 맞지 않는 옷을 입고 다니거나, 양육자가 잘 돌보지 못하여 어려움을 겪고 있는 아동을 알고 계시면 저에게 연락해 주세요. 그러면 제가 아동과 가족을 지원하도록 하겠습니다. 감사하겠습니다."

▶▶ 2. 초대과정

초대 내용

특별한 절차보다는 (사)부스러기사랑나눔회 지역사회복지사 팀에서 활용하고 있는 틀과 도구인 아동의뢰서로 사용하고 있다([부록 4] 양식 참조).

소개한 사람들과의 협력을 지속하기: 관점 조정하기

(1) 소개한 사람의 관점 존중하기

도움이 필요한 아동과 가족을 초대하는 과정에서 지역사회복지사는 소개된 아동, 가족을 직접 만나 참여 여부를 의논하기 전에 소개한 사람으로부터 '예비참여자'에 대한 정보를 얻게 된다. 이러한 정보는 상당한 시간 동안 축적된 것이므로 존중되어야 한다. 비록 지역사회복지사와 관점이나 생각이 다르다고 할지라도 존중되어야 하고 적극적으로 표현되어야 한다. 이것은 예비참여자에 대한 충분한 정보를 얻는 측면에서 중요하기도 하고, 한편으로는 예비참여자의 참여가 결정된 이후 지원과정에서 소개한 사람이 협력자 및 자원이 될 수 있다는 점에서 중요하다. 따라서 소개한 사람의 의견에 대한 존중과 동의를 적극적으로 표현해 주어 그들이 이해받고 있다고 느끼도록 해야 한다. 설사 지속적으로 충분히 아동과 가족을 관찰하지 못한 채 소개한 사람의 의견이라 할지라도 그들의 입장에서 관찰한 내용을 이해하고, 충분한 공감이 이루어져야 한다.

(2) 소개한 사람의 관점을 재점검할 수 있는 기회 제공하기

앞서 살펴보았듯이 지역사회복지사가 협력하고 지원하는 아동과 가족은 '도움이 필요한 사람들'이다. 즉, 흔히 말하는 '문제가 있는' 아동이나 가족이다.

이들을 소개하는 사람은 주로 예비참여자가 보이는 문제나 부적응을 염려하여 지역사회복지사에게 소개하기 때문에 '문제중심적'이기 쉽다. 하지만 삶에서 해결해야 할 문제나 어려움이 없는 사람은 없다. 지역사회복지사의 실천과정에서 중요한 것은 '문제'가 아니라 '회복력'으로, 아동과 가족이 스스로 문제를 해결해 낼 잠재력이 있다는 것이다. 따라서 소개한 사람이 문제중심적 시각을 가지고 있다면 지역사회복지사는 지역사회복지사업의 관점과 방향성에 대해 설명하고, 지원체계로서 소개한 사람이 참여자에 대한 강점 관점을 가지고 협조자로서의 역할을 할 수 있도록 요청해야 한다. 이처럼 지역사회복지사가 참여자의 욕구에 따른 효율적 지원을 하기 위해서는 소개한 사람, 지역사회복지사, 가족 등 아동을 둘러싼 다양한 체계가 일관된 관점을 가지는 것이 무엇보다 중요하다.

꼭 기억하세요

① 지역사회복지사는 참여자를 지역사회의 다양한 구성원으로부터 소개받습니다. 그렇기 때문에 지역사회 내의 다양한 구성원과 친밀한 관계를 형성하고 유지하려는 노력이 필요합니다.

② 지역사회복지사는 심리 · 정서, 건강 · 장애, 학교생활, 대인관계, 가족관계, 안전, 경제생활 등의 다양한 측면의 어려움으로부터 도움이 필요한 아동과 가족을 소개받습니다. 제시된 어려움은 서로 연관되어 상호영향을 주고받는 관계에 있음을 이해해야 합니다. 특히 아동과 가족이 안전과 관련된 어려움이 있는 경우 우선적으로 초대해야 합니다.

③ '찾아가기'는 사회복지 서비스의 사각지대에 놓여 있는 아동과 가족을 발견하고, 적절한 지원을 위해 예비참여자를 찾아가는 것을 의미합니다. 단순히 '사례발굴'을 넘어서 지역사회복지사는 아동이 건강하게 성장할 수 있는 안전한 지역사회가 될 수 있도록 지역복지력 구축의 주체가 되어야 합니다.

④ '소개하는 사람'이 지역사회복지사와 관점이 다르더라도 존중해야 합니다. 존중이 기반이 된다면 '소개하는 사람'이 문제중심적이었다 하더라도 강점중심으로의 전환이 가능합니다. 참여자가 자신의 어려움을 해결하고 좋은 것을 선택할 수 있는 회복력을 가지고 있다는 점을 지역사회복지사가 먼저 믿어야 합니다.

제·2·장
동반자관계 맺기

하늘이가 초대를 승낙한 후 하늘이네 가족과 동반자관계를 맺기 위해 소개자인 지역아동센터 실무자와 함께 가정방문 계획을 세웠다. 하늘이네 집에는 전화가 없고, 어머니가 다른 사람과 만나는 것을 매우 싫어하기 때문에 어느 정도 신뢰관계가 있는 지역아동센터 실무자가 미리 방문 사실에 대해 알리고 가정방문을 하였다. 그러나 처음 하늘이네 집을 방문했을 때 집안에서 인기척이 들렸지만 어머니는 나오지 않았다. 하늘이가 문 앞에서 난처한 표정으로 "엄마, 지금 집에 안 계셔요."라는 말만 되풀이할 뿐이었다. 지역사회복지사와 지역아동센터 실무자는 '어머니가 계실 때 다시 찾아뵙겠노라.'는 말을 남기고 돌아왔다.

며칠 후 지역사회복지사는 하늘이편에 어머니께 편지를 드렸다. 편지의 내용은 하늘이를 만나게 된 지역사회복지사로 어머니가 편안한 시간을 알려 주면 다시 찾아가 함께 이야기를 나누고 싶다는 것이었다.

2주 정도가 지나 하늘이를 통해 어머니가 집에 와도 좋다고 하였음을 전해 들었다. 어머니의 승낙 이후 다시 가정방문을 하였다. 처음 지역사회복지사를 만난 어머니는 조금은 경직되고 무표정한 얼굴로 말없이 앉아 있었다. 지역사회복지사는 어머니와의 긴장관계를 풀기 위해 날씨로 대화를 시작하였다. 그 후 지역사회복지사가 하는 일에 대해 이야기하였다. 그러자 어머니는 하늘이를 만나서 무엇을 하는지 물었다. 지역사회복지사는 하늘이와 주 1회 만나서 놀이나 책읽기를 하고 있는데, 앞으로 하늘이가 원하는 것을 알고 건강한 방법으로 얻을 수 있도록 지원할 것임을 설명하였다. 그리고 혹여 하늘이가 가지고 있을지 모르는 어려움이나 고민을 나누고 도울 수 있는 방법을 찾는다는 말도 덧붙였다. 지역사회복지사의 말을 들은 어머니는 "네…."라면서 고개를 끄덕였다. 지역사회복지사는 하늘이가 지역아동센터에서 친구들과 잘 어울리고, 무엇보다 다른 사람을 잘 도와주어 하늘이를 좋아하는 친구들이 많다는 이야기를 하였다. 그랬더니 어머니가 희미하게 웃었다. 예전에 학교에서 집단따돌림을 당해서 친구관계에 어려움이 있을까 봐 항상 걱정되었는데, 친구들이 생겼다고 하니 다행이라고 하였다. 지역사회복지사는 어머니가 걱정하는 마음에 대해 공감하고, 하늘이가 친구들과 잘 지내도록 지역아동센터에서 살펴보겠다고 말하였다. 그런데 바다와 산이는 자주 볼 수 없어서 안타깝다는 말을 조심스럽게 꺼냈다. 지역아동센터 실무자도 바다와 산이가 하늘이처럼 지역아동센터에서 친구들과 잘 지내고 놀이와 공부도 했으면 하는 바람이 크다는 말을 덧붙였다. 그러자 어머니도 그것이 늘 걱정이라면서 지역아동센터 실무자에게 미안해서 어떤 말도 할 수 없다고 하였다. 산이와 바다가 지역아동센터에 잘 나가고 친구들과 사이좋게 지내길 원하는 어머니의 마음에 대해 지역사회복지사가 잘 들어 주고 공감했더니, 내일부터는 아이를 보내도록 노력하겠다고 하였다. 지역사회복지사는 바다와 산이가 지역아동센터뿐 아니라 학교에도 잘 적응할 수 있도록 어머니와 함께 하고 싶다는 뜻을 밝혔고, 어머니가 동의하여 주 1회 가정방문으로 어머니를 만나고, 지역아동센터에서 하늘이와 바다와 산이를 정기적으로 만날 것을 약속하였다. 그리고 학교방문 등 관련기관 방문에 대해 어머니가 동의하여 동반자관계를 맺었다.

'동반자관계 맺기'란 기존의 사회복지 실천과정 중 '계약하기'에 해당하는 단계다. 아동과 가족이 앞으로 지역사회복지사사업에 참여하기로 약속하는 것이다. 동반자관계 맺기는 도움이 필요한 아동과 가족이 지역사회복지사와 협력할 때 제공자와 수혜자의 수직적 상하관계가 아닌, '파트너십'에 기초한 수평적 관계임을 강조하기 위해 사용하고 있다.

같은 맥락에서 '클라이언트' 혹은 '내담자'라는 용어의 사용을 피하고 '참여자'라는 말을 사용한다. 이는 지역사회복지사의 사회복지실천 여부가 사회복지사의 일방적인 판단과 결정에 따르지 않고, 도움을 필요로 하는 아동과 가족의 자율적 참여 결정을 보장하여 모든 실천과정에서 참여자의 의견을 적극적으로 반영한다는 것을 의미한다. 즉, 함께 노력해야 원하는 결과를 얻을 수 있다는 것을 전제로 하고 있다.

▶▶ 1. 동반자관계 맺기의 과정

개입배경 설명하기

(1) 지역사회복지사의 역할 소개

참여자가 직접 지역사회복지사에게 도움을 요청한 것이 아니라면 지역사회복지사나 소개한 사람(의뢰인)이 먼저 예비참여자에게 지역사회복지사를 소개해야 한다. 지역사회복지사는 이미 소개한 사람이나 기관으로부터 예비참여자에 대한 정보를 어느 정도 확보하였기 때문에 예비참여자와 지역사회복지사가 서로에 대해 알고 있는 정도가 다르다. 이런 상황에서 예비참여자가 자신에 대해 먼저 알고 만남을 요청해 오는 지역사회복지사에게 거부감이나 두려움을 갖는 것은 당연하다. 따라서 지역사회복지사가 예비참여자에게 만남을 요청하기 이전에 예비참여자를 소개한 사람이 지역사회복지사의 역할을 알리고 지역사회복지사와의 만남에 대한 사전동의를 구해야 한다. 이러한 과정을 통해 예비참여자는 자신의 의견이 존중받고 있다고 느끼게 되어, 거부감이 줄어들고 원활한 협력의 토대가 될 수 있다.

소개한 사람이 예비참여자에게 사전동의를 구하기 어려워 지역사회복지사가 직접 자신을 소개하게 되는 경우도 있다. 이런 경우라도 최대한 예비참여자의 입장을 존중하며, 구체적으로 자신의 역할을 충분히 소개할 수 있어야 한다. 예비참여자와 대면하면 첫째, 예비참여자가 긴장하지 않도록 일상적인 대화로 시작해야 한다. 둘째, 지역사회복지사의 이름과 기관을 소개하여 자신이 누구인지를 분명히 알려야 한다. 셋째, 지역아동센터를 이용하거나 지역사회에서 만난 아동 가운데 도움이 필요한 아동을 개별적으로 만난다는 것을 설명한 후, 아동뿐 아니라 가족이 도움을 요청한 경우에도 다양한 방안을 모색하여 참여자가 어려움을 해결할 수 있도록 지원한다는 점을 설명해야 한다.

또한 아동에게도 그냥 즐겁게 놀기 위해서 만나는 것이 아니라 지역사회복지사가 아동의 어려움이 해결되도록 돕기 위해 개별적으로 만나고 협력한다는 사실에 대해 분명히 설명해야 한다.

(2) 소개과정 설명하기

지역사회복지사는 첫 만남에서 예비참여자를 소개받은 과정에 대해 설명해야 한다. 그 과정을 감추거나 가감하여 설명하는 것은 이후 예비참여자와 지역사회복지사의 신뢰관계에 부정적 영향을 주게 되고, 때로는 성공적인 협력을 방해하게 된다. 그렇기 때문에 소개과정을 명확하고 분명하게 알리면서 예비참여자와 협력을 바탕으로 시작해야 한다.

① 소개한 사람

소개한 사람이 안전하지 않은 상황을 제외하고는 소개한 사람을 통해 지역사회복지사가 소개되어야 한다. 소개한 사람은 이미 예비참여자와 관계를 맺고 있기 때문에 보다 원활하게 의사소통이 가능하기 때문이다.

② 소개한 이유

소개한 이유를 설명할 때는 신중하게 소개한 사람의 관찰내용이나 의견을 전달해야 한다. 때로는 소개한 이유가 예비참여자에게 하나의 정보가 될 수 있다. 예를 들어, 예비참여자인 아동의 양육자가 아동의 학교생활, 또래관계 등 가족 이외의 상황에 대해서 잘 알지 못하고 있을 때, 소개 내용은 아동을 이해하고 양육하는 데 중요한 정보가 될 수 있다. 소개한 이유를 설명할 때는 첫째, 아동이 잘하는 것, 강점을 중심으로 시작하여 아동에게 관심이 많고 협력하는 사람으로 다가가는 것이 중요하다.

"영희가 말을 너무 안 해서 또래와 어울리는 데 어려움이 있다고 지역아동센터에서 소개시켜 주셨어요." (부모가 저항할 수 있다)

→"영희는 지역아동센터에서 얌전하고 조용해요. 또래들에 비해 의젓해서 부모님 말씀도 잘 듣지요?"

- 정아는 집단따돌림으로 인하여 학교를 장기간 결석하고 있었다. 지역아동센터 실무자는 정아가 학교에 다니고 싶어하지만 또래관계 등 학교생활에 어려움이 있다면서 지역사회복지사에게 소개시켜 주었다. 처음 정아 어머니를 소개받았을 때 정아는 아무 문제가 없다면서 지역사회복지사를 경계하였으나, 정아의 사진, 물건 등에 관심을 보이고 잘하는 점을 칭찬하자 마음을 열기 시작하였다. 정아가 초등학생이기 때문에 교육의 중요성을 설명하였고, 정아 어머니도 이에 동의하여 정아가 꾸준히 학교출석을 하도록 함께 협력하기로 하였다.

둘째, 아동의 문제나 부적응보다는 건강한 성장에 초점을 맞추어 설명해야 한다. 문제나 부적응에 초점을 맞추면 양육자가 비난을 받는다고 느껴 죄책감이나 저항감을 갖게 되고, 오히려 아동이 학대에 노출되는 위험요인이 될 수 있다. 셋째, 소개한 사람이나 지역사회복지사의 판단과 의견보다는 비교적 객관적인 상황이나 행동을 제시해야 한다. 넷째, 소개한 사람의 선의(염려, 잘되기를 바라는 마음)를 강조해야 한다.

■ 지역사회복지사의 초대

(1) 예비참여자의 의견 듣기

소개하는 과정에서 지역사회복지사가 의견을 제시한 후 소개받은 이유에 대해 예비참여자의 생각을 알아보는 것은 매우 중요하다. 일방적으로 참여의 이유를 강요하기보다는 예비참여자의 의견을 솔직하게 들어야 한다. 이는 아동과 가족이 어려움을 어떻게 느끼고 생각하고 있는지를 알게 되는 중요한 정보이기 때문이다. 때로는 지역사회복지사와 의견이 다를 수 있다. 그렇다 하더라도 예비참여자의 의견을 잘 듣고 그들이 보여 주는 감정에 공감하고 존중해야 한다. 왜냐하면 예비참여자가 가족이 원하는 것이 무엇이고 문제해결 방법도 가장 잘 알고 있는 스스로에 대한 전문가이기 때문이다. 이러한 관점으로 지역사회복지사는 예비참여자와 파트너십을 이루어 가야 한다.

> • 대소변을 가리지 못하는 민아는 검사 이후 야뇨증과 유분증이라는 진단을 받았다. 약을 먹고 있지만 별로 나아지지 않아 어머니는 너무 힘들어 하였다. 지역사회복지사는 민아 어머니가 민아의 야뇨증과 유분증에 대해 병원진료를 받고 있는 것을 격려하고, 힘든 상황에 대해 공감하면서 앞으로 어머니와 함께 민아의 야뇨증과 유분증을 해결하기 위한 방법을 함께 찾아보기로 하였다.

(2) 지역사회복지사와의 연결고리 만들기

지역사회복지사의 초대를 승낙한 참여자는 다음 단계인 '계약하기'로 넘어가겠지만, 초대를 거절한다면 어떻게 대처하느냐가 매우 중요하다. 일단은 예비참여자의 자기결정을 존중하여 협력과 지원을 보류해야 한다. 그러나 이후라도 참여의사가 있다면 연락할 수 있도록 정보를 제공해야 한다. "원하실 때 언제라도 연락해 주세요. 기다리겠습니다."라고 말한 후 명함이나 연락처를 남기는 것이 좋다.

그리고 나서 참여는 하지 않더라도 지역사회복지사가 지나가다가 방문하거나 전화를 해도 괜찮은지에 대해 물어보고, 예비참여자가 동의하면 언제든지 일상적으로 만남을 유지해야 한다. 예비참여자의 거절로 지역사회복지사의 초대가 일회적으로 끝나는 것이 아니라, 지역사회복지사가 예비참여자 가까이에 있으며 지속적으로 관심을 가지고 있다는 것을 알도록 해야 한다. 이를 위해 지역사회복지사의 지속적이고도 창조적인 노력이 요구된다. 아래는 예비참여자가 참여의사가 없을 때 대처하는 구체적인 방법들이다.

① 양육자가 초대를 거절했을 때

첫째, 일상적인 계절이나 날씨 등을 화제로 안부전화를 할 수 있다. "안녕하세요! 어떻게 지내시는지 궁금해서 전화드렸어요. 날씨가 많이 추워졌는데, 건강은 어떠신가요?"

둘째, 가정방문을 할 수 있다. 가정방문은 예비참여자의 사전승낙이 있어야 한다. 안부를 묻는 것 외에도 그때마다 '뭔가 도울 일이 없을까' 하는 따뜻한 시선으로 예비참여자나 가정을 살피고, 부담을 느끼지 않는 정도에서 방문해야 한다. 예를 들면, 아기가 있는 집에는 기저귀를 사들고 간다든지, 부모를 격려할 수 있는 속옷과 같은 작은 선물을 통해 지속적인 관심을 표현할 수 있다. "근처에 일이 있어 지나다가 어머님 생각이 나서 잠시 들렀어요. 잠깐 뵐 수 있을까요?"

셋째, 지역사회복지사에게 보다 호의적인 가족구성원을 먼저 만나 가족에게 실질적으로 지원이 필요한 부분을 의논할 수도 있다.

② 아동이 초대를 거절했을 때

때로는 아동이 지역사회복지사의 초대를 거절할 수 있다. 아동이 거절하는 이유는 또래와 다르게 자신만 지역사회복지사를 만나는 것에 대한 낙인감을 느끼거나, 성인에 대한 신뢰가 없을 때 혹은 이유를 모르거나 무조건 거절하는 경우 등이다. 이때 아동과의 만남을 강행하는 것보다는 지역아동센터에서 다른 아동들과 함께 노는 것을 보여 주며 관심을 갖게 하거나, 아동이 익숙하고 편한 사람(지역아동센터 실무자, 가족, 친구 등)과 함께 대화를 할 수 있다. 아동이 지역사회복지사 개인을 싫어하기 때문이 아니므로 지역사회복지사의 인내와 배려가 필요하다.

예비참여자의 성격이나 환경에 따라 방법은 얼마든지 다양할 수 있다. 이와 같은 경험을 통해 예비참여자는 지역사회복지사의 지속적인 관심과 호의를 느껴 마음을 열고 지역사회복지사와 협력을 시작하게 된다.

> **TipS** 예비참여자가 지역사회복지사의 초대를 거절했다 하더라도 가정 내 안전이 확보되지 않았다면 전문기관의 도움을 받아야 한다.

(3) 참여자의 욕구 확인하기

예비참여자가 지역사회복지사의 초대에 응했다면 참여자의 욕구를 확인해야 한다. 이 내용은 다음 제4장 '참여자의 강점, 자원 발견하기'에서 구체적으로 다룰 것이다. 다만 예비참여자가 지역사회복지사의 제안에 동의했다면 예비참여자의 욕구가 무엇이고 어느 부분에서 협력을 필요로 하는지에 대해 미리 이해하고 준비하는 시간이 필요하다. 그래야 이후 지원하고 협력하는 과정이 연속적으로 자연스럽게 이어질 수 있다. "우리가 함께하면서 상황이 어떻게 바뀌면 좋을까요?" "제가 구체적으로 어떤 부분을 지원하면 도움이 될까요?" 등의 질문을 하는 것도 좋다.

계약하기

예비참여자가 동의하면 지역사회복지사의 실천과정에 대해 구체적으로 설명하고 다음과 같은 요인을 고려하여 계약해야 한다.

- 상담이나 방문횟수를 결정해야 한다.
- 상담 장소를 결정해야 한다. 기본적으로 가정방문을 원칙으로 하지만, 참여자가 집에서 만나는 것을 거절하거나 참여자와 지역사회복지사가 성별이 달라 부담스러울 경우 가정에서 만나는 것보다는 제3의 장소를 선택해야 한다.
- 교사나 사회복지 전담공무원 등 지역사회복지사가 자원을 만날 가능성에 대해 참여자에게 안내와 동의를 구해야 한다. 지역사회복지사는 참여자의 선택과 결정에 따른 지원과 협력을 해야 한다. 그러므로 지역사회복지사가 참여자를 둘러싼 자원과 접촉하고 연계할 때 참여자와 미리 논의하고 동의하는 과정이 있음을 사전에 알려야 한다.
- 정보의 공개 수준에 대해 합의해야 한다. 계약 당시 참여자와 정보 공개 정도에 대한 합의가 이루어져야 한다.

TipS   정보 공개 시 주의사항

- 지역아동센터, 학교, 동사무소 등 타기관과 협력할 때 어느 부분까지를 공개할 것인가?
- 정보 공개를 원치 않는다면 참여자의 의견을 따르는 것은 원칙으로 하되, 아동과 가족의 안전과 관련된 부분은 공개되어야 한다.

이러한 요인을 고려하여 서면이나 구두로 계약한다. 문서화된 계약서로 계약하는 기관이 있기도 하지만, 지역사회복지사는 대부분 구두계약을 한다. 서면계약이 반드시 필요한 경우도 있지만, 가정방문 등 찾아가는 접근에서는 구두로 계약하는 것이 자연스럽고 편한 장점이 있다. 하지만 구두계약이라 할지라도 계약에 관한 중요한 내용은 반드시 짚고 넘어갈 수 있도록 정리해서 참여자에게 제공하고, 기관에서도 참여자 파일에 보관하도록 해야 한다. 이것이 실천을 마무리하는 단계에서 참여자와 지역사회복지사의 협력을 평가하는 구체적인 지침이 될 수 있다.

2. 다루어야 할 이슈

(1) 정말 도움이 필요한 사람들인가

참여자의 어려움 정도와 문제해결능력에 대한 평가가 필요하다. 소개하는 사람은 본의 아니게 자신의 기준과 잣대로 아동과 가족의 문제에 대해 평가하기 쉽다. 따라서 지역사회복지사가 가족의 참여를 결정할 때는 그들의 어려움이 얼마나 심각한 상태인지, 어려움을 가족이 인식하는 정도가 어떻게 되는지, 외부의 지원을 활용할 수 있는 능력이 어느 정도 되는지, 외부 도움 없이 문제를 해결할 수 있는 능력이 어느 정도 되는지를 살펴보아야 한다. 이는 지역사회복지사의 일방적인 평가가 아니라 우선 예비참여자를 통해 알아보고, 이후 지역사회복지사나 소개한 사람과의 조정과정이 필요하다는 것을 의미한다.

(2) 정말 지역사회복지사가 도와야 하는가

도움이 필요한 아동과 가족은 다중위기상황에서, 복합적인 어려움을 경험하고 있기 때문에 이미 다른 서비스 체계와 연결되어 있기도 하다. 이런 경우 지역사회복지사가 지원해야 하는가에 대해 신중히 고려해야 한다. 왜냐하면 지원체계의 중복을 피하고 참여자에게 가장 적절하고 효과적인 지원이 이루어져야 하기 때문이다. 만약 참여자가 지역사회복지사와 협력할 것을 선택했다면 기존의 서비스 주체와의 역할분담은 매우 중요한 과제라 할 수 있다.

- 지역사회복지사는 오랫동안 만나 오던 참여 부모의 소개로 기초학습이 필요한 소연이를 만나게 되었다. 초기 면접을 통해 소연이의 동생이 지역 내 종합사회복지관을 이용하고 있음을 알게 되었다. 복지관의 저소득가정 청소년을 위해 학원을 연계하는 사업을 소연이와 가족에게 소개하여 지원받을 수 있도록 하였다.

꼭 **기억하세요**

① 지역사회복지사와 참여자의 관계는 파트너십에 기초한 '동반자' 입니다. 따라서 소개받은 과정과 지역사회복지사의 역할을 있는 그대로 분명하게 소개하여 예비참여자가 지역사회복지사의 초대에 응할 것인가를 충분히 고려할 수 있도록 배려해야 합니다.

② 소개받은 예비참여자가 지역사회복지사의 초대를 거절하더라도 그 의견을 존중해야 합니다. 하지만 언제라도 도움을 요청할 수 있으며, 기다린다는 메시지를 전달해야 합니다. 그렇기 때문에 지역사회복지사는 지속적이고 다양한 방법으로 관심을 표현하고 연락하는 것이 필요합니다.

③ '계약하기' 는 구두 또는 서면으로 합니다. 지역사회복지사는 주로 전개가 자연스러운 장점이 있는 '구두계약' 을 많이 합니다. 구두계약이라고 할지라도 중요한 내용을 기록하여 참여자와 지역사회복지사가 보관해야 합니다. 초기단계에서의 계약은 이후 지역사회복지사와 참여자의 협력을 평가하는 기준이 되므로 반드시 해야 합니다.

④ 예비참여자의 참여결정은 그들이 겪는 '문제' 가 아니라 '잠재력' '회복력' 에 기초합니다. 따라서 소개한 사람이나 지역사회복지사의 진단이나 판단보다는 예비참여자의 의견과 문제해결능력에 따라 지역사회복지사와의 협력이 결정됩니다.

제 · 3 · 장
참여자의 상황 함께 보기

첫 가정방문 이후 주 1회 하늘이네 가정방문을 실시하였다.

하늘이네 집은 반지하로 사람들이 지나다니는 길에 바로 대문이 있는 집이었다. 지역사회복지사가 가정방문하면 어머니는 대부분 누워 있다가 일어났으며, 머리가 부스스하였다. 집안은 청소하지 않아 음식물 쓰레기가 여기저기 있고, 이부자리가 어지럽게 흩어져 있었으며, 옷가지들도 어지럽게 널려 있었다. 간혹 바퀴벌레가 방안을 지나다녔으며, 집안에 들어서면서부터 쾌쾌한 곰팡이 냄새가 심하게 났고, 빈 술병과 깨진 물건들이 집 밖에 있곤 하였다.

가정방문 초기에 하늘이 어머니는 거의 말이 없었으며, 하늘이의 일상생활과 어머니가 몸이 아파서 힘들다는 이야기가 주요 대화내용이었다. 지역사회복지사는 꾸준히 어머니의 이야기를 경청하고 공감하면서 신뢰관계를 형성하였으며 이후 어머니는 조심스럽게 아버지의 폭력에 대한 이야기를 꺼냈다. 아버지의 폭력이 현재 거의 사라졌지만, 3~4년 전만 해도 어머니를 매일 때렸다고 하였다. 닥치는 대로 물건을 던지거나, 어머니의 빰과 몸을 손과 발을 이용하여 지속적으로 때렸고, 아이들도 몽둥이로 때리거나 하루 종일 벌을 세우는 등 체벌을 심하게 했다면서 눈물을 보였다. 어린 시절 어머니 역시 아버지가 술을 먹으면 어머니를 심하게 때리는 것을 보면서 성장했고, 그런 어머니 모습을 보는 게 너무 힘들어서 일찍 시집을 왔지만, 결국 자신의 삶도 똑같다는 것이 너무 견디기 힘들다고 하였다. 결혼 초기부터 아버지는 경제활동을 거의 하지 않아서 하늘이 어머니가 생계를 책임지면서 살아왔다. 비록 몸이 아프지만 지금도 아는 분 집에서 식당일을 간헐적으로 하면서 어렵게 생계를 꾸려 나가고 있다고 하였다. 이제는 거의 자포자기한 심정으로 살고 싶지 않고, 가끔은 아이들을 더 잘 돌봐 줄 사람에게 보내야 하는 것이 아닌가 고민을 하다가, 그래도 내 새끼 내가 키워야지 하며 마음을 다잡고 있다고 하였다. 그러나 지금은 너무 버겁고 힘들다는 말을 반복적으로 하였다.

지역사회복지사가 만난 하늘이는 착하고 순하며, 어떤 활동이든 열심히 참여하는 아동이었다. 그렇지만 또래에 비해 마르고 왜소하며, 학습 수준이 떨어져 학교생활에 어려움이 있었다. 낯을 많이 가려 초기에는 다른 사람과 어울리지 못하고, 자기가 원하는 것을 표현하지 못하였다. 신뢰관계가 형성되어 지역사회복지사와 편안해진 하늘이는 아버지가 무섭다며, 아버지가 오는 날에는 겁이 나서 잠이 잘 안 오고 자주 깬다고 하였다. 그래서 그날은 학교에 지각을 한다는 말을 조심스럽게 하였다. 아버지가 오면 왜 겁이 나는지에 대해 물었더니, 어머니가 했던 이야기와 비슷하게 아버지가 갑자기 자는데 깨워서 벌을 주거나 술을 먹고 때리는 일이 있다고 하였다.

어머니가 챙겨 주어도 지역아동센터에 빠지는 날이 많은 바다와 산이는 집으로 찾아가 만나는 날이 많았다. 바다와 산이는 이가 많이 썩었고, 잘 씻지 않아 머리, 목, 손 등에 때가 끼어 있었고, 옷을 자주 갈아입지 않아서인지 냄새가 많이 났다. 평소 말이 없는 바다는 간혹 자기 물건을 동생 산이가 만지면 갑자기 욕을 하고 불같이 화를 냈으며, 사소한 의견 차이에도 소리를 지르고 감정조절을 하지 못하였다. 하늘이와 산이는 "얘는 원래 화 잘 내고 물건도 잘 던져 요."라며 대수롭지 않게 반응하였다.

하늘이네 가족을 만나면서 이들을 둘러싼 자원을 살펴보았다. 이웃이나 지역사회와의 교류가 전혀 없고, 친척과도 왕래가 거의 없었다. 이웃의 말에 의하면, 아이들은 매우 지저분하고, 집안에 불은 매일 꺼져 있는 날이 많고, 아버지가 오는 날은 아이들 우는 소리가 자주 들려서 무슨 일이 있는 것은 아닌지 걱정이 된다고 하였다.

'참여자의 상황 함께 보기'는 사회복지 실천과정 중 '초기조사단계'에 해당하는 부분이다. 지역사회복지사가 참여자와의 동반자 관계를 맺은 후, 참여자가 해결하기 원하는 것의 실마리를 풀어 가기 위해 상황에 관심을 가지고 함께 탐색하는 과정이다.

탐색하는 과정에서 '함께'라는 의미는 참여자가 주체가 되어 참여자 중심으로 일한다는 것이다. 변화의 주체는 참여자 자신이다. 참여자가 중심이 되지 않으면 참여자 스스로 선택하고 결정하도록 지원하지 않기 때문에 결국 참여자는 수동적 대상으로 전락하게 된다.

상황을 함께 보기에서 '보기'의 의미는 참여자를 문제가 아니라 강점과 자원 중심으로 본다는 것이다. 이는 어려움을 문제로만 국한시키는 것이 아니라 해결해야 할 욕구로 보고 긍정적으로 풀어 가기 위한 것이다. 즉, 참여자가 해 온 긍정적이고 성공적인 노력을 찾아내서 인정하고, 참여자의 능력과 자원으로 원하는 결과를 능동적으로 얻을 수 있다는 것을 전제로 한다. 이처럼 참여자의 상황 함께 보기는 지역사회복지사가 참여자를 어떻게 바라보고 있는지에 대한 관점 자체가 반영되기 때문에 참여자 중심, 강점과 자원 중심의 탐색이 이루어져야 한다는 것이다.

▶▶ 1. 언제 탐색할 것인가

'언제 탐색할 것인가'에서 '언제'는 어떤 명확한 시점이나 기간보다는 초기 진행과정의 의미로 보는 것이 옳다. 그렇기 때문에 초기조사는 한 번으로 국한 짓거나 초기 몇 번으로 한정짓기보다 실천의 모든 과정에서 계속적으로 이루어져야 한다. 실제로 실천과정 중에 참여자에 대한 새로운 부분을 발견할 수 있고, 강점과 자원이 재발견될 수 있기 때문이다.

사실 초기조사의 내용에 있어서 언제라는 시기보다 더 중요한 것이 참여자와 지역사회복지사와의 라포 형성이다. 왜냐하면 라포가 형성되지 않은 상황에서는 참여자가 원하는 부분을 분명하게 파악하기 어렵고, 참여자가 변화의 주체로서 능동적으로 대처할 수 있도록 적극적으로 지원하는 데 어려움이 있기 때문이다.

> • 상민이 아버지는 초기에 지역사회복지사와 만난 후 지속적으로 만나는 것을 꺼려했다. 자신의 어려움을 젊은 여자 지역사회복지사와 공유하는 것이 불편하고 피하고 싶은 것이 이유였다. 주 양육자인 아버지를 인정하고 격려하면서 라포 형성이 된 후 상민이 아버지가 자신이 원하는 것에 대해 먼저 도움을 요청하였고, 상민이의 성장배경과 가족에 대한 이야기를 시작하였다.

TipS **라포(rapport) 형성에서 고려해야 할 점**

라포는 신뢰하는, 통하는, 수용하는 등의 의미로 참여자와 지역사회복지사가 긍정적인 관계를 형성하는 것이다. 참여자와 지역사회복지사 간의 인격적인 만남이 이루어질 때, 참여자가 진정으로 원하는 것에 귀기울이고 긍정적인 기대를 갖게 하는 요인이 된다.

아동과 라포 형성하는 방법

(1) 부드러운 손길로 어루만져 주세요.

어깨를 만져 주거나 머리를 쓰다듬어 주되, 형식적으로 행동하는 것은 아동이 알 수 있으니 주의해야 한다. 가끔은 또래끼리 하듯이 장난스런 신체 접촉도 해 보고, 손을 씻어 준 후 핸드로션 등을 발라주면서 자연스런 신체접촉의 기회를 가질 수 있다. 하지만 모든 아동이 신체접촉을 좋아하는 것은 아니기 때문에 아동의 특성에 맞춰 배려하는 것이 중요하다.

> "은영아! 밖에서 놀았으니 선생님과 같이 손 씻을래? 은영이 손이 이렇게 작고 예쁜 줄 몰랐네. 이 소중한 손 그냥 내버려 둘 수 없지. 손에 크림을 발라서 더 예쁘게 만들어 주자."

주 의

가정폭력, 아동학대, 성학대를 경험한 아동과는 신체적 접촉을 주의해야 한다. 신체적 접촉 시 학대상황이 떠올라 공포, 위협의 감정을 느낄 수 있다. 아동에게 신체적 접촉을 해도 되는지 사전에 허락을 구해야 한다.

(2) 따뜻한 눈길로 잦은 눈맞춤을 해 주세요.

사랑이 담긴 눈길이 머물 때마다 아동의 마음은 쑥쑥 자란다. 눈이 마주칠 때 살짝 웃어 준다면 지역사회복지사의 따뜻한 기운이 아동의 마음에 전달될 것이다.

식사시간을 활용해 보자. 바로 옆자리는 아니더라도 같은 식탁에서 식사를 함께 하면서 "맛있니?"라는 말을 하고 눈을 마주치면서 지역사회복지사가 아동에게 관심이 있다는 것을 알릴 수 있다.

(3) 가끔은 별명을 불러 주세요.

아동의 이름을 자주 불러 주는 것은 물론이고, 개성에 맞춰 격려의 의미로 적절하고 긍정적인 별명을 불러 보는 것도 친근감을 표현하는 방법이다. 물론 아동이 좋아할 때 사용해야 한다.

강철이는 끼가 많은 아동이다. 지역사회복지사는 강철이에게 '개그맨'이라는 별명을 지어 주었다. 그리고 야외놀이, 집단활동, 식사시간에 이름과 함께 별명을 자주 불러 주었다. 강철이는 개그맨이라는 별명을 들을 때마다 자신이 다른 사람에게 인기 있다고 느껴졌고, 미래에 가지고 싶은 직업이기 때문에 기분이 좋아진다고 하였다.

(4) 격려해 주세요.

누구나 좋은 점과 힘든 점을 가지고 있으며, 이는 상황에 따라 달라질 수 있다. 힘든 점을 상황에 따라 이해하고 격려해 주어야 한다.

민석이는 학습부진으로 학교에서 보충학습을 받고 있다. 날마다 보충수업을 받아야 하는 것이 힘들 텐데, 한 번도 빠지지 않고 2년 동안 성실하게 보충수업을 받고 있다. 학습수준이 낮지만 민석이의 성실한 모습을 항상 격려해 주었다.

(5) 야외에서 함께 자유롭게 뛰어놀아 주세요.

아동과 어울려 부딪치고 뒹구는 동안 자연스런 공감대가 형성되고 친밀해 질 수 있다. 날씨가 좋거나 눈이 온 날에는 실내보다는 실외에서의 활동으로 아동과 빨리 친해질 수 있다.

소민이는 내성적이고 말이 없다. 긴 겨울이 지나고 화창한 봄날에 소민이를 밖으로 불러냈다. 같이 공원을 산책하고 계단 오르기 등의 야외게임을 했다. 말이 없던 소민이는 "제가 이겼잖아요." "한 판 더해요." 등의 말을 하기 시작했다. 자연스럽게 공감대가 형성이 되었고, 이후 지역사회복지사와의 대화가 좀 더 편안해지자 자신의 이야기를 시작하였다.

(6) 칭찬해 주세요.

아동이 한 행동에 대해 구체적으로 칭찬해야 한다. 예를 들어, 아동이 인사를 하면 "영희는 인사를 참 잘하는구나. 영희가 인사하면 선생님 기분이 더 좋아진다."라고 말할 수 있다. 때로는 아동이 그린 나무 그림을 보고 "참 잘 그렸구나." "넌 그림을 잘 그리겠다."라고 하기보다는 그림 속에 아동이 표현하고자 했던 것을 먼저 느끼고 "파릇파릇한 잎이 살아 있는 나무 같구나."라고 할 수 있다. 그러면 아동은 그림을 잘 그려야 한다는 부담감 없이 자기를 표현하는 진솔한 그림을 그릴 것이다.

(7) 아동이 관심을 가지고 있는 문화를 함께 공유해 주세요.

아동이 좋아하는 연예인, 오락, 즐겨보는 만화 등은 아동의 세계를 이해하고 공감하는 데 좋은 기회가 될 수 있다.

> "선생님! 동방신기 좋아하세요?"
> "어! 요즘에 인기가 많은 그 친구들? 그래! 멋있더라."
> "동방신기에서 선생님은 누가 제일 좋으세요?"
> "선생님은 ○○가 좋더라."
> "와~ 나둔데…."

(8) 아동이 자기 이야기를 할 수 있도록 기다려 주세요.

아동은 언어표현이 미숙하기 때문에 충분한 여유를 가지고 귀를 열어야 한다. 말허리를 자르거나 일부만 듣고 판단한다면 아동도 지역사회복지사의 말을 귀담아 듣지 않을 수 있다. 말이 없거나 언어로 표현하기 어려워하는 아동은 함께 공유할 수 있는 것을 찾는 것도 방법이다.

서진이는 지역사회복지사를 만나면 아무 말도 없고 계속 다른 곳만 바라보았다. 지역사회복지사는 서진이가 책을 좋아한다는 사실을 알고, 책이 많은 큰 서점을 방문하여 서진이가 좋아하는 책을 함께 찾아보고, 책에 대해 이야기를 하며, 서진이의 마음이 열릴 때까지 기다렸다.

(9) 좌절시키는 말, 비난하는 말을 하지 마세요.

'반드시 ~해야 한다' '절대로 ~하면 안 된다' 라는 표현은 아동에게 경직된 사고를 강요하거나 실패에 대한 두려움을 줄 수 있다. 그래서 아동이 지역사회복지사를 만날 때 긴장하거나 위축되어 편안하게 자신을 표현하기 어려울 수 있다.

(10) 아동이 생각하고 선택할 수 있도록 해 주세요.

아동에게 '~할 수도 있고 ~할 수도 있겠지' '~면 더 좋겠다' 라는 식으로 말하고, 아동의 의견을 물어서 스스로 생각하고 선택할 수 있는 기회를 주어야 한다.

(11) 아동의 의사를 충분히 반영해 주세요.

아동이 다른 아동과 다르다는 부담감을 느끼지 않도록 만나는 장소, 방법, 시간을 정할 때 아동의 의사를 충분히 반영해야 한다.

양육자와 라포 형성 방법

(1) 아동의 일상생활을 공유하세요.

지역사회복지사는 아동의 학교나 지역아동센터의 일상생활에 대해 함께 이야기해야 한다. 이때 지역사회복지사는 아동이 잘하고 있는 것과 칭찬받는 것에 초점을 맞추어 양육자와 함께 이야기해야 한다. 양육자는 아동에 대한 작은 칭찬만으로도 행복감을 느끼고 더 많은 관심을 가지게 된다.

(2) 양육자가 아이에 대해 가장 잘 알고 있다는 것을 인정해 주세요.

양육자는 지역사회복지사의 만나자는 제의만으로도 경계하고 회피할 수 있다. 지역사회복지사는 양육자가 아동에 대해 가장 잘 알고 있기 때문에 아동을 지원할 때 양육자의 협력이 무엇보다 중요하다는 사실을 강조하여 파트너십을 형성해야 한다. 양육자의 아동 양육에 대한 노력을 인정하고, 외부로부디 적절한 도움을 받을 수 있는 기회를 제공해야 한다.

(3) 사소한 어려움에 대해서도 성실하고 즉각적으로 반응해 주세요.

가족이 도움을 요청하면 즉각적이고 성실하게 반응해야 한다. 지역사회복지사의 이러한 태도에 신뢰감이 형성되고 친밀해질 수 있다.

> "요즘 차상위계층에 대한 혜택이 많아졌다고 하는데, 저희도 포함되나요?"
> "가급적 빨리 알아보고 전화로 연락을 드릴게요."
> "어제 말씀하신 부분을 알아보니 희숙이네는 혜택을 받기 힘드시네요. 그래서 연관된 기관에 연락해서 도울 방법을 찾고 있어요."

(4) 마음을 잘 읽어 주세요.

양육자는 힘들고 어려운 일이 있어도 쉽게 말하지 않고 도움을 요청하지 않는다. 일반적으로 신뢰관계가 형성되지 않은 사람에게 자신의 어려움을 말하기 힘들고, 현재의 문제가 나만 겪고 있는 것이라고 생각하기 때문이다. 이때 지역사회복지사가 참여자의 상황에 공감하고 감정적으로 지지해 준다면, 이를 토대로 친밀한 관계로 발전할 수 있다.

> 민수 아버지는 가족에게 폭력을 행사하고, 술을 많이 먹는다. 이로 인해 가족은 아버지를 두려워하고 가족 내에서 아버지는 고립되어 있다. 지역사회복지사는 아버지의 폭력보다 역할에 초점을 맞추어, 아버지의 어려움과 가족에게 잘하고 싶어하는 마음을 들어주었다. 그러자 아버지는 자신도 민수를 잘 양육하고 싶으나, 마음 먹은

대로 되지 않는다며 속내를 털어놓았다.

(5) 해결하고 싶었으나 여러 가지 이유에서 못하는 것을 함께 해 주세요.

참여자 스스로 어려움을 해결할 수 있지만, 두려움이나 환경적인 이유로 차일피일 미루는 경우가 있다. 이때 지역사회복지사가 함께한다면 참여자가 적극적으로 실천할 수 있는 힘을 가지게 될 것이다.

민지는 축농증이 심하다. 민지 할머니는 항상 병원에 데려가야 한다는 생각을 하고 있었다. 그러나 할머니는 몸이 힘들고 검사비용에 대한 부담으로 차일피일 미루었다. 지역사회복지사가 인근병원에 함께 방문하였다. 할머니는 민지가 약으로 치료 가능하다는 소리를 듣고 안심을 하였다. 민지 할머니는 마음속으로 걱정하던 일이 해결되었다고 기뻐하였고, 그 후에는 여러 차례 병원을 함께 동행했던 일에 대해 고맙다는 이야기를 자주 하였다.

(6) 양육자와 관계 형성이 어렵다면 먼저 아동과 친해지세요.

양육자와의 관계 형성이 어렵다면 먼저 아동과 친밀해지는 것도 방법이다. 지역사회복지사가 아동에게 관심을 보이면 양육자는 쉽게 마음의 문을 열 수 있다.

"많이 바쁘신데, 이렇게 시간을 내주셔서 감사합니다."
"우리 아이가 좋아하는 선생님인데, 당연히 만나야죠."
"저는 제 일을 했을 뿐인데….."
"아이가 와서 항상 선생님 이야기를 해요. 우리 아이에게 항상 관심을 가져 주시셔 정말 감사해요."

어르신과의 라포 형성 방법

(1) 건강에 대한 염려를 진심으로 공감해 주세요.

어르신은 자신의 건강을 염려해 주는 사람에게 호의적이며, 다른 어려움이 있을 때 편안하게 말할 수 있다.

고혈압이 심한 소영이 할머니에게 겨울이 오기 전에 마스크를 선물하고 고혈압에 유의할 부분에 대해 설명하였다. 날씨가 추우면 전화를 걸어 외출 시에 모자 쓰는 것을 당부하기도 했다. 할머니는 자신의 존재에 대해서 인정해 주고 챙겨 주는 것이 정말 고맙다고 하면서 다른 도움을 요청하였다.

(2) 삶의 이야기를 들어 주세요.

어르신은 살아온 삶의 이야기를 말할 기회를 마다하지 않는다. 자신만의 특별한 인생경험과 어려움에 대해 다른 사람의 공감을 얻고 싶어하기 때문에 이야기를 성의껏 들어주는 것만으로도 친밀한 관계가 될 수 있다.

지역사회복지사는 소영이 할머니에게 지역사회복지사를 소개하고 인사하기 위한 짧은 가정방문을 계획하였다. 하지만 수심이 가득한 할머니의 표정을 읽고 공감적인 태도를 보이자, 할머니는 걱정과 어려움에 대해 한없이 말하였다. 지역사회복지사는 진심으로 들어준 거 외에는 한 일이 없었지만, 이후 지역사회복지사를 기다리고, 소영이를 통해 지역사회복지사의 가정방문 날짜를 물어보곤 하였다.

라포 형성을 알 수 있는 방법

(1) 참여자의 시선이 자연스러워져요.

참여자가 지역사회복지사의 시선을 피하지 않거나, 피하는 횟수가 줄어들고, 자연스런 눈맞춤에 대해 싱긋 웃거나 미소짓는 모습을 자주 보여 주며, 지역사회복지사와의 다음 만남에 대해서 기대하고 기다리는 표현을 시작한다. "다음 주에도 오실 거죠?" "다음에는 뭐하실 거예요?"라고 말하기도 하고, 다음 만남을 확인하기 위한 전화연락에서도 "그럼요! 알고 있죠!" 등 만남에 대한 기대를 표현한다.

(2) 참여자가 새로운 어려움과 정보에 대해 먼저 말하고 도움을 요청해요.

바뀐 전화번호, 이사계획 등의 정보를 지역사회복지사에게 알리고 만남이 계속 유지되길 바라며, 새로운 어려움을 의논할 상대로 지역사회복지사를 찾게 된다.

(3) 가벼운 스킨십 등의 방법을 통해 가깝다는 표시를 해요.

라포가 형성되면 아동은 지역사회복지사와 손 잡기를 거부하지 않거나 먼저 손을 잡는다. 또한 팔짱을 끼거나, 귓속말, 자신의 물건을 만지도록 허락하는 행동을 한다.

양육자는 지역사회복지사의 옷에 묻은 먼지를 털어 주며, 가정방문을 마치고 일어서는 지역사회복지사에게 물건을 집어주기도 하고, 멀리까지 나와 인사를 하며 고생하는 것에 대한 걱정의 말을 하기도 한다.

(4) 참여자가 지역사회복지사를 웃게 해요.

라포가 형성된 참여자는 유쾌한 농담으로 지역사회복지사를 웃게 한다. "선생님! 오늘 화장을 예쁘게 하셨는데 선 보러 가세요?" "선생님이 항상 씩씩해서 남자줄 알았죠!" 가족 안에서 있었던 재미있는 이야기나 좋은 소식을 알려 주면서 기쁨을 함께 나누기도 한다.

▶▶ 2. 무엇을 탐색할 것인가

'무엇을 탐색할 것인가'는 초기조사 기록내용을 중심으로 살펴볼 수 있다. 기록은 지역사회복지사가 참여자에 대해 통합적으로 잘 알고 기억해두기 위해서

만 하는 것은 아니다. 기록과정을 통해 지역사회복지사는 정해진 틀에 따라 참여자나 지역사회 내 자원과 좀 더 대화가 필요한 부분을 알게 되고, 참여자를 더 이해할 수 있게 된다.

또한 '강점 관점'이 반영된 틀에 따른 기록은 지역사회복지사가 참여자에 대한 존중을 바탕으로 강점을 자연스럽게 발견할 수 있도록 도우며, 무엇보다 중요한 참여자의 안전에 대해서도 확인할 수 있다. [부록 4] 양식에 첨부된 초기조사 기록지에는 아동사항, 가족사항, 경제사항, 주거상황, 가정폭력에 노출된 정도, 정보와 활용가능한 자원, 해결하고자 원하는 부분, 참여자의 강점, 내부와 외부의 장애물 등을 기록하도록 되어 있다. 초기조사기록지는 참여자 개인과 가족, 지역사회에 대한 보다 풍부한 정보를 강점 관점으로 접근하여 각각의 기본사항을 충실하게 기록하도록 되어 있다.

TipS 초기조사기록은 아동과 가족을 만난 3주 내에 탐색한 정보를 가지고 기록해야 한다. 이후 아동과 가족 및 관련된 사람들로부터 탐색된 정보들은 추가적으로 날짜와 함께 기록한다.

기본 사항

지역사회복지사의 초기조사기록은 '참여자의 상황 함께 보기'를 위한 기본 정보 습득과정이다. 초기조사기록의 사례번호는 참여에 동의한 아동과 가족에게 부여된 번호다. 조사일은 초기조사가 어느 한 시점에서만 행해지는 것이 아니기 때문에 특정 날짜보다는 대부분 기간으로 기록해야 한다. 그리고 실천과정 중에 추가된 정보에 대해서는 날짜를 기록하는 것이 필요하다. 정보제공자는 명확히 기록해 두어야 한다.

아동

아동에 대한 기본적인 정보, 즉 이름, 생년월일, 학교, 종교와 연락처를 기록

한다. 학교는 아동에게 필수적인 사회환경이므로 반드시 기록하되, 학교방문과 교사면담을 고려하여 학교명뿐만 아니라 학년과 반을 함께 알아두는 것이 필요하다. 참여자의 종교를 기록하는 것은 지역사회복지사가 참여자의 종교를 존중하며 지원하기 위해서다. 그리고 기존에 지역사회복지사사업에의 참여 여부와 참여기간을 함께 기록하고, 아동보호전문기관의 개입 여부를 확인하는 것이 필요하다. 이는 아동이 안전한 환경에서 생활하고 있는지를 보여 주는 단면이기 때문이다. 지역사회복지사에게 아동을 소개한 사람과 기관, 소개 이유 등을 함께 기록하여 환경 속에서 아동의 모습을 파악할 수 있도록 해야 한다.

그리고 아동의 신체, 정서, 인지, 대인관계, 성장력 등과 어려움이 있을 때 문제해결방법, 아동의 강점, 자원 등을 기록해야 한다. 예를 들면, 집단따돌림을 경험하는 상황이나 학대상황에서 아동의 대처방식, 바지에 변을 지린 후 뒤처리하는 방법, 준비물이나 숙제를 하는 방법 등과 같은 아동의 중요한 이슈를 상세히 기록해야 한다.

> • 몇 년간 아버지로부터 학대받은 명진이는 위협적인 상황에서 큰 소리를 지르거나 몸부림을 치는 등 교사가 이해할 수 없는 행동을 하였다. 그것은 과거 학대상황에서 자신이 소리를 질러 이웃이 신고를 해서 학대가 중단되었던 경험으로부터 학습된 행동이었다. 영진이는 누군가가 자기를 꼭 붙들면 "나를 때릴 것만 같아요."라고 대답하였다.

가족사항

가족사항은 가족구성원의 이름, 관계, 나이, 교육 정도, 동거 여부, 직업, 교육상태, 월평균수입, 장애·질병 등을 기록해야 한다. 대부분 가족구성원은 여러 명이므로 한눈에 알 수 있도록 표로 정리하는 것이 좋다. 기본적인 인적 사항과 더불어 동거 여부를 함께 적는다. 동거 여부가 중요한 것은 혈연·법적인 부분만이 아니라 실질적인 가족기능 측면에서 가족구성원을 볼 수 있기 때문이다. 또한 직업과 관련하여 고용상태, 월평균수입을 기입하는 것은 가족의 경제부분과 관련되므로 중요하게 다루어져야 한다. 그리고 장애 혹은 질병의 여부도 같은 측면에서 중요하게 다루어져야 한다. 가족을 탐색하기 위해 가계도 활용도 가능하다. 앞서 제시한 표를 통해 개별 가족구성원을 기술했다면, 가계도는 가족 간의 관계와 역동을 중점적으로 볼 수 있는 장점이 있다. 예를 들면, 가계도에 3대를 표시하여 조부모 때부터 가정폭력이 세대물림되었음을 확인할 수 있고, 가족구성원 간의 관계와 역동을 통해 강점과 회복력을 파악할 수 있으며, 활용자원을 알 수 있다.

TipS 가계도 작성 요령

주요 표시: □ 남자, ○ 여자, × 사망, ＼＼ 이혼, ⬭ 동거상태

- 각 표시 아래에는 연령, 관계 등을 기록하여 가족구성원의 성별, 연령, 관계, 현재 상태 등이 모두 표현되어야 한다.
- 3대를 포함하여 가족 내 역동, 질병, 가정폭력 등을 파악할 수 있다.
- 가족구성원의 욕구, 강점을 파악할 수 있으며, 가족이 문제를 해결해 온 방법, 활용자원 등을 파악할 수 있다.

경제사항

지역사회복지사와 함께한 참여가족 중 대략 약 45% 정도가 국민기초생활수급권자로 선정되어 국가의 지원을 받고 있다(2006, 지역사회복지사 보고). 참여자의 국민기초생활수급권자 선정 여부를 살펴야 하는 이유는 다음과 같다. 첫째, 국민기초생활수급권자 선정 여부에 따라 대략적인 가족의 경제적 상황을 알 수 있다. 둘째, 참여자가 국민기초생활수급권자 선정 기준을 충족하는데도 지정되어 있지 않다면 참여자가 이를 신청하도록 도울 수 있다. 셋째, 참여자가 이용하

게 될 지역사회 자원의 서비스 이용료가 국민기초생활수급권자 선정 여부에 따라 면제 혹은 감면 혜택을 받을 수 있다. 따라서 참여가족의 국민기초생활수급권자 지정 여부를 잘 탐색하고, 가능하면 어떤 항목의 급여를 지원받고 있는지 자세히 알아두는 것이 좋다.

초기 참여자는 수입이나 부채를 구체적으로 밝히길 꺼려한다. 그래서 신뢰관계가 형성된 이후에 경제상황에 대해 알게 될 확률이 높으므로 이에 대한 정보를 얻기 위하여 급하게 서두르지 않아도 된다. 하지만 참여자의 긴급지원에 있어 정보가 필요하다면 충분히 양해를 구하고 물어볼 수 있다. 그러면 의외로 쉽게 파악될 수도 있다. 그 밖에 신용불량자 여부, 급히 돈이 필요한 경우 어떤 방법으로 해결해 왔는지, 경제와 관련된 특이사항, 강점 등을 기록해둔다.

> • 민정이 아버지는 도박으로 5,000만 원 이상의 빚을 지고 있으며, 부모 모두 신용불량자로 등록되어 있었다. 카드회사로부터의 빚독촉에 연락을 끊고 현재는 돈을 갚을 방법이 없으니 어쩔 수 없다고 하였다. 하지만 그런 상황에서도 아버지는 꾸준히 일을 하여 정기적인 수입이 있었다.

주거현황

주거현황은 참여자의 삶의 터전으로 참여자 생활을 집약적으로 보여 주는 중요한 환경이다. 단독주택, 다세대주택, 일반아파트, 임대아파트 혹은 고시원이나 여관 같은 비거주용 주택 등은 가족의 물리적 환경의 단면을 보여 주고, 자가, 전세, 월세 등의 소유형태는 참여자의 주거환경이 얼마나 안정적인가를 보여 준다. 그 외 집 내부 구성을 자세히 알아보는 것은 실질적인 주거 기능과 관련하여 중요하다. 방의 개수는 가족구성원의 사생활 보장 측면, 성별에 따른 공간분리 등에서 매우 중요하다. 예를 들어, 부부 외에 성별이 다른 가족구성원이 단칸방에서 함께 생활할 경우를 가정해 보자. 일상적 생활에서 사생활 보장이 가능한가? 성인잡지나 비디오 등 성인 물건이 아동에게 노출될 가능성이 있는가에 대해 검토해야 한다. 주방, 욕실, 화장실의 유무, 화장실이 외부 혹은 내부에 있는가의 문제는 참여자 생활의 질과 관련이 있다. 주거환경 기록으로 참여자의 상황을 충분히 관찰하고 확인한다면 참여자의 물리적 환경에서 비롯된 어려움을 쉽게 알 수 있다. 예를 들어, 늘 지저분한 차림으로 다니는 아동을 살펴보았더니 씻을 곳이 마땅치 않아서라든가, 변비나 유분증이 있는 아동은 실외에 있는 어두운 화장실에 혼자 가기 무서워 용변을 참아 나타난 결과라든가 하는 것이다. 따라서 참여자의 생활터전인 주거현황을 참여자의 입장에서 잘 살펴보고, 참여자가 어떻게 느끼는지 혹은 어떤 변화를 원하는지 파악할 수 있어야 한다.

가정폭력 노출 정도

참여자 관찰에 있어 가장 우선 고려해야 할 점은 참여자가 안전한가다. 초기에는 참여자가 가정폭력 피해사실을 노출하기 꺼리는 경우가 많아 지역사회복지사가 세심하게 관찰하여야 한다. 이후 지역사회복지사와 만나는 과정에서 참여자가 폭력사실에 대해 노출할 수 있다. 참여자가 노출한 폭력의 형태나 내용에 대해서는 참여자의 표현 그대로 기록해야 한다. 폭력의 최초시기와 종결시기, 지속성 여부, 폭력의 내용 및 정도, 아동에게 노출된 정도 등을 기록해야 한다. 가정폭력은 배우자폭력뿐만 아니라 아동학대, 노인학대, 형제학대 등이 포함된다.

아동은 구조화된 상담에서보다 일상생활에서 폭력사실을 노출하는 경우가 많다. 아동이 폭력상황을 노출할 때 양육자에 대한 죄책감으로 이어지지 않도록 유의해야 한다.

"선생님, 우리 동네에 경찰이 왔어요."
"경찰이 동네에 왔구나."
옆에 있던 친구가 "예전에 우리 집에도 경찰 왔어요. 우리 아빠가 엄마를 때렸거든요. 엄마한테 막 피가 나고 그랬어요."

지역사회와 교류

참여자가 지역사회에서 살아온 기간을 아는 것은 그 지역에 얼마나 뿌리를 내리고 있는가 그리고 어떻게 살아 왔는가를 탐색할 수 있기 때문에 중요하다. 참여자의 거주기간이 짧다면, 그전에는 어디서 살았는지, 어떻게 해서 그 지역사회를 떠나 현재의 지역사회로 이주하게 되었는지, 현재의 지역을 선택한 특별한 이유가 있는지 등을 알아보아야 한다.

또한 참여자가 주로 이용하는 공공기관(행정, 복지, 교육 등)과 서비스 내용을 자세히 살펴보아야 한다. 이것은 참여자에 대한 지역사회 네트워크가 얼마나 잘 형성되어 있는가를 보여 줄 뿐만 아니라, 지역사회복지사가 지역사회에서 함께 일할 협력자를 파악할 수 있다. 구체적으로 참여자가 이용하고 있는 공공기관의 이름을 적고 그 서비스 내용을 서술한다. 그리고 서비스에 대한 참여자의 생각이나 느낌 등을 들어본다면 앞으로 참여자 중심의 '지역복지력 구축'에 도움이 될 것이다. 비공식적 자원을 확인하는 것도 중요하다. 원가족, 친구, 이웃, 동료, 종교 등의 지지체계는 가족에게 심리·정서적으로 도움을 줄 수 있는 외부자원으로 중요한 역할을 하여, 위기상황에서 즉각 지원이 가능하다는 이점이 있다.

TipS   생태도

주요 표시:　———　: 관계선이 굵을수록 관계가 원활하거나 활용도가 높다.

　　　　　——▶　: 에너지가 향하는 방향, 정보이동 방향, 상호적 인지, 일방적 인지 등

　　　　　---------　: 소홀하거나 미약한 관계

　　　　　〜〜〜　: 갈등, 충돌, 긴장관계

• 참여자가 지역사회 자원체계와 어느 정도의 관계를 맺고 있는지, 상호작용인지, 일방적인 지원인지, 몇 개의 자원체계를 가지고 있는지 파악할 수 있다.

• 석우가 사는 지역은 저소득층 밀집지역인데, 이웃 간의 교류가 활발한 편이다. 석우 혼자 집에 있어 밥을 먹지 못할 때, 이웃집 할머니에게 가면 석우의 식사가 해결되곤 하였다.
• 진영이네는 부모가 이혼하지 않은 상태인 모자가정인데, 그 지역 사회복지 전담 공무원이 어려운 사정을 알고는 먼저 가정에 찾아와 국민기초생활수급권자로 지정해 도움을 주었다. 이에 대해 어머니는 매우 고마워하고 있으며, 도움을 준 공무원과 동사무소에 대해 호감을 가지게 되었다.

▶▶ 3. 누구와 탐색할 것인가

■ 탐색에 있어서 가장 중요한 주체는 참여자다

탐색에 있어 참여자 탐색을 가장 우선시하는 이유는 도움을 요청한 부분이 참여자의 것이고, 원하는 것을 얻을 사람도 참여자이기 때문이다. 따라서 참여자를 이해하기 위해 여러 사람의 정보를 활용할 수는 있지만, 그것이 참여자의 탐색보다 우선되어서는 안 된다. 때로는 부수적 출처로부터의 정보가 참여자에 대한 오해와 선입견을 초래할 수 있고, 오히려 참여자와 일하는 데 방해요인이 될 수 있기 때문이다.

■ 참여자로부터 탐색을 시작한다

지역사회복지사가 탐색을 할 때 때로는 참여자와 참여자 주변사람들이 서로 다른 내용을 지역사회복지사에게 제공할 때가 있다. 이때 참여자나 다른 사람에게 심각한 해를 끼치는 것이 아닌 이상, 정보에 대한 진실 여부를 확인하는 것에 힘을 기울이기보다 참여자가 원하는 바로 그 자리에서 시작하는 것이 참여자 중심으로 일하는 데 도움이 된다. 예를 들면, 가끔 아버지가 집에 들러서 아동을 만나기도 한다고 주변에서는 이야기하지만, 할머니는 아버지의 존재로 경제적 불이익을 당할까 봐 걱정하며, 아버지와 연락이 끊어져서 어떻게 살고 있는지 알 수 없다고 말하기도 한다. 이처럼 참여자가 감추고 있거나 사실과 다른 내용, 이미 들은 것과 다른 정보 등을 말한다면 그 이면을 살피는 것이 더 의미가 있다. 이 모든 활동은 참여자가 원하는 것을 얻었다는 만족도를 높이기 위해 적극적으로 참여를 독려하기 위함이다.

> • 주변사람들은 창훈이가 폭식, 도벽, 가출, 학습부진 등의 어려움을 갖고 있다고 소개하였다. 하지만 창훈이는 또래와 사이좋게 잘 지내고 싶다고 하였다. 지역사회복지사는 창훈이의 욕구를 중심에 두고 주변사람들의 정보는 부가적으로 참고하였다.

참여자와 관련된 사람들과의 탐색도 중요한 자원이다

참여자와 관련된 사람을 탐색하는 이유는 참여자가 어려운 상황에 대해서 어떻게 반응하고 대처했는가를 참고하기 위해서다. 그리고 참여자와 관련이 있는 사람을 참여자의 자원으로 활용하기 위해 협력관계를 맺기 위한 전략이기도 하다. 관련된 사람을 탐색함에 있어 고려할 사항은 참여자와 관련된 사람들이라 할지라도 같은 상황을 다른 내용으로 말할 수 있다는 점이다. 이때 지역사회복지사는 혼란에 빠지기보다는 서로 다른 입장에서 오는 역동임을 인식하고, 탐색한 사실을 자료로 활용하여 공통된 욕구를 파악할 수 있어야 한다.

• 승철이는 친구들과 사이좋게 지내기를 원했고, 아버지는 승철이의 학습수행능력
이 향상되기를 원하였다. 지역아동센터 실무자는 아동이 청결해지고, 공격적인
행동이 감소되기를 원하였다. 담임교사는 수업시간에 집중하고 준비물을 잘 챙
겨오는 것에 대한 욕구를 표현하였다. 이렇게 서로 다른 입장과 역할 때문에 원
하는 것이 다르게 표현되었지만, 승철이와 승철이 관련 성인들이 원하는 것이 승
철이가 친구와 사이좋게 지내기 위한 과정의 연결선상에 있어, 승철이가 원하는
친구와 사이좋게 지내는 것에서부터 탐색을 시작하였다.

▶▶ 4. 어떻게 탐색할 것인가

지역사회복지사가 탐색을 할 때 주로 사용하는 방법은 면접과 관찰이다. 이를
통해 중요한 접근이 이루어지고 있다.

참여자 면접

참여자 면접방법은 구조화된 질문보다는 비구조화된 방법을 사용하는 것이
효과적이다. 특히 아동면접에서는 구조화된 질문이 형식적인 관계로 흘러가기
쉽기 때문에 그림 그리기, 소꿉놀이, 이야기 꾸미기 등의 비구조화된 면접으로
상호작용이 가능한 대화를 통해 더 많은 내용을 이끌어 낼 수 있다. 그리고 면접
을 할 때 참여자가 드러내고 싶어하지 않는 부분에 대해 캐묻기보다는 참여자가
다루고자 할 때까지 기다려야 한다. 예를 들어, 양육자는 전과, 이혼, 폭력 정도,
직업 등을 말하는 것을 꺼릴 수 있다. 지역사회복지사와 양육자의 연령이 비슷
할 경우 마음을 여는 데 시간이 걸릴 수 있기 때문에 조급해하지 말고 기다리는
것이 중요하다. 제4장 '참여자의 강점과 자원 발견하기'의 사용방법을 적용할

수 있다.

TipS **양육자 면접 시에 고려해야 할 사항**

- 작은 일이라도 아동을 칭찬해 준다.
- 양육자가 살아온 과정을 인정한다. 양육자가 아동을 가장 잘 키울 수 있다는 점을 인정해야 한다.
- 꼬치꼬치 캐묻는 것을 피한다.
- 양육자에 대한 의도적인 질문보다는 아동에서 자연스럽게 양육자로 화제가 옮기도록 해야 한다.
- 기적질문, 척도질문 등을 사용해도 좋다.

참여자 관찰

참여자 관찰을 통해 탐색할 때, 일시적 · 한시적으로 발견된 부분에 의미를 부여하기보다 여러 사람의 중복된 호소내용, 지속적인 어려움에 대해 관찰해야 한다. 주의 깊게 관찰하기 위해서 다음의 내용이 도움이 될 수 있다.

(1) 아동관찰

① 또래관계
- 또래와 정서적 교류(인사, 전화, 손잡기 등)를 얼마나 하는지
- 자신의 물건 또는 다른 사람의 물건(음식, 준비물 등)을 공유하는지
- 등하교 시 함께하는 친구들이 몇 명이나 되는지
- 또래에게 폭력을 자주 사용하는지
- 또래관계에서 주도적인지, 소극적인지
- 또래놀이에 어울리는지, 소외되는지
- 또래 안에서 규칙을 얼마나 지키는지

• 갈등상황을 어떤 방법으로 해결하는지
• 상황에 맞는 판단력을 보이는지

② 정서적 반응

• 감정의 변화(울음, 삐침, 과도한 웃음)가 얼마나 자주 있는지
• 주변환경에 대해 얼마나 불안감(주의산만, 눈치)을 느끼는지
• 정서적 어려움에서 오는 신체적 반응(용변을 옷에 지림, 폭식, 두통)을 얼마나
  보이는지
• 공격적인 행동(화냄, 욕, 파괴, 던지기)을 보이는지

③ 학습 관련

• 구구단과 사칙연산은 어느 정도 하는지
• 한글의 철자를 얼마만큼 정확하게 알고 있는지
• 연령에 맞는 학습 수준을 갖추고 있는지
• 시계를 얼마나 정확하게 볼 수 있는지
• 학습이나 프로그램 시 집중하는 시간이 어느 정도 되는지
• 책은 얼마나 자주 읽는지
• 숙제나 준비물을 잘 챙기는지
• 등교시간을 잘 지키는지
• 학교에 잘 출석하는지

④ 외모상

• 물건이나 책을 볼 때 미간을 찌푸리는지
• 이가 아파 음식을 제대로 먹지 못하는지
• 몸이 너무 말랐다거나 혹은 비만인지
• 계절에 맞는 옷을 입었는지 혹은 옷은 자주 갈아입는지
• 상처를 제때 치료하지 않아 곪은 부분이 있는지
• 머리를 제때 감았는지 혹은 머릿니가 있는지

- 잘 씻지 않아 몸에서 냄새가 나거나 손발이 지저분한지

⑤ 성인과의 상호작용
- 처음 본 어른에게 지나친 관심을 보이거나 거부하는지
- 반말이나 공격적인 반응을 보이는지
- 특정 대상(남자, 여자)에게 적대적이거나 밀착하는지

⑥ 위기 정도
- 몸에 멍이나 다른 상처가 보이는지
- 스킨십을 지나치게 싫어하는지 혹은 밀착하는지
- 양육자에 대한 반응이 거부적인지, 밀착하는지, 두려워하는지
- 밤늦게 돌아다니는지
- 식사를 제때 하는지

(2) 가족관찰

① 대인관계
- 집에 놀러오는 사람들이 얼마나 되는지
- 주변사람들과 전화통화를 자주 하는지
- 얼마나 자주 외출을 하는지
- 지역사회복지사와 대화 시 '~누구에 따르면, ~누구는 그렇게 하던데요' 등 다른 사람의 말을 얼마나 자주 인용하는지

② 경제적 수준
- 최근에 시장에 자주 가는지
- 아동에게 필요한 물건을 구입하는지
- 화장품을 산 적이 있는지
- 공과금이 밀렸거나 정지당한 적이 없는지

- 외식을 몇 번 했는지
- 물건이 없거나 너무 오래되어 사용하기 힘든 것인지
- 물건이 부서져 있는데 그냥 사용하는지
- 가스가 끊겨 한겨울에도 냉방에서 생활하는지

③ 환경적 수준

- 물건, 옷 등이 정리정돈되었는지
- 개수대에 설거지를 하지 않아 그릇이 가득한지
- 곰팡이나 거미줄이 있는지, 바퀴벌레가 있는지
- 가정에서 악취가 얼마나 나는지
- 집을 전혀 관리하지 않아 쓰레기로 가득 차 있는지
- 집안과 밖에 술병이 얼마나 있는지

④ 가족역동

- 양육자가 아동과 어떻게 이야기하고 대답하는지
- 양육자가 다른 사람이 있을 때 아동에게 하는 태도가 평소와는 어떻게 다른지
- 아동이 양육자와 있을 때 평소에 보이던 행동과 어떻게 다른지
- 아동이 양육자를 때리거나 욕하는지
- 형제ㆍ자매간에 욕이나 폭력, 비난 등을 하는지
- 성인의 역할을 하는 형제(자매)가 있는지
- 아동양육 태도나 방법에는 어떤 것들이 있는지(욕하기, 체벌, 일관적이지 못함, 내버려둠 등)

참여자 직접방문

(1) 가정방문

가정방문은 지역사회복지사가 참여자의 생활 속에 들어가 참여자에 대해 알아

보고 배운다는 것을 의미한다. 또한 비자발적인 참여자를 '함께 일하기' 에 참여시키기 위해 지역사회복지사가 적극적으로 일한다는 것을 의미한다. 가정방문에서 관찰한 내용을 가지고 참여자에게 다가가면 참여자와의 관계 형성에 도움이 된다. 예를 들어, 가족사진, 아동의 상장, 그림, 깨끗한 집안상태 등 긍정적인 관찰내용을 가지고 참여자를 칭찬·격려할 수 있다. 이것은 낯선 사람의 방문으로 인한 긴장감을 풀어 주고 긍정적인 관계를 형성하는 데 도움이 될 수 있다. 반면 고지서, 파손된 물건, 질병 등의 관찰내용에 대한 궁금증은 솔직하게 물어보아야 한다. 참여자의 욕구를 명확하게 탐색할 수 있는 좋은 기회가 될 수 있다.

TipS   가정방문 시 고려해야 할 사항

① 참여자가 원하는 시간에 가정방문을 합니다.

참여자가 지역사회복지사를 초대하지 않은 이상 가정방문은 지역사회복지사의 욕구일 수 있다. 그렇기 때문에 참여자가 원하는 시간을 최대한 고려하는 것이 중요하다. 매번 참여자의 시간에 맞추기 어려울 수도 있다. 하지만 참여자와 라포 형성 이전이므로 참여자가 원하는 시간에 맞추는 것이 도움이 될 것이다.

현영이 어머니는 밤늦게까지 식당에서 일을 한다. 아침에 늦게 출근하지만 지역사회복지사의 가정방문에 대해서는 곤란하다고 하였다. 집안도 정리가 안 되고, 잠을 충분히 자지 않으면 일하는 데 힘들다는 것이 어머니의 이유였다. 초기에 늦게 출근하는 어머니를 집 근처에서 기다리자 감동하였고, 라포 형성 이후에는 "지저분하더라도 아침에 오시겠어요?"라는 제안을 먼저 해 주었다.

② 참여자에게 미리 승낙을 받아야 합니다.

전화연락을 통해 먼저 참여자의 승낙을 받고 가정방문을 하면 참여자가 당황하지 않거나 경계하지 않을 수 있다. 그러나 전화를 해도 받지 않고, 전화가 없는 가정도 있을 수 있다. 이때에는 사전에 편지나 가정통신문 등으로 가정방문의 협조를 구하고 연락을 기다려야 한다. 반면 라포 형성 잘되었고 지역사회복지사의 가정방문에 대해서 큰 어려움을 느끼지 않는 참여자라면, 그 지역에 들렀다가 인사

차 들리는 것도 방법이다. 특히 조부모의 경우 "건강이 궁금해서 왔습니다." "성희를 집에 데려다 주면서 잠깐 인사하려고 왔어요." 등 짧은 가정방문에 대해서 기대하고 반가워한다.

지민이 어머니는 전화통화가 어려운 분이다. 지민이를 통해 어머니가 집에 있다는 얘기를 들었지만, 바로 가정방문을 하기보다는 가정통신문으로 가정방문할 수 있는지를 여부를 묻고 가정방문에 대한 승낙을 기다렸다.

③ 초기 가정방문할 때 간단한 선물을 준비해야 합니다.

초기 가정방문할 때는 작은 것이라도 호감을 전달할 수 있는 간단한 선물을 준비해 가는 것이 도움이 된다. 아기가 있는 집이라면 기저귀, 어르신이 있는 집이라면 필요한 약품, 식구가 많은 집은 과일 등 가족이 좋아할 만한 작은 선물을 준비해 가도록 한다.

민주네 가정방문을 할 때 민주가 좋아하는 딸기를 사가지고 갔다. 어머니는 지역사회복지사의 민주에 대한 관심과 애정을 느낄 수 있다고 하였다.

④ 참여자가 음료, 식사 등을 대접할 때 감사하게 받아야 합니다.

참여자는 가정방문한 지역사회복지사에게 간단한 음료라도 대접하기를 원한다. 이때 지역사회복지사가 참여자를 배려하는 마음으로 지속적으로 거절하면 오히려 참여자가 오해할 수 있다. 그럴 경우 참여자의 정성을 읽어 주고 물 한잔, 보리차, 녹차 등을 먼저 요청해서 편히 대해 줄 것을 부탁할 수 있다.

규원이 부모는 지역사회복지사가 방문할 때마다 대접에 신경을 많이 썼다. 지역사회복시사는 부담을 술이기 위해 규원이네 집에서만 맛볼 수 있는 둥글레차를 먹고 싶다고 하였다. 이후 부모와 지역사회복지사 모두 부담 없이 정성껏 대접을 주고받는 관계가 될 수 있었다.

⑤ 참여자가 가정방문을 거절한다면 원하는 방법을 물어보아야 합니다.

가정방문의 목적은 지역사회복지사가 참여자의 삶으로 들어가 적극적으로 함께

116

일하기 위함이다. 때로는 집이라는 공간에 한정짓지 말고 융통성을 발휘해야 한
다. 만약 참여자가 가정방문을 원치 않는다면 우선은 기다리며 어떤 방법을 원하
는지 물어보고 제3의 장소에서 만나도록 한다.

직장을 다니고 있는 정미 어머니는 가정방문보다는 점심시간 등의 틈새시간을
이용하여 만나기를 더 원한다고 제안하였다.

⑥ 때로는 집이 아닌 새로운 장소가 도움이 되기도 합니다.
집에만 있는 참여자라면 오히려 커피숍, 빵집, 공원 등 색다른 장소에서 만나는
것도 새로운 활력이 될 수 있다.

부인의 가출, 신용불량, 취업의 실패 등으로 외출을 하지 않고 집에만 있는 아버
지를 안타깝게 여긴 민주 할머니는 특별한 일이 없어도 아버지를 밖에서 만날 것
을 제안하였다.

(2) 기관방문

기관방문은 동사무소, 인근 복지관과 같은 관련기관을 통해 참여자가 지원받
고 있는 자원을 탐색하고, 이러한 자원을 획득하기 위해 참여자가 가지는 정보
수집능력과 자원을 얼마나 적극적으로 활용하는가에 대한 탐색이다. 기관 방문
할 때는 참여자에게 사전에 허락을 받아야 하며, 참여자의 사생활이 노출되지
않도록 주의해야 한다. 또한 지역사회복지사의 역할을 소개할 수 있도록 명함이
나 기관 리플렛 등을 준비해야 한다.

> • 민영이네는 민영이가 수술을 받을 때 직접 병원 사회사업 담당자를 찾아가 수술
> 비를 지원받았고, 부모가 다니고 있는 교회를 통해 후원금이 연계되었으며, 지역
> 의 친한 이웃에게 정서적 지지를 받았다. 민영이네는 자원을 찾고 활용하는 힘이
> 강했으며, 인적 자원도 갖고 있었다.

기억하세요

① 참여자가 원하는 것을 스스로 선택하여 얻을 수 있도록 함께 일하기의 주체로 참여자가 세워져야 합니다.

② 참여자가 변화의 주체이며, 스스로 어려움을 해결할 수 있다는 믿음이 있어야 합니다. 우선 참여자가 해 온 긍정적이고 성공적인 노력을 인정해야 합니다. 또한 참여자를 문제 중심이 아닌 강점과 자원을 중심으로 탐색하는 것이 중요합니다.

③ 참여자와의 라포 형성이 참여자를 탐색하는 데 중요한 매개가 됩니다. 참여아동, 가족과 충분한 라포 형성을 위한 시간과 노력이 필요합니다.

④ 탐색과정에서 가장 중요한 사람은 참여자이며, 참여자로부터 탐색이 시작되어야 합니다. 그렇기 때문에 주변사람들과의 탐색보다 참여자의 탐색을 우선해야 합니다.

⑤ 참여자 탐색에 있어 중요하게 고려해야 할 점은 참여자의 안전입니다. 참여자는 위험에 노출되었다는 것을 알리기 꺼리기 때문에 지역사회복지사는 참여자가 안전한 상황인지에 대해 항상 민감해야 합니다.

⑥ 가정방문은 지역사회복지사가 참여자의 생활 속에 들어가 참여자에 대해 알아보고 배운다는 의미가 있으며, 비자발적인 참여자를 함께 일하기에 참여시키기 위한 적극적인 방법 가운데 하나입니다.

제·4·장
참여자의 강점과 자원 발견하기

바다와 산이는 학교와 지역아동센터에 자주 결석하고, 지저분하며 냄새가 많이 나는데, 이는 어머니가 아이들을 제대로 양육하지 못하기 때문이라고 주변에서는 걱정이 많았다. 하지만 가정방문을 시작하면서 주변의 걱정처럼 어머니가 아이들 양육을 포기한 것이 아니라, 어머니도 아이들이 건강하게 성장하도록 양육하기를 원하지만 그렇게 하는 것이 쉽지 않아 힘들어하고 있다는 사실을 알게 되었다. 어머니가 건강해야 아이들을 잘 챙길 텐데, 기운이 없고 몸이 너무 힘들어서 아이들을 제대로 돌보지 못하는 것이 항상 미안할 뿐이라고 하였다.

어머니는 언제 일어날지 모르는 아버지의 폭력 속에서도 아이들을 잘 키우고자 하는 마음을 가지고 있었다. 현재는 몸이 아파서 쉬고 있지만 한 달 전만 해도 생계유지를 위해 일을 하였다. 다른 사람과 소통을 꺼려하지만 진심으로 대하는 사람에게는 믿음을 가지고 의논하였다. 하늘이는 배려하는 마음이 크고 따뜻해서 친구들이 많고, 동생들도 하늘이를 잘 따랐다. 지금은 경제적으로 힘들고 아버지가 많이 무섭지만, 동생들을 잘 돌보고 공부를 열심히 해서 어머니를 기쁘게 해드리고 싶다고 하였다. 산이는 달리기를 잘하였고, 우스운 이야기를 곧잘 해서 상대방을 유쾌하게 만들었다. 바다는 에너지가 많아서 야외에서 노는 것을 좋아하고, 인사를 잘하였다.

바다와 산이는 지역아동센터나 학교가 싫어서 빠지는 것이 아니라 자신들도 잘 나오고 싶은데 놀다 보면 자꾸만 가는 것을 잊어버리게 된다고 하였다. 산이는 자기도 모르게 자꾸만 화가 나서 친구들을 때리게 되고, 나중에는 후회가 된다고 하였다. 그래서 사과하고 싶은데 마음대로 되지 않아 다시 화가 난다고 하였다. 정말로 화가 안 났으면 좋겠다고 하였다. 그러면 친구들과 항상 즐거울 수 있을 것 같다고 하였다. 바다는 친구들이 자꾸 나를 따돌려서 속상한데, 친구들과 즐겁게 놀고 싶다고 하였으며, 어머니가 건강했으면 좋겠다고 덧붙였다. 하늘이네 가족은 폭력을 경험하고 경제적으로 어려운 상황이지만, 가족구성원이 서로에 대한 관심과 아끼는 마음이 있으며, 가족 모두가 강점을 가지고 있었다.

이러한 가족의 욕구를 다시 한 번 살펴보았더니, 어머니는 아이들을 잘 키우고 싶어하고, 자신의 건강과 경제적 어려움이 해결되기를 원하였다. 하늘이는 동생들을 잘 돌보고, 공부를 잘하고 싶다고 하였고, 바다는 지역아동센터에 출석을 잘하고, 친구랑 사이좋게 지냈으면 좋겠으며, 어머니가 항상 건강했으면 좋겠다는 욕구를 표현하였다.

'참여자의 강점과 자원 발견하기'란 사회복지 실천과정 중 '사정단계'에 해당하는 부분이다. 이 과정은 첫째, 참여자의 안전을 확인하고 둘째, 참여자의 욕구를 발견하며 셋째, 참여자의 강점과 자원을 발견하도록 돕는 데 목적이 있다. 참여자의 강점과 자원 발견하기에서 '발견하기'의 의미는 남이 미처 찾아내지 못하였거나 알려지지 않은 것을 먼저 찾아낸다는 것이다. 즉, 아무리 어려운 상황일지라도 참여자가 이미 강점과 자원을 가지고 있다는 전제에서 출발하는 것이다. 그래서 때로는 참여자의 단점이라고 생각하던 부분이 강점으로 전환될 수도 있다. 이 과정은 참여자에 대한 믿음과 신뢰가 바탕이 될 때 가능하다.

▶▶ 1. 참여자의 안전 발견하기

지역사회복지사가 가장 먼저 고려해야 할 부분은 참여자가 안전한가다. 이는 지역사회복지사의 민감성이 요구되는 부분이다. 안전에 대한 확인은 참여자의 생명, 아동의 건강한 발달과 연관되어 있어 특히 중요하다.

참여자가 안전하지 않다는 것은 가족 안에서 일어나는 모든 종류의 위험에 노출되었다는 것을 의미하는데, 이것은 직접적인 신체적 상해뿐 아니라 심리적, 정서적 위험까지 포함한다. 모든 양육자는 아동이 건강하게 성장하도록 양육하길 원하지만, 때로는 양육기술의 부족으로 아동을 학대하거나 아동을 방임하기도 한다. 그리고 아동은 알고 있거나 모르는 사람에 의해 성기노출부터 삽입에 이르는 광범위한 성학대에 노출되기도 한다. 아동 이외의 가족구성원 간의 폭력도 발견할 수 있다. 예를 들면, 부부폭력, 노인학대, 형제폭력 등으로 가족구성원 가운데 힘과 권력을 가진 사람이 다른 가족구성원을 폭력으로 통제하면서 신체적, 심리적, 성적, 경제적 위협을 가하는 경우다.

그렇기 때문에 지역사회복지사는 참여자 상황을 함께 보면서 아동과 가족이 어느 정도의 위험한 상황에 노출되었는지, 즉각적인 보호가 필요한지를 결정하기 위한 탐색과 발견에 민감해야 한다. 이는 참여자 지원에 있어 항상 우선 고려되어야 하는 부분이다. 하지만 대부분의 참여자는 지역사회복지사를 만난 초기에는 위험상황에 대한 노출을 꺼리기 때문에 협력과정 속에서 참여자의 안전을 위협하는 위험의 심각성, 지속성, 상해의 범위를 지속적으로 발견해야 한다. 참여자 가족 내의 안전과 위험을 결정하는 요소를 알고 위험이 감소되었는지 혹은 증가되었는지를 확인하여 위험가능성을 예측할 수 있어야 한다.

참여자의 안전을 위협하는 것은 아동과 비가해 양육자, 참여자 가족 주변의 사람들을 통해 확인할 수 있다. 이때 폭력이나 학대에 대한 용어를 직접적으로 사용하는 것을 삼가는 것이 좋다. 참여자가 직접적으로 위험상황을 노출할 때는 지역사회복지사가 당황하거나 흥분하면 안 되며, 참여자가 안전감을 느낄 수 있는 환경을 제공하고 차분하게 상황을 공감하며 지지해야 한다. 그래야 참여자가 번복하지 않고 모든 사실을 이야기하고, 그럴 때 참여자의 상황에 따른 위기지원이 가능해진다.

위험 정도를 발견하는 과정

(1) 아동이 신체학대, 성학대, 방임을 경험한 적이 있는가?

아동의 안전을 확인하기 위해 위험 정도를 발견하는 것은 아동에게 미칠 피해의 가능성을 추측하는 것이다. 왜냐하면 학대의 경험은 아동의 건강한 발달에 심각한 영향을 줄 수 있기 때문이다. 그러므로 지역사회복지사는 참여자를 통해서 이전에 학대가 있었는지에 대한 정확한 정보와 학대를 왜 받았는지, 상처가 어느 정도였는지를 확인해야 한다. 왜냐하면 신체적 상처나 다른 상해가 있다면 아동이 위험하다는 것을 확인하는 것이 용이하지만, 상처나 입증할 만한 증거가 없으면 아동이 위험에 그대로 노출되기 때문이다. 이에 더하여 현재 학대가 지속되고 있는지의 여부를 반드시 확인해야 한다.

TipS 지역사회복지사는 아동의 위험상황 발견을 위해 학대나 방임의 신체, 인지, 정서, 행동, 사회적 지표를 숙지해야 한다.

(2) 아동이 앞으로 학대나 방임의 위험을 받을 정도는 얼마인가?

지역사회복지사는 아동이 학대나 방임에 노출될 위험요소가 있는지 발견해야 한다. 예를 들면, 혼자 아동을 양육하고 있는 아버지가 일용직으로 지방을 다니면서 일하게 되어 집을 비우는 일이 잦아지면, 아동이 일상생활에서 양육자의 보호를 전혀 받지 못하는 방임상황에 노출될 수 있다. 그렇기 때문에 아동의 위험상황을 유발하는 요소나 원인을 분명히 하고, 위험에 노출된 정도를 명확히 해야 한다. 즉, 아동이 안전한 상황에 있도록 위험요소를 감소시키거나 안전을 보장하는 요소를 명확하게 해야 한다.

(3) 아동의 상황은 즉각적인 보호를 요구하는가?

아동에 따라서 위험에 노출되는 형태가 다양하다. 예를 들면, 알코올중독이 있는 아버지에게 신체학대를 당하는 아동은 짧은 기간에도 심각한 상처로 급박한 위험에 노출될 수 있고, 만성적인 방임상황에 있는 아동은 당장 생명을 위협하는 질병, 상처에 노출되지 않더라도 장기적으로 심각한 위험에 노출될 수 있다. 만약 아동이 심각한 위험상황에 노출되어 생명과 발달에 치명적인 영향을 받는다는 것이 발견되면 즉각적인 보호가 이루어져야 한다. 이웃 아저씨나 동급생으로부터 지속적으로 성학대를 경험했거나, 아버지가 술을 마시면 손과 발로 마구 때려서 아동의 몸 전체에 멍이 들고 타박상의 흔적이 있거나, 아동이 늦은 저녁까지 돌아다닌다고 손발을 묶어 방에 감금하는 경우가 그 예다. 이때 지역사회복지사는 아동보호전문기관 등 위기관련 기관과 협력하여야 한다.

TipS 아동의 안전을 확인하기 위한 위험관련 요소

• 위험요소의 개수가 어느 정도인가?

- 위험요소는 얼마나 심각한가?
- 위험요소는 어느 정도 오랫동안 지속되었는가?
- 양육자나 아동이 위험요소를 통제할 수 있는 능력이 어느 정도 되는가?
- 참여자 가족의 강점과 자원은 무엇인가?

위험에서 강점을 발견하기

지역사회복지사는 강점에 기반하여 참여자의 욕구를 발견해야 한다. 그러나 참여자의 안전을 확인할 때는 사실에 기반하여 정확히 발견하는 것이 중요하다. 사실에 대한 정확한 발견은 어떠한 요소가 어느 정도인지, 가족 내 역동은 어떠한지에 대해 발견하는 것이다. 이를 통해 참여자의 안전과 위험에서 확인된 특성이나 성향을 알게 되고, 위험상황을 완화시킬 수 있는 특성(건강한 요소)을 발견하여 이를 강화시키면 상대적으로 위험요인을 완화시킬 수 있다.

> - 종학이의 아버지는 종학이가 잘못을 하면 술을 마시고 때리는 일이 많았으며, 가정 내에서도 폭력을 행사하였다. 이웃들이 지역사회복지사가 종학이네 집을 방문하는 것을 위험하다고 말릴 정도로 평판이 좋지 않았다. 지역사회복지사는 가정방문을 통해 종학이의 아버지와 상담한 결과 아버지가 종학이를 잘 키우고자 하는 마음이 있고, 체벌에 의한 훈육방법만 알고 있었다. 아버지는 상담을 통해 아동양육에 있어 체벌이 아닌 대안을 고려하게 되었다.

▶▶ 2. 참여자의 욕구 발견하기

'참여자의 욕구 발견하기'는 참여자가 원하는 것, 해결하기 원하는 어려움을 스스로 발견하도록 돕는 것이다. 이때 지역사회복지사가 직접 참여자의 욕구를 규명하기보다는 참여자 스스로 욕구를 발견하도록 지원해야 한다. 이는 지역사회복지사가 단순히 참여자의 문제를 진단하는 것이 아니라 참여자가 욕구를 분명하고 구체적으로 발견하도록 지원하기 위해서다. 만약 참여자가 욕구를 직접적으로 표현하지 않는다면 다양한 방법으로 참여자가 욕구를 발견하도록 도울 수 있어야 한다.

참여자의 욕구 명확히 하기

참여자의 욕구를 명확히 하는 것은 참여자가 기대하는 변화로 실천적인 목표를 세울 수 있다는 점에서 중요하다. 때로는 참여자가 자신의 욕구를 명확히 하는 것을 어려워하기도 한다. 아동은 자신의 욕구를 분명히 인식하지 못하거나 표현하는 데 서툴고, 과거에 욕구를 표현했지만 좌절된 경험이 있거나, 가족이나 다른 사람과 관련된 욕구이기 때문에 이를 표현해도 변하는 것이 없다고 생각할 수 있다. 양육자나 다른 가족구성원은 변화가 있을 것이라고 아예 기대하지 않거나, 욕구가 있더라도 다른 사람에게 말하는 것이 불편해서 혹은 다른 사람이 어떻게 생각하고 반응할까에 대한 염려로 욕구를 분명하게 표현하는 데 어려움이 있을 수 있다.

참여자와의 라포 형성은 욕구를 명확히 할 때 가장 중요하다. 충분한 라포 형성은 신뢰관계가 기반이 되므로 참여자가 안정감을 가지고 명확하게 욕구를 표현할 수 있다.

참여자의 욕구를 명확히 발견하는 데 도움이 되는 방법은 다음과 같다. 첫째, 지역사회복지사가 참여자 욕구를 잘 이해하지 못했거나 표현이 모호하다고 생각되면 다시 한 번 설명해 줄 것을 요청한다. 둘째, 참여자가 자신의 욕구를 생각해 볼 수 있도록 다양한 방법으로 질문하거나 구체적인 예를 들어 보도록 한다. 필요한 경우 도구를 사용할 수도 있다. 예를 들면, 그림 그리기, 질문기법, 이야기 만들기 등이다. 셋째, 참여자가 욕구를 표현할 때 언어적 표현과 비언어적 표현이 다를 수 있다. 언어적 표현과 비언어적 표현이 서로 상충된다면 비언어적 표현으로 참여자의 욕구를 보다 정확하게 알 수 있다.

> • 명희는 친구들로부터 괴롭힘을 당하지 않고 한 명이라도 함께 놀 친구가 생겼으며 좋겠다고 하였다.
> • 매일 오줌을 싸는 지훈이네 가족은 밤마다 이불에 오줌을 싸 빨래하기가 너무 힘들다며 지훈이의 야뇨증이 치료되기를 원하였다.
> • 지역아동센터 교사는 성준이가 너무 산만해서 공부하기 어려우므로 집중력이 향상될 수 있도록 도와달라고 요청하였다.

참여자의 욕구 발견에 도움이 되는 방법

(1) 참여 아동

아동의 욕구를 발견하기 위해서는 그림 그리기, 이야기 만들기, 낙서하기, 콜라주 등의 자연스런 놀이와 질문 등을 사용할 수 있다.

① 그림으로 이야기하기

아동은 성인과 달리 자기표현이 서투르다. 그렇기 때문에 대화보다는 다양한 형태로 자신의 욕구를 표현하고 드러낼 수 있도록 지원해야 한다. 예를 들면, 그림 속에 말풍선을 넣어서 표현하기, 그림을 통해 연상해 보기, 하나의 그림을 가지고 이야기를 엮어 보기, 콜라주 등이 그 방법이다.

"수민이가 그리고 싶은 그림을 마음대로 그려 볼까? 이 그림에 대해 수민이가 이야기해 줄래?"

"울고 있는 여자아이는 언니고요. 언니가 놀림받아서 울고 있어요. 그리고 그 모습을 보면서 저는 화가 나 있어요. 놀림을 받고 있는 언니를 보는 것이 싫어요. 언니와 놀지 않아도 될 만큼 언니에게 친구가 있었으면 좋겠어요."

[그림 8] 그림으로 이야기하기
(놀림받고 있는 언니를 지켜보는 동생)

② 표정을 넣어 보기

남녀의 얼굴에 표정으로 표현하는 것이다. 저학년에게 사용할 때 효과적이다. 양육자의 양육상황, 애정 정도, 훈육태도 등을 살필 수 있다. 예를 들면, 체벌이 심한 가족은 양육자의 얼굴표정을 그려 넣을 때 이마를 찡그리고 있거나 치아를 드러내어 화난 모습으로 그리는 경우가 많다. 그 외에도 아동의 감춰진 정서적 상태, 또래와의 관계, 아동과 관련 있는 주변사람들에 대한 감정과 상황 등을 간접적으로 파악하는 데 도움이 된다.

[그림 9] 표정 넣어 보기

③ 가족에 대해 상징적 표현하기

주어진 표에 따라 아동이 가족을 표현해 보는 것이다. 이때 주의할 것은 '동물로 표현한다면'을 '동물의 띠'로 (예: 쥐띠, 닭띠, 뱀띠 등) 표현하지 않도록 주의한다. 가족에 대한 상징적 표현은 가정환경과 가족구성원 간의 역동과 관계 속에서 아동의 심리, 정서상태 등을 알 수 있다. 어린 아동의 경우는 동물이나 날씨 등의 그림을 미리 준비해 주어 아동이 그림을 골라서 표현하도록 할 수 있다.

	가족 1	가족 2	가족 3	가족 4	가족 5
동물					
날씨					
색					

[그림 10] 가족에 대해서 표현해 보세요

④ 관계망 또는 도우미 망만들기

관계망 또는 도우미망 만들기는 다른 사람과의 역동을 알아볼 수 있다. 종이 가운데 '나' 라고 쓰고 가깝게 느끼는 사람을 가까운 원에, 멀게 느끼는 사람을 먼 원에 넣으면서 아동이 주변에 있는 사람을 어떻게 생각하는지를 알 수 있다. 관계망은 상황에 따라 다양하게 사용할 수 있는데, 예를 들면 자신이 어려울 때 가장 빨리 달려올 것 같은 사람을 순서대로 표현하는 질문을 할 수 있다.

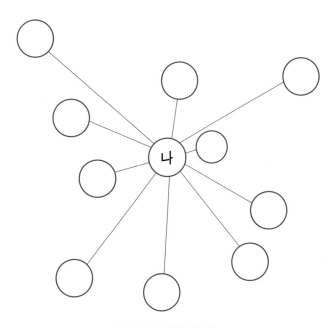

[그림 11] 관계망 만들기

⑤ 심리검사 도구

MBTI · MMTIC, 집-나무-사람, 문장완성, 가족그림 등 심리검사에서 사용하는 방법이 참여자의 욕구를 발견하기 위한 간단한 도구로 유용하다. 이러한 심리검사 도구는 용어 자체가 병리적이지 않고 일상적인 용어로 거부감 없이 받아들일 수 있는 내용이기 때문이다. 도구를 사용할 때 주의해야 할 점은 진단과 유형화의 목적이 아니라 강점을 발견하고 탐색하기 위한 도구로 사용해야 한다는 점이다. 또한 도구를 사용함에 있어 반드시 요구되는 교육을 이수한 후 실시해야 한다.

가) MBTI · MMTIC

가장 보편적으로 사용되는 성격유형 도구다. 참여자의 강점을 중심으로 기술되어 있으며, 필요한 교육을 받은 사람(전문가)을 통해 검사가 가능하다. MMTIC은 아동 · 청소년 성격유형 도구로, 일반적으로 초등학교 3학년 아동 이상이면 사용가능하다.

나) 집-나무-사람

집과 나무와 사람을 소재로 그리게 하여 참여자의 정서적 상태, 환경 등을 알아볼 수 있다.

다) 문장완성 도구

총 32개의 미완성된 문장을 참여자가 완성시키는 형태의 도구다. 참여자가 표현한 문장을 통해 참여자의 정서적, 대인관계적, 환경적 상황에 대한 인식을 알아보는 데 도움을 받을 수 있다.

(2) 참여 가족

참여자가 성인이라면 우회적인 탐색과 질문 등으로 욕구를 명확하게 발견할 수 있다. 해결 중심에서 사용하는 기적질문과 척도질문을 적용하면 도움이 되기도 하지만, 모든 참여자에게 효과적인 것은 아니므로 적절히 사용해야 한다.

① 기적질문

기적질문은 문제가 해결된 상태를 상상해 보고, 해결하기 원하는 것들을 구체화하고 명료화하여 목표를 현실적이고 구체적으로 설정하기 위한 질문기법이다. 기적질문의 과정은 참여자 자신이 어려움을 재인식하고, 해결된 상태를 상상하여, 작은 변화가 큰 변화의 시작인 것을 인식함으로써 점차 확대해 나갈 수 있도록 하는 것이다. 기적질문에서 중요한 것은 문제를 제거시키거나 감소시키지 않고, 문제와 해결을 분리하여 해결상태를 상상하게 하는 것이다(김인수 외, 1998).

"기적이 일어났다고 합시다. 그래서 당신을 이곳으로 오게 한 문제가 해결됐다고 생각해 봅시다. 그럼 당신생활에서 무엇이 다를 것 같은가요?"

② 척도질문

참여자에게 자신의 어려움, 우선순위, 성공, 정서적 관계, 자아존중감, 문제해결 가능성에 대한 확신, 변화를 위해 투자할 수 있는 노력, 변화를 위한 동기, 진행에 관한 평가 등의 수준을 수치로 표현하도록 할 때 좀 더 구체적으로 표현할 수 있으며, 변화 정도를 사실적으로 설명하는 데 도움이 된다(김인수 외, 1998).

"어머니, 어려움에 대해 이야기를 많이 하셨는데, 가장 어려운 상황을 1점으로 하고 모든 어려움이 해결된 것을 10점으로 한다면 지금의 상태는 몇 점이라고 할 수 있을까요?"

"3점이요."

"3점에서 4점이 되려면 어떤 변화가 있어야 할까요?"

"아이들 키우는 데 돈 걱정 없고, 아이들이 공부를 잘하고, 아프지 않았으면 좋겠어요."

"이런 어려움이 해결되면 힘들지 않으시겠어요?"

"그렇죠."

"4점이 되기 위해서는 어떤 것부터 우선적으로 이루어지기를 바라시나요?"

"돈 걱정이 없는 거요. 국민기초생활수급권자가 되면 좀 덜 힘들겠어요."

▶▶ 3. 참여자의 강점과 자원 발견하기

'참여자의 강점과 자원 발견하기'는 지역사회복지사가 강점으로 참여자와 참여자의 상황을 바라보는 것에서 시작한다. 스트레스와 문제로 인해 잘 드러나지 않지만 누구나 강점과 능력을 가지고 있다. 참여자는 스스로 어려움을 해결할 수 있는 효과적인 대안이나 위기상황에 유용한 개인적, 환경적 자원을 가지고 있음에도 불구하고 어려움을 해결할 수 있는 건강한 요소를 발견하지 못하는 경우가 많기 때문에 지역사회복지사가 강점에 초점을 맞추어 참여자가 건강한 요소를 발견할 수 있도록 지원해야 한다. 참여자가 지역사회복지사를 통해 긍정적인 특성과 요인들을 인식하고 자신의 강점을 확인할 때, 자존감과 동기부여가 향상되며, 원하는 변화를 위한 자원을 선택하고 활용할 수 있다. 이를 통해 참여자는 건강한 요소를 개발할 수 있는 능력도 가질 수 있다.

(1) 강점 발견하기는 '무엇이 문제인가'가 아니라 '무엇을 잘하는가'의 재발견에서부터 시작된다.

참여자의 강점은 이미 존재하고 있지만, 약점과 문제만이 두드러지게 인식되는 경우가 많다. 참여자에 대한 새로운 해석을 통해 강점을 재발견할 수 있다. 이는 부정적이고 결핍된 것에 초점을 맞추기보다는 참여자가 현재 가지고 있는 능력과 자원을 강조하는 관점으로의 전환이 전제될 때 가능하다.

• 현진이는 아이들을 몰고 다니고 과격한 행동을 한다는 이유에서 소개받았다. 지역사회복지사는 현진이가 목소리와 행동이 크고, 친구들 사이에서 제안을 많이 하는 모습을 관찰하였다. 관찰을 통해 현진이가 일방적으로 자기주장만 하는 것이 아니라 친구들의 의견을 받아들이며 상호작용을 하고 있다는 것을 알았다. 성인들이 우려하는 것처럼 현진이가 강압적이고, 일방적인 또래관계를 맺고 있는 것이 아니라 오히려 또래 사이에서 리더십이 있다는 강점을 발견하였다.

(2) 강점은 가시적이고 물리적인 것만이 아니다. 보이지 않지만 발휘될 수 있는 참여자의 내적인 힘과 능력을 의미하기도 한다.

강점은 참여자에게서 드러나는 가시적이고 물리적인 부분에 국한되는 것이 아니라, 참여자가 현 상황을 해결하고 새롭게 회복할 수 있는 내적 통제력도 포함한다. 내적인 힘을 통해 참여자는 능동적이고 긍정적으로 어려움을 해결할 수 있는 요소들을 찾아낼 수 있으며, 선택한 것에 대해 책임질 수 있는 능력을 발휘하게 된다.

• 지민이네는 어려운 형편으로 지역아동센터를 무료로 다닐 수 있었지만, 지민이 아버지는 최소한의 교육비를 내고 싶다고 하였다. 이는 당당하게 자신의 의무를 다하고 권리를 찾고자 하는 지민이 아버지의 강점이었다.

(3) 강점은 과거에 성공했던 경험을 탐색하여 발견할 수 있고, 나아가 새로운 강점이 개발될 수도 있다.

참여자가 복잡하고 어려운 문제 속에 있으면 강점과 능력을 발견하기 어려울 수 있다. 이때 이전에 참여자가 문제를 스스로 해결했던 경험을 되살리도록 하여 참여자가 어려움을 해결할 수 있는 힘을 이미 가지고 있다는 것을 확인하도록 해야 한다. 참여자가 자신의 강점을 발견하면, 욕구를 해결하기 위해 현재 가지고 있는 강점을 더욱 발전시키거나, 이에 적합한 건강한 요소를 개발할 것이다. 작고 사소한 강점이라 할지라도 중요한 자원이 될 수 있다는 것을 명심해야 한다.

"철민이가 아버지가 때릴 경우에 말을 잘 듣던가요?"

"들을 때도 있고 안 그럴 때도 있어요."

"철민이가 때리지 않는데도 아버지 말을 들은 적은 없나요?"

"글쎄요."

"한번 곰곰이 생각해 보시겠어요?"

"여러 번 주의를 주면 듣기도 해요."

"철민이에게 말로 설명해도 아버지의 말을 들은 적이 있네요."

"그렇네요."

TipS 강점 발견의 요령

- 참여자가 가지는 가치를 이해하면 참여자가 가진 강점을 정확하게 발견할 수 있다.
- 참여자가 잘하고 있는 것과 기술에 초점을 맞추면 참여자의 방어가 완화될 수 있다.

(4) 참여자는 현재 활용하고 있는 자원과 이후 필요한 자원을 확인하고 협력하는 것이 중요하다.

참여자의 욕구는 매우 폭넓고 다양하기 때문에 지역사회복지사는 참여자가 이미 가지고 있는 자원을 토대로 새롭게 요구된 자원을 확인하는 것이 중요하다. 참여자를 둘러싼 자원이 적절하게 파악될 때 참여자의 욕구와 자원의 적합성을 확인할 수 있고, 필요한 자원을 발견할 수 있다.

TipS 참여자가 생태도를 그려 봄으로써 자신의 자원을 확인하고 필요한 자원을 찾아볼 수 있다.

- 명희 할머니는 가출한 명희 부모를 대신해서 명희를 키우고 있다. 하지만 할머니의 건강상태가 좋지 않아 아동의 위생관리가 제대로 이루어지지 않고 있었다. 가정도우미 서비스를 제안하자, 집안이 더럽고 아동양육에 소홀하다고 다른 사람에게 흉이 잡힐 수 있기 때문에 싫다고 하였다. 지역사회복지사는 우선 명희가 건강하게 성장하는 데 있어서 할머니의 노력이 큰 강점이고, 할머니가 명희를 더 잘 양육하기 위해서는 가정도우미 서비스가 필요하다는 것을 설명하였다. 이후 서비스를 승낙하여 명희의 위생지도뿐만 아니라 학습지도까지 도움을 받을 수 있었다.

(5) 극복해야 하는 방해물에 대해서도 고려해야 한다.

앞에서 언급했듯이 참여자의 건강한 요소와 장애물은 연속선상에 있기 때문에 참여자의 강점과 더불어 장애물도 분명하게 고려해야 한다. 첫째, 내부장애물은 참여자의 내적인 힘이 약화되어 발생할 수 있는 것이다. 즉, 갈등, 거부, 우유부단함 같은 내적 갈등이나 분노조절 등의 감정적인 부분까지 포함된다. 둘째, 외부장애물은 참여자를 둘러싼 외부환경이나 자원의 한계성, 협력할 사람의 부재 등을 의미한다.

기억하세요

① 참여자가 어려운 상황일지라도 욕구와 강점, 자원을 이미 가지고 있다는 사실을 기억해야 합니다. 참여자의 욕구를 발견할 때 무엇보다도 참여자의 안전이 우선 점검되어야 합니다.

② 참여자의 욕구가 보다 명확할 때 실천적인 목표가 세워집니다.

③ 참여자의 욕구는 다양한 기법들(그림 그리기, 콜라주, 기적질문 등)을 활용하여 발견할 수 있습니다. 참여자와 함께 욕구를 발견할 때 비언어적 의사소통을 보다 주요하게 관찰해야 합니다.

④ 참여자의 강점 발견은 새로운 해석을 통해 재발견될 수 있습니다. 과거의 경험을 통해 확인되고 개발될 수도 있습니다. 참여자의 강점 발견과 더불어 장애물에 대해서도 분명히 확인해야 합니다.

제 · 5 · 장
목표 세우기

하늘이네 가족의 욕구와 강점을 발견하고 나서 가족의 욕구에 맞는 목표 세우기를 계획하였다.

먼저 지역사회복지사는 가족상황을 함께 보면서 아버지의 폭력에 대한 안전한 대처와 하늘이와 바다, 산이의 청결이 향상되는 것을 목표로 세우길 원하였다.

어머니를 만나서 '지역사회복지사를 만나면서 가장 바라는 것이 무엇인지' '하늘이와 바다와 산이가 지금보다도 조금 더 변한다면 어떤 것이 있을지'에 관해 이야기를 나누었다. 어머니는 아이들이 학교에 잘 다녀 공부를 잘하길 바랐으며, 친구들과 사이좋게 지냈으면 좋겠다고 이야기하였다.

지역사회복지사와 어머니가 우선순위로 세우고자 하는 목표가 달라서, 하늘이와 어머니가 원하는 것으로 목표의 우선순위를 정하였다. 그러나 목표 설정에 있어 무엇보다 참여자의 안전이 우선되어야 하기 때문에 어머니와 현재 가족 내 폭력의 위험성에 대해 이야기하고, 가족의 안전이 보장되는 것을 가장 우선해야 한다는 사실을 설명하였다. 어머니도 동의하였고, 아이들이 친구와 사이좋게 지낼 수 있는 있는 것을 두 번째 목표를 정하였다.

'목표 세우기'는 참여자가 무엇을 이루고자 하는지 명확히 하는 틀 짜기 과정이다. 즉, 참여자와 지역사회복지사가 함께 기대하는 변화를 이루기 위한 실천적인 목표를 세우는 것이다. 목표 세우기는 참여자의 자발성을 유도할 뿐 아니라 참여자와 지역사회복지사 간의 긴밀한 협력관계를 강화시킨다. 대부분의 참여자는 지역사회복지사와 협력을 원하지만, 막상 구체적으로 어떠한 변화를 기대하는지, 어떠한 성과가 있기를 원하는지의 질문을 받으면 답하기 힘들어한다. 그 이유 중 하나는 참여자 자신의 욕구를 명확히 하지 못하는 데 있고, 다른 하나는 욕구를 인식했다 하더라고 이를 변화가능한 목표로 구체화하지 못하기 때문이다. 그렇기 때문에 참여자가 보다 쉽게 자신의 욕구에 맞는 달성가능한 목표를 세울 수 있도록 지역사회복지사가 협력해야 한다.

(1) 목표는 참여자와 지역사회복지사가 함께하는 선택이어야 한다.

참여자의 기대와 다른 목표가 세워진다면 참여자가 목표를 이루기 위해 최선을 다할 것이라고 기대하기 힘들다. 따라서 참여자와 지역사회복지사가 함께 목표를 세우지만 참여자 주도로 이루어져야 한다. 만약 참여자가 분명한 목표를 세우는 데 어려움이 있다면, 파악된 욕구를 참고하여 참여자가 생각할 수 있도록 자극하고, 변화를 고려할 수 있도록 격려해야 하며, 이를 위한 충분한 시간을 할애해야 한다. 참여자가 함께 세운 목표를 기술할 때 참여자의 언어로 표현하는 것도 좋지만, 의미를 구체화하기 위해 바꾸어 말할 수도 있다. 이때 참여자의 목표를 왜곡해서는 안 되며, 바꾸어 말할 때는 참여자의 승낙을 얻는 것이 중요하다.

> • 승용이는 또래 여자아동들을 심하게 괴롭히고 때려서 지역사회복지사에게 소개되었다. 소개한 사람은 가출한 어머니에 대한 분노가 또래에게 공격적인 행동을 하게 한다고 생각하여 가출한 어머니에 대한 분노감정을 해소하도록 도와주기를 요청하였다. 하지만 승용이가 원하는 것은 현재 함께 살고 있는 아버지와 함께하는 시간을 갖는 것이다. 이에 승용이의 욕구를 바탕으로 아버지와 친밀감 향상을 목표로 세워, 정기적으로 아버지와 함께하는 시간을 갖는 것을 계획하였다.

(2) 목표는 명확하고 측정가능해야 하며, 실행가능해야 한다.

욕구에 근거한 목표는 이전 과정에서 탐색한 강점과 자원에 근거하여 변화에 초점을 맞추어야 한다. 또한 명확하고 구체적이며 실현가능하게 세워져야 한다. 예를 들어, 목표가 아동의 자존감 향상이라면 아동이 원하는 것을 표현할 수 있는 능력이 향상되었다라든가, 목표가 가족기능강화라고 하면 양육기술 향상으로 체벌의 대안을 갖게 되는 구체적이고 측정가능한 목표가 세워질 수 있다. 대부분의 참여자는 스스로 설정한 목표를 성취할 능력을 가지고 있기 때문에 지역사회복지사는 참여자의 목표달성능력을 믿고 있음을 표현하는 것이 바람직하다.

또한 참여자가 갖고 있는 강점과 자원을 어떻게 활용할 것인지 심사숙고해야 하며, 너무 많은 목표를 세우는 것은 피해야 한다. 목표가 많은 때에는 참여자에게 우선순위를 정하도록 하고, 가능한 한 세 가지 목표를 넘지 않도록 해야 한다. 우선순위를 정하는 것은 참여자에게 참여와 책임을 최대한 보장하는 것으로 참여자의 의욕을 상승시키는 작용을 하기도 한다.

> • 지연이 어머니는 지연이를 훈육할 때 체벌을 많이 하였다. 그러나 지연이를 체벌하는 것을 어머니도 매우 힘들어하였다. 그리고 아이를 잘 키우고 싶다는 말을 반복적으로 하였다. 이에 지연이 어머니의 양육기술 향상을 목표로 세우고, 구체적인 체벌의 대안으로 사용할 수 있는 훈육방법을 한 가지 이상 가지는 것을 결과목표로 세웠다.

(3) 목표 세우기는 한 번에 끝나는 것이 아니다.

목표 세우기는 일회적인 과정이 아니라 상황에 따라 수정·조정가능한 역동적인 과정이다. 특히 만성적이며 복합적인 어려움을 겪고 있는 참여자는 갑작스러운 위기상황이나 새로운 어려움에 처하는 경우가 빈번히 발생한다. 따라서 필요한 경우 이미 결정된 목표를 수정하거나 혹은 참여자의 특성과 현재 상태에 좀 더 적합한 목표를 추가할 수 있다. 목표의 우선순위 또한 참여자와 주변상황에 따라 변화될 수 있음을 염두에 두고 있어야 한다.

> • 친구와 놀고 싶다는 말을 자주 한 슬기의 욕구를 기반으로 또래관계 향상을 슬기와 함께 목표로 정하였다. 그러나 슬기의 또래관계 향상을 위한 지원과정에서 어머니가 자주 슬기를 체벌하고 비난하는 것을 발견하였다. 슬기 어머니는 슬기를 잘 키우고 싶은데, 마음대로 되지 않는다고 하였다. 이에 어머니의 긍정적인 양육기술 향상을 새로운 목표로 추가하였다.

(4) 참여자가 경험하고 있는 변화의 어려움에 대해 민감해야 한다.

목표를 세우고 달성한다는 것은 '변화'를 의미한다. 대부분의 참여자는 변화를 원하지만, 다른 한편으로는 변화에 대한 두려움과 불안을 경험한다. 변화에 대한 두려움의 주요 원인은 지금까지와는 다른 새로운 방식으로 시도해야 한다는 부담감이 크게 작용하기 때문이다. 따라서 지역사회복지사는 목표달성을 통해 참여자가 얻을 수 있는 것과 긍정적인 결과에도 성장의 고통을 겪을 수 있다는 것을 인식할 수 있도록 도와야 한다. 그래서 참여자가 목표를 세우기 전에 두려움을 해결한다는 목표를 우선 세울 수도 있다. 지역사회복지사는 목표에 대한 참여자의 양가감정을 탐색하고 다룰 수 있도록 도와주는 것이 중요하다. 지역사회복지사가 목표 세우기에 급급하여 참여자의 양립하는 감정을 충분히 다루지 못한다면, 목표달성 과정에서 참여자의 저항이나 적극적이지 못한 태도에 부딪힐 가능성이 높다. 또한 세워진 목표를 달성하기 위해서는 걸림돌이 무엇인지 파악하고 이에 대해 대처할 수 있는 준비가 되어야 한다.

> • 아버지는 호범이가 울거나 불안해하는 행동이 부쩍 많아진 것이 헤어진 어머니에 대한 그리움 때문으로 알고 있다. 아버지는 호범이를 위해 어머니와 재결합을 고민했지만, 오히려 가족상황이 더 나빠질지 모른다며 불안해했고, 게다가 자신의 무능력과 만성질환으로 호범이를 건강하게 양육할 수 없다는 생각을 하면서 지역사회복지사와의 만남을 피하였다.

(5) 목표 세우기에 있어서 참여자 옹호가 포함되어야 한다.

목표 세우기에 있어서 참여자의 변화와 욕구에 초점을 두는 것 이상으로 중요한 것은 참여자의 이해와 권리확보를 위한 참여자 옹호를 포함시키는 것이다. 참여자가 목표를 달성하기 위해 노력한다 해도 주변상황이 참여자의 변화를 기대하지 않거나 장애가 된다면 목표를 달성하기 어려울 수 있다. 옹호의 대상은 목표 달성과 관련되거나 영향을 미치는 개인, 집단, 조직, 사회교육기관, 법체계, 정부기관 등 매우 다양하다. 사회교육기관이나 그 종사자가 자격을 갖춘 참여자에게 서비스 전달을 거부하거나 소극적일 때, 서비스 제공 방식이 참여자 인격을 침해할 때, 종교, 성, 연령, 경제적 상황 등의 이유로 차별받을 때, 정부나 사회교육기관의 정책이 부정적인 영향을 미칠 때, 참여자가 자신을 대변하는 데 익숙하지 못하거나 비효과적일 때 참여자 옹호에 대한 내용이 목표에 포함되어야 한다.

> • 영수는 도벽과 거짓말로 인해서 학교뿐 아니라 지역사회에서도 문제아동으로 낙인찍혀 있었다. 그래서 영수의 잘못이 아닌데도 모두 영수 탓으로 돌리기 일쑤였다. 상급생들이 영수를 때렸지만 지역주민은 영수가 거짓말을 한 것이라고 단정지었다. 이에 지역사회복지사는 영수가 도벽이나 거짓말을 하더라도 모든 아동은 안전하게 보호받아야 한다는 사실을 지역 내에 알리기 위한 지역주민의 인식 변화를 목표로 세웠다.

꼭 **기억하세요**

1️⃣ 목표는 참여자와 지역사회복지사가 함께 선택하는 것으로 구체적으로 측정가능해야 하며, 실천할 수 있어야 합니다. 또한 강점과 자원을 활용해야 합니다.

2️⃣ 목표는 한 번에 끝나는 것이 아니라 참여자의 욕구와 환경 등 변화에 따라 적합한 목표가 우선적으로 세워지는 연속적인 과정입니다.

3️⃣ 참여자는 변화에 민감하다는 것을 기억해야 하며, 참여자의 이해와 권리확보를 위한 옹호를 목표에 포함시키는 것이 중요합니다.

제·6·장
더불어 함께 세우기

▶ 안전을 확보하기 위한 위기개입

가장 먼저 하늘이네 가족이 아버지의 폭력으로부터 안전하기 위한 개입을 어머니에게 가정폭력에 대한 정보를 제공하면서 시작하였다. 가정폭력이 어머니뿐 아니라 하늘이와 바다, 산이에게 부정적인 영향을 미칠 수 있다는 사실과, 하늘이네 가족에게만 일어나는 것이 아니라 많은 가족에게 일어나고 있는 일임을 인식시켰다. 가정폭력은 가족 내 한 사람이 힘을 가지고 다른 가족구성원을 통제하기 위한 방법으로 폭력을 행사하는 것이기 때문에, 어머니나 아이들의 잘못이 아니라는 사실을 인지하도록 교육과 상담을 병행하였다. 가정폭력이 발생했을 때 도움을 요청할 수 있는 기관을 소개하였고, 어머니와 함께 안전계획도 세웠다. 언제 발생할지 모르는 아버지의 폭력에 대처하기 위해 아버지가 폭력 전에 보이는 신호가 무엇이고, 신호가 나타날 때 어머니가 안전을 확보하기 위한 취해야 할 방법이 무엇인지에 대한 계획을 함께 세웠다. 어머니는 신분증과 간단한 소지품을 챙겨 지역아동센터에 맡겨놓았고, 긴급할 때는 인근교회에 연락하기로 하였다. 그리고 하늘이와 동생들도 아버지의 폭력으로부터 안전할 수 있도록 안전계획을 실시하였다.

▶ 정서적 지지

지역사회복지사의 정기적인 가정방문은 마음을 열고 대화를 나눌 상대가 없었던 어머니가 자신의 삶에 대해 이야기하는 통로가 되었다. 어머니는 그동안 쌓여 있던 다양한 감정을 폭포처럼 쏟아냈다. 어머니는 살아온 이야기를 반복적으로 말하였지만, 지역사회복지사는 듣고 공감하며 강점을 찾도록 도왔다. 어머니는 자신이 살아온 이야기를 하면서 그동안 슬프고 힘든 기억만 있는 줄 알았는데, 기쁘고 즐거웠던 경험도 있었다는 것을 기억하게 돼서 행복하다고 하였다. 그리고 점점 아이들을 잘 키울 수 있는 자신감이 생긴다고 하였다. 지역사회복지사가 자신이 한 이야기에 훈계나 비난을 하지 않고 들어 준 첫 번째 사람이라면서, 이야기를 들어주는 것만으로도 얼마나 마음이 편안한지 모른다고 덧붙였다. 지역사회복지사는 가끔 어머니와 함께 집이 아닌 찻집이나 공원에서 만나 음악을 듣거나 산책을 하면서 어머니의 몸과 마음이 편안히 쉴 수 있는 시간을 만들었다. 또한 정해진 약속시간 이외에도 일상적으로 전화를 해서 건강과 일상생활에 대한 안부를 물었고, 가끔은 지나가는 길에 집에 들러서 어머니와 인사를 나누곤 하였다.

하늘이와 바다, 산이와도 개별적인 시간을 가졌다. 하늘이와는 주로 미술활동을 하였다. 활동을 통해 하늘이는 자신의 욕구와 감정상태를 표현하였고, 지역사회복지사에게 "선생님이 제 말을 들어 주고 제가 한 말을 기억해 주는 게 참 좋아요."라고 말하기도 하였다. 산이와 바다는 이완활동을 통해 심리적으로 친밀해지고, 몸을 부딪치는 야외활동을 하면서 에너지를 발산하여 스트레스를 해소하는 시간을 가졌다. 이외에도 놀이공원 가기, 생일파티 하기 등 하늘이 가족이 평소에 하고 싶었지만 못했던 작은 소원이 이루어지도록 지원하였다.

▶▶ 교육

어머니는 아이들이 친구들과 사이좋게 지내길 원하지만 어떻게 해야 할지 모르겠다는 말을 자주 하였다. 지역사회복지사는 아이들이 친구들과 잘 지내기 위해서는 먼저 청결해야 한다는 것을 설명하였다. 어머니가 아이들의 청결지도를 할 수 있도록 일상생활기술 교육을 하였고, 집안 수납공간 마련을 비롯한 집안청소에 대한 교육도 병행하였다.

그리고 어머니가 우리 아이들이 이렇게 성장했으면 하는 구체적인 모습을 바탕으로 한 규칙을 만들었고, 아이들이 규칙을 지킬 수 있게 일관적인 지도가 가능하도록 지원하였다. 이때 무엇보다도 어머니 스스로가 원하는 것을 찾을 수 있고 말할 수 있는 교육을 역할극을 통해 실시하였다. 동시에 아이들에게도 청결교육이 진행되었다. 하늘이에게는 친구에게 내 기분을 말할 수 있는 방법과, 무조건적인 양보보다는 원하는 것을 얻을 수 있는 기술을 역할극과 편지쓰기 등의 실천적인 교육을 통해 습득하도록 하였다. 산이에게는 감정을 스스로 통제할 수 있는 능력을 갖도록 분노조절 프로그램을 실시하였고, 이후 감정의 특성을 알고 원하는 것을 말로 표현할 수 있는 기술을 습득하도록 역할연습하여 또래관계에 실제 적용하도록 지원하였다.

▶▶ 옹호

지역사회복지사는 하늘이네 가족이 주위의 편견에서 자유로워질 수 있도록 지역아동센터와 학교, 이웃에게 하늘이 어머니가 아이들을 잘 키우고 싶으나 신체적, 정서적으로 소진되어 적절히 아동양육을 수행하지 못한 것임을 분명하게 알렸다. 이후 학교, 동사무소 등에서 어머니를 대하는 태도가 달라졌고, 그동안 비난일색이던 주위의 사람들도 어떻게 하면 도울 수 있을지에 대해 물어보곤 하였다.

▶▶ 자원 연계

하늘이 어머니는 지금까지 누군가 자신을 도와줄 수 있다는 생각 자체를 하지 못한 채 살아왔고, 지금까지 해 온 방법이 최선이었다고 하였다. 우선 어머니가 폭력으로 인해 후유증으로 신체·심리적으로 매우 힘들어 평소에 치료를 받고 싶었지만 그렇지 못한 정신과 치료를 받았다. 지역사회복지사와 신경정신과에 함께 방문하여 우울증 진단을 받고 약물치료를 시작하였다. 인근 복지관을 통해 하늘이 어머니의 심신이 회복될 때까지 아이들의 일상생활에 도움을 줄 수 있는 자원을 연결하여 주 1회 반찬 서비스와 집청소를 위한 가사도우미를 지원하였다. 그리고 어머니가 우울증으로 경제활동을 할 수 없다는 사실을 첨부하여, 국민기초생활수급을 신청하여 아이들의 급식비를 지원받게 되었다. 사회복지단체와 연계하여 하늘이의 장학금을 신청하여, 하늘이가 원하는 부분에 용돈을 사용할 수 있게 되었다. 산이와 바다는 담임교사와 도움반 교사의 협력으로 지역아동센터에 지속적으로 출석하도록 하였으며 산이의 분노가 아버지의 폭력의 증후로 보여져 놀이치료를 연계하여 아동의 심리적, 정서적 불안과 긴장이 해소되도록 지원하였다. 마지막으로 아버지가 언제 들어올지 모르는 상황이므로 인근 지구대에 하늘이네 가족을 모니터링해 줄 것을 요청하였다.

'더불어 함께 세우기'는 사회복지 실천과정 중 '목표에 따른 서비스를 계획하고 실천하는 단계'에 해당한다. '더불어 함께'는 참여자가 지역사회의 주체자로 지역사회복지사와 파트너 관계로 협력하는 것을 의미한다. '세우기'는 참여자가 잠재역량과 회복력을 가지고 변화의 주체로 자신이 삶을 선택하고 결정하도록 지원하는 것이다. 즉, 지역사회복지사가 필요한 것을 선택하여 제공하는 수동적 문제해결이 아니라, 참여자가 선택하고 결정하여 해결의 힘을 갖도록 지원하는 것이다. 나아가 역량강화된 참여자가 지역사회에서 다른 구성원의 지지자로서의 역할을 하게 된다는 것이다.

지역사회복지사는 더불어 함께 세우기의 다양한 측면을 고려해야 한다. 첫째, 참여자가 직접 서비스에 접근가능하도록 능력과 기술이 향상되는 것, 즉, 자기표현능력 향상, 스스로에 대한 옹호, 위기대처능력이 향상될 수 있도록 지원해야 한다. 둘째, 참여자가 지역사회의 일원으로 자리매김할 수 있도록 지역사회 자원체계에 참여자를 대변하고, 자원을 연계하며, 지역사회 자원 네트워크가 형성되도록 지원해야 한다. 물론 이 모든 실천은 통합적으로 진행되어야 한다.

더불어 함께 세우기는 충분한 계획을 통해 이루어져야 한다. '계획'은 참여자와 함께 세운 목표를 어떻게 달성할지에 대한 구체적이고 개별화된 전략이다. 설사 참여자가 해결하기 원하는 욕구가 같다고 하더라도 참여자의 상황에 따라 필요한 지원이 달라지며, 참여자의 의지나 참여가능성, 역량 정도를 고려하여 계획을 세워야 한다. 지역사회복지사는 더불어 함께 세우기 계획을 참여자의 시간, 의지, 욕구 등을 존중하며 진행해야 한다. 목표에 따른 구체적인 실천에 앞서 참여자와의 역할 구분도 고려해야 하고, 계획이 세워졌다 하더라도 이후 상황에 따라 변화할 수 있다는 가능성은 열어두어야 한다. 계획 여부에 따라 위기개입, 정서적 지지, 교육, 옹호, 자원연계가 통합적으로 이루어져야 한다.

- 명수는 유분증을 앓고 있었다. 명수 어머니도 명수의 유분증이 일상생활뿐 아니라 친구관계에도 부정적인 영향을 미치기 때문에 치료되기를 원하였다. 명수 어머니가 주도적으로 유분증 치료에 관한 목표를 세우길 원하였다. 초기에 지역사회복지사는 명수의 유분증이 심리·정서적 어려움 때문이라고 생각하여, 명수 어머니와 논의하여 심리치료를 연결할 계획을 세웠다. 그러나 명수 가족을 탐색하면서 불규칙하고 인스턴트 위주의 식사로 영양결핍이 심하다는 것을 발견하고, 구체적인 계획을 어머니와 함께 논의하고 결정하였다. 우선 명수가 유분증 이외의 일상생활을 잘 할 수 있도록 교육과 상담을 하였으며, 명수의 식습관에 변화를 주기 위해 어머니가 교육에 참여하였다. 또한 싱크대를 수리하여 식사준비를 원활하게 하고, 인근 복지관을 통해 밑반찬 서비스를 연계하였다.

▶ 심리검사의 활용

① 심리검사가 필요한 경우
'지적 장애, 발달장애' 등의 소아·청소년 장애진단을 받을 때, 신경정신과 의료 서비스를 제공받을 때, 아동과 가족지원을 위해 객관적인 근거자료를 요구하는 공공기관과 협력할 때 심리검사 자료를 요청받을 수 있다. 때로는 지역사회복지사가 심리검사를 통해 아동에게 보다 효과적으로 지원할 수 있는 부분에 대한 통찰을 얻기도 한다.

② 심리검사 도구
성격유형검사(MBTI, MMTIC), 성격종합검사(집-나무-사람그림검사, 학교생활화, 가족화, 도형그림검사, 문장완성검사, 사회성숙도검사, 로르샤흐(rorschach)검사와 아동지능검사(KEDI-WISC), 행동평가(ADHD 감별진단척도), 학습장애검사(기초학습능력검사), 학습방법검사, 진로탐색검사 등이 있다.

③ 심리검사를 지원받을 수 있는 방법
신경정신과, 장애인복지관, 아동상담센터, 소아정신과, 건강가족지원센터, 정신보건센터와 같은 기관에서 검사가 가능하다. 사회복지기관의 경우 지역마다 차이가 있지만 약 3개월 정도 기다려야 하는 불편함이 있다. 반면 비용부담이 적다. 병원의 경우 기다리는 시간은 짧지만 비용부담이 크다는 단점이 있다.

④ 주의해야 할 점

심리검사는 현재의 상황에 대해 분명히 진단하여 부모 및 가정환경의 변화를 통해 아동의 건강한 성장에 기초적인 자료로 활용하는 데 궁극적인 목적이 있다. 근래에는 대부분의 심리검사에서 아동뿐 아니라 부모의 심리검사가 함께 이루어지고 있다. 따라서 아동의 심리검사 여부가 논의되는 시점부터 부모의 관심과 참여를 이끌어 내는 것은 매우 중요한 과제다.

심리검사 이후에는 가족뿐 아니라 아동과 가족 지원에 협력하는 실무진과의 공유가 중요하며, 비밀보장이 유지되어야 한다. 이때 무엇보다 중요한 것은 검사 결과가 아동의 특성과 상황을 단정짓고 낙인화시키지 않도록 주의해야 한다.

▶▶ 1. 위기개입

지역사회복지사는 참여자의 다양한 위기에 접하게 된다. 참여자는 심각한 질병으로 인한 위기, 가족구성원의 실직으로 인한 경제적 위기, 죽음으로 인한 상실의 위기, 폭력으로 인한 위기 등에 직면할 수 있다.

특히 아동을 중심으로 가족을 지원하는 지역사회복지사는 폭력으로 인한 위기에 많이 접한다. 폭력은 힘의 불균형으로 아동이 가장 취약하며, 때로는 가족 전체가 폭력에 노출되기도 한다. 지역사회복지사는 참여자의 안전을 확인하여, 만약 참여자가 심각한 위험에 노출되었다는 것이 발견되면 즉각적이고 효과적인 위기개입을 해야 한다. 왜냐하면 안전은 참여자의 생명과 발달에 밀접한 관련이 있기 때문이다.

(1) 위험의 전조가 예상되면 민감하게 관찰하고 예방적인 접근을 해야 한다.

아동의 신체학대는 양육자의 체벌로 많이 발생한다. 양육자 대다수가 아동양육기술이 결여되어 체벌 이외의 대안을 가지고 있지 않기 때문에 체벌을 유일한 훈육방법으로 사용하고 있다. 그러므로 양육자를 무조건 훈계하거나 비난하기보다는 양육자에 대한 정서적 지지로부터 시작하여 체벌의 부정적인 측면에 대한 정보를 주어야 한다. 그리고 체벌의 대안이 될 수 있는 방법을 교육하여 양육자가 아동을 긍정적으로 훈육할 수 있는 기술을 습득하도록 하여 건강한 경험을 하도록 해야 한다. 또한 위험상황을 완화시키는 데 도움이 되는 참여자의 건강한 요인을 찾아내어 참여자가 안전한 상태를 확보하는 것도 중요하다.

아동성학대는 은밀하고 계획적으로 이루어질 뿐 아니라 아동 스스로 노출을 꺼리기 때문에 지역사회복지사는 예상되는 지표들을 숙지하고 주의 깊게 관찰해야 한다. 아동성학대의 가능성이 추정되면 보다 구체적이고 신중한 상담이 이루어져야 한다. 아동에게 성학대가 아동의 잘못이 아니라는 것을 알게 하고, 주위의 어른에게 이야기해서 도움을 요청해야 한다는 것을 알려 주어야 한다.

가족 내 폭력에 있지만 노출하기를 꺼린다면 억지로 꺼내게 하기보다 참여자 지원과정 속에서 가정폭력의 일반적인 현황이나 특성, 아동에게 미치는 영향, 폭력의 대물림, 대안 등에 대해 설명해야 한다. 폭력이 생명에 위협을 가할 수 있으므로, 참여자가 폭력상황에서 계속 생활한다면 안전계획을 세우고 위기 지원이 가능한 기관에 대한 정보를 제공해야 한다. 안전계획은 즉각적인 위험이 중단되었더라도 지속적으로 이루어져야 한다.

(2) 위험상황에는 즉각적인 개입이 필요하다.

아동에게 신체학대, 정서학대, 생명과 발달에 위협이 되는 방임이 지속된다는 것이 발견되면 아동보호전문기관에 신고하여 협력해야 한다. 참여자의 비밀유지가 무엇보다 중요하지만, 아동학대와 같은 위험상황은 즉각적인 신고가 지역사회복지사의 의무다. 이외에 지역사회복지사는 신체학대의 상처가 발견되면 사진을 찍어 두어야 하고, 아동이 긴장하지 않고 편안하게 이야기할 수 있는 환경을 조성한 후 상담해야 한다.

아동성학대는 신체학대와 달리 가해자의 치밀한 계획으로 이루어지기 때문에 즉각적으로 발견되지 않아 아동에게 매우 위험하다. 특히 근친성학대는 아동이 양육자가 자신을 사랑하기 때문이라고 생각하거나 혹은 다른 가족구성원에게 피해를 줄지도 모른다는 두려움 때문에 폭로하지 못한다. 아동성학대가 확인되면 전문기관에 신고해야 한다. 현재 우리나라의 전문기관은 아동보호전문기관이나 성폭력상담소, 경찰병원 One-Stop 지원센터, 해바라기아동센터 등이 있다.

아동성학대는 급박하고 긴급한 상황이기 때문에 폭로 이후 아동이 더욱 불안해할 수 있다. 그러므로 지역사회복지사는 아동과 대화할 때 긴장하지 않도록 편안하고 안전한 장소를 확보해야 한다. 증거가 있다면 보관해야 하고, 반복적으로 질문하지 않도록 해야 한다.

아동성학대 신고 이후 전문기관과 협조하여 양육자에게 알려야 하며, 충격을 받고 당황하는 양육자가 안정을 되찾을 수 있도록 지지자 역할을 해야 한다. 양육자와 아동이 성학대 사건보다는 회복에 초점을 맞추도록 도와야 하고, 어떤 상황이든 아동의 잘못이 아니라는 점을 강조해야 한다. 만약 근친성학대라면 비가해 양육자가 긍정적인 보호자로서 협력할 수 있도록 지원하는 것이 무엇보다 중요하다.

가정폭력[1]은 가족 내에서 가해지는 모든 폭력을 포함한다. 이 장에서는 가족 내 폭력 중 아동에게 직접 가해지는 폭력에 대해서는 아동학대로 분류하였고, 가정폭력은 배우자폭력에 초점을 맞추었다. 가정폭력에 대한 참여자의 보호요청이 있으면 가정폭력상담소와 쉼터에 연계하여 가정으로부터 떠나 안전한 장소에서 생활할 수 있도록 지원해야 한다. 그러나 대부분의 참여자는 처음부터 가족을 떠나는 데 동의하지 않는다. 왜냐하면 이들은 아동을 위해 가족이 해체되면 안 되고, 가해자의 폭력이 매일 일어나는 것이 아니라 평소에는 잘해 주므로 그 순간만 참으면 된다고 생각하기 때문이다. 참여자가 가정폭력의 사이클과 학습된 무기력으로 인해 폭력상황에서 벗어나는 것이 어렵다는 것은 널리 알려져 있다. 지역사회복지사는 참여자를 억지로 집에서 떠나도록 하기보다는 가정폭력에 대처할 수 있는 정보를 우선 제공하고, 인근 지구대와 협력하여 가족의

---

1) 현재 우리나라 「가정폭력범죄의 처벌 등에 관한 법률」에 보면 가정폭력의 범주에는 아동, 노인, 부부, 동거하는 친족도 모두 포함되나, 이 장에서는 배우자에게 좀 더 초점을 맞추어 서술하였다.

안전을 수시로 점검해야 한다.

만약 참여자가 안전한 보호처로 피신을 원한다면 지역사회복지사는 가정폭력상담소나 여성긴급전화 1366 등을 통해 쉼터에 입소할 수 있도록 지원할 수 있다. 물론 참여자가 안전한 보호처에 간다고 해서 모두 자립하는 것은 아니다. 다시 예전의 생활로 돌아갈 수도 있다는 점을 명심해야 한다.

모든 위기상황에서 지역사회복지사가 주의해야 할 점은 위기가 발견되었을 때 당황하거나 긴장하여 불안감이 참여자에게 드러나지 않도록 해야 한다는 것이다. 그렇게 되면 아동은 자신 때문에 잘못되었다고 생각하여 긴장하고 죄책감을 가질 수 있으며, 폭로한 내용을 번복할 수 있다.

- 아버지와 함께 살고 있는 진욱이가 팔과 다리에 멍이 들어 지역아동센터에 왔다. 지역사회복지사는 아버지가 술만 먹으면 아동을 수차례 몽둥이와 발로 때린다는 사실을 알고 아동의 팔다리를 확인했더니, 다른 색의 멍자국이 여러 군데에 있었다. 지역사회복지사는 아동보호전문기관에 신고하였고, 아버지는 아동학대에 대한 조사를 받았다.
- 명희는 친구가 같은 아파트에 살고 있는 아저씨가 집으로 놀러오라고 해서 갔더니, 몸을 만지고 돈을 주면서 또 놀러오라고 했다는 말을 했다고 지역사회복지사에게 알려 주었다. 지역사회복지사도 명희 친구를 알고 있었기 때문에 명희 친구를 만나서 사실을 확인한 후 아동보호전문기관에 신고하였다.
- 결혼 초부터 아버지의 폭력에 시달린 어머니는 매우 무기력하고 우울해 보였으며, 현재도 폭력이 지속되고 있다고 말하였다. 지역사회복지사가 안전한 거처에 대해 소개하였으나, 고개를 가로저으며 아이와 이곳에서 살아야 한다고 하였다. 지역사회복지사는 어머니에게 안전하게 보호받을 수 있는 기관의 연락처와 폭력이 발생할 때 대처할 수 있는 안전계획을 알려 주었다.

---

(3) 즉각적 위험이 중단되어도 지속적인 개입이 이루어져야 한다.

아동보호전문기관 신고 이후 심각한 경우를 제외하고는 아동은 가족의 보호 속에서 살아간다. 가해 양육자는 외부의 압력에 당황하여 일시적으로 학대를 중단하기도 하지만, 오히려 문제가 드러나지 않도록 외부와 단절하기도 한다. 그렇기 때문에 지역사회복지사는 참여자 주변사람들을 통해 학대의 재발 여부를 지속적으로 모니터링해야 하고, 신고 이후 상황을 미리 예측하고 신고 이전과 같은 태도로 아동과 양육자를 지원해야 한다. 지역사회복지사는 신고 여부에 대해 비밀로 해야 한다. 그래야 신고 이후에도 아동과 가족을 동일하게 지원할 수 있다. 지역사회복지사는 양육자에 대한 정서적 지원과 더불어 양육기술에 대한 교육을 병행해야 하며, 양육자가 스트레스를 감소시킬 수 있는 자기관리방법을 갖도록 도와야 한다. 양육자가 알코올이나 정신장애, 경제적 어려움과 같은 복합적인 문제에 노출되어 있다면 전문기관과 협력하여 양육자를 위한 다체계적 지원이 이루어지도록 해야 한다. 지속적인 지원에도 불구하고 가족 내 아동학대가 지속된다면 아동보호전문기관과 같은 전문기관에서 제재를 가한다는 사실을 다시 한 번 설명해야 한다.

아동을 통해서도 학대가 지속되고 있는지를 확인할 수 있다. 때로는 학대의 방법이 달라질 수 있다는 사실을 명심해서 모니터링하도록 한다. 예를 들어, 마구 때리는 신체학대는 중단되었지만 밤새 벌을 세우거나 욕이나 협박을 하는 정서학대가 심해졌다면 아동학대가 지속된다고 보아야 할 것이다. 아동이 위험상황으로부터 안전할 수 있도록 아동과 안전계획을 세울 수 있다. 학대가 일어날 때의 신호가 있는지, 그때 아동이 취할 수 있는 행동은 무엇인지, 어떻게 집 밖으로 나올 수 있는지, 외부로 나와서 누구의 도움을 받을 수 있을지에 대한 구체적인 계획을 세울 수 있다. 이때 비가해 양육자가 있다면 아동과 비가해 양육자가 함께 안전계획을 세우는 것이 바람직하다.

아동성학대는 신고 이후 분리조치되었다가 상황에 따라 장기시설에 입소하거나 가정으로 복귀하게 된다. 그러므로 아동이 가정으로 복귀할 때 예상되는 어려움에 대한 준비가 이루어져야 한다. 가해자가 지역을 떠났는지 혹은 재피해 위험이 없는지, 현재 지역사회가 안전한 환경인지에 대해 확인해야 한다.

심리적으로 충격을 받은 양육자에게는 정서적 지지를 해야 하며, 필요하다면 개별적 치료를 받을 수 있도록 지원해야 한다. 또한 고소, 재판 등에 대해 전문기관과 협력체계가 이루어져야 한다. 가정 복귀 이후에는 사건이 일어나기전의 일상생활이 그대로 이루어지도록 하여 아동이 사건에서 자유로워질 수 있도록 해야 한다. 아동 역시 안전계획을 세워 긴급상황 시에 안전을 확보하도록 해야 한다.

　가정폭력 생존자인 참여자의 안전계획을 세우는 것이 중요하다. 안전계획은 폭력으로부터 벗어날 수 있도록 미리 준비하는 것이며, 학대상황을 감지하기 위한 과정이다. 1단계는 암시를 확인해야 한다. 폭력상황이 발생할 위험에 있다는 신호가 암시인데, 가해자를 관찰하여 신체적, 심리적 변화를 민감하게 살펴봄으로써 확인할 수 있다. 즉, 피해자가 가해자와 자신으로부터 암시되는 것을 찾아 목록을 만들어 폭력의 신호를 분명히 알도록 지원한다. 2단계는 안전계획을 세우는 것이다. 안전계획은 상황이 위험해지고 있는 것을 감지하는 것, 안전을 얻기 위해 특정한 행동계획을 세우거나, 현실을 점검하는 것 그리고 떠날 준비를 하는 것이 포함된다. 실제 참여자가 집을 떠나 안전한 장소로 가는 데 많은 시간이 소요되고, 때로는 집을 떠났다가 다시 돌아와 예전처럼 생활하기 때문에 안전계획을 세우고 실천할 수 있는 능력을 갖추도록 하는 것이 무엇보다 중요하다. 이는 참여자 자기보호뿐 아니라 아동을 안전하게 보호할 수 있는 방안이다. 이처럼 안전계획은 예방적 차원에서도 필요하며, 폭력이 중단되었더라도 잠재적인 위험이 있을 때는 반드시 실시해야 한다.

▸▸ 안전계획

① 폭력이 발생할 때의 안전
- 떠나기로 결심하면 어떻게 할 것인가.
- 어떻게 하면 안전하게 나갈 수 있을지 연습한다. (문, 창문, 계단, 비상구)
- 빨리 떠날 수 있도록 지갑(신분증, 돈 등)을 어디에 놓을 것인가.
- 자신의 폭력에 대해 말하고, 집에서 이상한 소리가 나거나 며칠 동안 보이지 않으면 경찰에 신고를 부탁할 신뢰할 만한 사람이 있는가.
- 아동이 경찰을 부를 수 있도록 교육시켜야 한다.
- 자신의 위험을 외부에 알릴 수 있는 암호를 가지고 있는가.
- 만약 떠나야 한다면 어디로 갈 것인가.
- 만약 상황이 심각하면 우선 가해자를 안정시키기 위해 원하는 것을 주어야 한다.

② 떠나려고 준비할 때
- 빨리 떠나기 위해 여분의 돈과 신분증을 둘 곳이 있는가.
- 중요한 문서의 사본을 둘 곳이 있는가.
- 독립할 수 있도록 준비해야 할 항목이 있는가.
- 일시적으로 지낼 수 있고 경제적 지원을 받을 수 있는 사람이 있는가.
- 여분의 옷을 맡겨놓을 곳이 있는가.
- 안전계획을 세우고 아동과 함께 연습해야 한다.

③ 가지고 있어야 할 것들
- 신분증(주민등록증, 운전면허증 등)
- 옷
- 돈, 통장, 신용카드, 도장
- 열쇠
- 수첩과 주소록
- 사진
- 아이들이 중요하게 여기는 물건
- 귀중품

④ 알아두어야 할 전화번호
- 경찰 112
- 응급전화 119, 129, 1366
- 직장
- 병원
- 종교기관
- 학교
- 지역사회복지사
- 지역아동센터
- 다른 중요한 번호

▶▶ 2. 정서적 지지

모든 사람은 내적 힘을 가지고 있어 끊임없이 성장하며, 자신의 어려움을 해결해 나갈 수 있고, 필요하다면 외부에 도움을 요청할 수 있다. 그렇기 때문에 정서적 지지는 참여자가 가지는 병적인 부분을 제거하고 교정하여 처음부터 다시 시작하는 것이 아니라, 참여자의 내적 힘을 강화되어 현재의 어려움을 해결하고 변화와 성장을 도모할 수 있는 능력을 갖도록 하는 것이다.

그러기 위해서 지역사회복지사는 참여자가 살아온 상황에 대해 인정하고 공감하며, 참여자가 어려움을 해결할 수 있음에 대해 지지와 격려를 해야 한다.

- 중학교에 입학한 윤영이는 지역사회복지사와 함께하는 시간을 무척 좋아하였다. 하루는 꽤 오랜 시간 윤영이와 함께 있다가 해가 진 이후에 헤어지게 되었다. 헤어지기 전에 윤영이에게 지역사회복지사와 함께 이야기를 나누면 어떤 점이 좋은지를 물어보았다. "선생님과 이야기를 하면 가슴이 시원해져요. 집에 가면 제 이야기를 들어 주는 사람이 없어요." 아동은 편안해지고 즐거워진다는 마음을 표현하였다.

실천 원칙

(1) 참여자의 비밀유지하기

지역사회복지사가 참여자를 지원하면서 탐색한 정보는 대부분 가족의 사적인 부분이다. 지역사회복지사는 참여자의 비밀유지를 중요한 원칙으로 삼아야 한다. 이 부분은 참여자와 지역사회복지사의 신뢰유지에 중요한 영향을 미친다. 특히 아동으로부터 발견한 정보를 양육자와 관련기관과 공유할 필요가 있을 때 정확하게 판단하고 민감하게 고려해야 한다. 예를 들어, 아동이 지역사회복지사에게 노출한 정보에 대해 비밀유지를 요청했는데, 양육자나 관련기관 담당자에게 여과 없이 이야기하면 이후 아동을 통해 지역사회복지사가 비밀을 유지하지 않았다는 이야기를 듣게 된다. 이 과정에서 아동과의 신뢰가 깨어짐은 물론이고, 아동은 정보를 노출한 지역사회복지사와의 만남을 거부하거나 대화를 단절하기도 한다. 그러나 비밀유지가 매우 중요함에도 불구하고 아동에게 비밀유지의 한계에 대해 설명해야 한다. 특히, 아동이 위험한 상황에 있을 때에 그러하다.

혹여 아동과 약속한 비밀유지 내용을 양육자나 혹은 관련기관 담당자가 물어본다면, 지역사회복지사는 아동과의 약속의 중요성을 알리고 아동에게 직접 물어보는 방법을 알려 줄 수 있다.

> "오늘 저녁에 아이를 만나시면 '어제 선생님과 무척 중요한 이야기를 나눈 것 같은데, 엄마에게도 말해 줄 수 있겠니?' 이렇게 한번 물어보시면 좋을 것 같습니다."

참여자가 누구든지 간에 안전과 생명을 위협받을 때는 비밀유지보다 안전과 생명을 보호하는 것이 우선되어야 한다. 예를 들면, 학대나 가정폭력이 있거나, 자살을 결심하는 경우다. 이때 지역사회복지사는 참여자를 지원할 수 있는 최소한의 인력과 정보를 교환하여 즉각적으로 개입할 수 있어야 한다.

> • 진수 할머니는 복잡한 일들에 대해서 지역사회복지사에게 이야기할 수 있어 다행이라고 하시며, 특히 진수 아버지에 대한 양가감정을 털어놓으면 마음이 후련하다고 하였다. 동사무소와 지역아동센터, 이웃 등은 진수아버지를 진수 할머니와 진수를 돌보지 않는 책임감 없는 사람, 건강하면서도 일을 하지 않는 게으른 사람이라고 하였다. 할머니는 자신이 진수 아버지에 대해 서운한 감정들을 드러내는 것이 진수 아버지를 더 나쁜 사람으로 몰아가는 것이 아닌지 걱정하고 있었다.
> 진수 할머니는 지역사회복지사와의 상담내용 중 진수 아버지와 관련된 부분은 비밀로 해 줄 것을 요청하였고, 지역사회복지사는 진수 아버지에 관련된 사실을 다른 기관과 이야기할 때는 가족에게 미리 이야기하여 동의를 얻었다.

TipS   참여자 정보에 관한 비밀 및 고지된 동의

- 지역사회복지사는 참여자의 비밀유지가 가능한 부분과 그렇지 않은 부분에 대해 지역사회협력자(자원)에게 설명해야 한다.
- 비밀보장이 원칙이지만 참여자의 안전, 생명과 관련된 부분에 있어서는 지역사회협력자(자원)와 정보를 공유해야 함을 참여자에게 알려야 한다.
- 지역사회협력자(자원)와 정보공유 시에는 참여자에게 그 목적을 알리고 의견을 존중하여 정보공유 정도를 결정하게 될 것임을 알려 주어야 한다.

(2) 경청하고 마음 열기

경청은 그 자체만으로도 정서적 지지가 된다. 지역사회복지사가 참여자의 말에 집중해서 자주 언급하는 단어나 문장, 반복되는 행동을 따라가면 참여자의 감정을 읽을 수 있고, 부정적인 표현 속에서 본래 원하는 의미를 발견할 수 있다. 경청하는 것은 인내가 필요한 과정이며, 지역사회복지사의 감정이나 생각이 개입되지 않고 참여자에게 초점을 맞춘 시간이 되어야 한다. 경청을 통해 참여자는 존중받고 있다는 경험을 할 수 있다.

- 명호를 만나 오늘 무엇을 하며 지냈는지 묻자, 오늘도 친구들이랑 싸웠다며 속상해하였다. 그동안 지역사회복지사는 어머니와 담임교사로부터 명호가 친구들을 귀찮게 하고 물건을 가져가 망가뜨려 매일 싸운다는 얘기를 종종 들었다. "오늘 친구랑 싸워서 많이 속상하겠다." 명호의 감정과 기분을 읽어 주자, 명호는 친구 관계에서 힘들었던 일들을 이야기하였다. 다른 조언은 하지 않고 명호의 이야기만 10분 넘도록 계속 들어 주었더니 "어휴~ 이제야 억울한 게 풀렸네~ 기분 좋아졌어요."라고 하였다. 이후 명호는 "근데요. 저 친구들이랑 사이좋게 지내고 싶어요. 내일 제가 먼저 가서 친구한테 말할 거예요."라고 하였다.
- 자영이는 친구들이 항상 자신을 무시한다고 투덜거렸다. 지역사회복지사가 자영이를 관찰해 보니, 자영이는 친구와 다른 사람이 이야기를 하고 있는 중간에 일방적으로 끼어들어 자기 이야기만 하고 사라지는 모습을 자주 보였다. 자영이는 지역사회복지사와 대화할 때도 자기 이야기만 반복적으로 하였다. 지역사회복지사는 자영이와 이야기할 때 들은 것을 반복해 주고 반응하면서, 자영이도 친구의 이야기를 들을 때 친구의 말을 반응하는 연습을 하도록 했다. 그랬더니 자영이는 친구들과 대화할 때 들어 주는 모습을 간혹 보였다.

TipS 효과적인 경청방법

- 참여자의 이야기에 집중하고 참여자의 이야기가 끝날 때까지 기다려야 한다.
- 참여자와 눈높이를 맞춘다. 시선을 맞추기 어려워하는 참여자는 옆에 앉는다.
- "음" "그렇구나" 등 여흥구를 사용하여 맞장구를 친다.
- 고개를 끄덕인다.
- 간단한 스킨십을 통해 공감의 뜻을 표현한다.
- 단어와 문장을 반복하며 반응한다.

TipS 경청, 이렇게 해 보세요.

• 같은 이야기를 반복적으로 하는 양육자가 있다.

누구나 듣기는 하지만, 잘 들어 주는 것은 어렵다. 양육자가 같은 이야기를 반복하는 것은 말하고 싶은 욕구가 아직 해결되지 않았거나, 자신의 욕구를 충분히 들어주지 않았다고 느끼기 때문이다. 지역사회복지사는 참여자가 상대방이 자신의 이야기를 듣고 있다는 것을 알 수 있도록 해야 한다. 때로는 참여자가 한 말을 반복하거나 이야기를 중간에 요약해 줌으로써, 참여자 자신이 무슨 이야기를 했는지 확인하도록 돕고 환기시킬 수 있어야 한다. 지역사회복지사는 참여자가 하는 이야기에서 강점을 찾아 재해석해 주어야 한다.

• 청소년 참여자와 대화를 할 때 어려움이 있다.

청소년 참여자와는 일상이나 취미, 친구 등 최근의 화젯거리로 이야기를 해야한다. 청소년은 잘 들어 주는 것만으로도 관계를 형성할 수 있으며, 만약 청소년이 말을 하지 않는다면 기다려 주는 것이 필요하다. 실제 참여자와의 침묵시간을 지역사회복지사가 견디지 못해서 계속 말을 하게 된다. 지역사회복지사는 참여자에게 시간을 주고, 말을 하도록 격려하며 인내해야 한다.

(3) 참여자의 신체반응에 유념하기

지역사회복지사는 참여자의 비언어적 행동이 정서 혹은 감정과 유의미한 관련이 있음을 기억해야 한다. 예를 들면, 갑자기 눈을 자주 깜빡거리거나, 손으로 가슴을 쓸어내리고, 땅바닥을 주먹으로 가볍게 치고, 손톱을 물어뜯거나, 눈동자가 흔들리는 등의 행동을 예민하게 관찰해야 한다. 때로는 비언어적 행동이 언어로 표현하는 경우보다 참여자를 더 잘 대변하여 갑작스러운 환경변화, 안전에 대한 위협 등을 감지할 수도 있다. 참여자의 무의식적인 행동을 알아차리고, 그 순간의 감정을 언어화하는 것은 참여자가 자신의 상황을 발견하고 욕구를 표현할 수 있는 또 다른 기회로 활용될 수 있다.

- 지역사회복지사는 그날따라 현지가 미간을 찌푸리고, 한숨을 쉬는 모습을 많이 보았다. 현지는 자기를 스치기만 해도 동생에게 소리쳤고, 이내 싸움이 벌어졌다. 지역사회복지사는 현지의 비언어적 행동을 언어로 표현하도록 도왔다. 현지는 지역사회복지사에게 "선생님, 저 화나요. 학교에서 애들이 놀려서 싸웠어요. 많이 화나요."라고 자신의 감정을 이야기하여, 현지와 화를 식히기를 함께 하였다.
- 지역사회복지사가 숙희네 가정에 방문했을 때 어머니가 불을 끄고 구석에 누워 있었다. 지역사회복지사에게 음료수를 대접한다며 일어나는 어머니의 걸음걸이가 부자연스러웠으며, 머리가 아프다며 계속 머리를 만졌다. 지역사회복지사가 몸이 많이 아파 보이니 병원에 함께 가자고 하였고, 어머니는 조심스럽게 지난밤 남편이 자신을 폭행했으며, 멍든 팔을 보여 주면서 처해 있는 어려움에 대해 말하였다.

(4) 편들기와 공감하기

지역사회복지사는 가끔 참여자로부터 자신의 의견에 동의하든지 그렇지 않든지 둘 중 하나를 선택할 것에 대한 무언의 압력을 받는 것처럼 느낄 때가 있다. 어떤 아동은 지역사회복지사는 좋은 선생님이라고 하고, 양육자나 관련기관 담당자는 싫다고 불평하기도 한다. 양육자 역시 아동에 대해 비난하거나 불평하면서 지역사회복지사가 자신의 말에 동의하기를 원할 때가 있다. 이때 지역사회복지사는 균형을 잡아야 한다. 참여자는 불평하는 사람에게 원하는 것이 분명히 있기 때문에 참여자가 상대방에게 원하는 것이 무엇인지 찾을 수 있도록 도와야 한다.

편들어 주는 것은 공감 혹은 정서적 지지와는 다르다. 공감은 참여자의 마음과 함께 있어 주는 것이다. 화가 나거나 속이 상한 참여자는 종종 그 화와 속상함을 타인을 향해 쏟아붓기도 한다. 지역사회복지사는 참여자의 화난 감정을 촉발시킨 사람에 대해 이야기 나누기보다는 참여자의 감정 자체에 대해서만 다루어야 한다. 그렇지 않으면 다른 사람을 비난하는 시간이 될 수 있다. 참여자가 현재 자신의 감정을 바로 보고 감정에 대해 함께 나눌 수 있어야 한다. 이때 감정이라는 것, 특히 우리가 부정적이라고 단정짓는 감정을 나쁜 것으로 표현하기보다는 다양한 감정상태 중 하나임을 인식하도록 해야 한다. '당신의 지금 마음이 이렇습니까?' 참여자의 감정을 읽어 주는 것은 지역사회복지사가 참여자와 가까이 함께 있다는 느낌을 갖도록 도와준다. 그 후에 지역사회복지사는 부정적인 감정 이면에 참여자가 원하는 것을 찾도록 도와줄 수 있어야 한다.

> • 선영이 어머니는 지역사회복지사를 만나면 자주 선영이에 대한 불만을 털어놓았다. 이제 사춘기에 접어든 선영이는 예전과 다르게 부쩍 친구들과 보내는 시간이 늘고 어머니와의 대화가 줄었다고 하였다. 선영이 아버지와 이혼한 후 선영이를 키우는 데 많은 노력을 기울인 어머니는 달라지는 선영이로 인해 불안감을 느끼고 있었다. 최근 선영이와 어머니는 소소한 일로 자주 다툼을 벌이고 있었다. 지역사회복지사가 찾아갔을 때 어머니는 그날도 선영이에 대한 잘못을 나열하였다. 지역사회복지사는 이야기 전환을 시도하였다. "어머니 말씀을 들으니 화가 많이 나신 것 같아요." "맞아요. 전 그 녀석 때문에 정말 속상해요. 제가 그 아이를 어떻게 키웠는데요. 오로지 그 아이만 바라보고 살았는데, 조금 컸다고 나한테 이렇게 소홀할 수가 있지요? 때로는 배신감도 느껴져요." "어머니가 선영이를 키우느라 많이 힘드셨는데, 선영이가 어머니에게 소홀한 것 같아 속상하시군요." "네. 맞아요. 많이 속상하네요." "그렇죠. 많이 속상하시죠. 그럼 선영이에게 어머니가 원하시는 것은 어떤 걸까요?" "전… 선영이가 제 맘을 좀 알아주었으면 좋겠어요." "어머니께서는 선영이가 어머니 마음을 알아주었으면 좋겠다는 말씀이신 거지요." "네."

(5) 참여자의 요구에 즉각적으로 반응하기

대부분의 양육자는 아동을 건강하게 양육하길 원하지만, 정보 혹은 기술의 부족으로 어려움을 겪기도 한다. 그리고 이미 여러 기관을 통해 낙인을 경험했거나, 가족의 어려움을 다른 사람의 도움으로 해결하고 싶지 않아 적극적으로 외부에 요청하지 못하는 경우가 많다. 그렇다고 해도 참여자의 어려움을 해결하는 데 필요한 자원을 지역사회복지사가 계획하여 연결하기보다는 참여자가 욕구를 표현하기 시작할 때 즉각적으로 반응하는 것이 중요하다. 지역사회복지사의 즉각적인 반응으로 참여자는 존중받았다는 느낌을 갖게 되고, 동등한 입장에서 외부에 도움을 요청했다는 경험을 할 수 있다. 예를 들어, 야뇨증인 아동의 치료를 위해 도움을 요청한 양육자에게는 야뇨증 해결을 위한 정보와 신체·심리관련 의료기관에서 검사와 치료를 받을 수 있도록 지원할 수 있다. 양육자가 경제적인 어려움에 대한 지원을 요청한다면 공적부조와 민간자원을 연계할 수 있다.

(6) 선택은 참여자가 할 수 있도록 하기

지역사회복지사는 참여자가 이용가능한 자원을 선택하고 활용할 수 있도록 정보를 제공해야 한다. 지역사회복지사가 제시한 다양한 정보는 참여자의 욕구와 수용능력에 따라 사용가능하다. 참여자가 정보를 선택할 때 지역사회복지사와 의견이 다를 수 있다. 지역사회복지사는 의견이 다르더라도 참여자의 안전과 생명에 위협이 되지 않는다면, 참여자의 선택을 존중하여 참여자 선택에 기반한 최선의 지원을 해야 한다. 만약 참여자가 자신의 선택에 오류가 있음을 확인하고 새로운 선택에 대해 요청한다면, 다시 정보를 제공하여 새로운 선택을 할 수 있도록 해야 한다. 물론 이전 참여자의 잘못된 선택으로 지역사회복지사가 좌절을 경험할 수도 있지만, 이러한 시행착오를 통해 참여자는 이후 책임질 수 있는 신중한 선택을 할 것이다. 이러한 태도는 참여자가 자신에 대해 가장 잘 알고 있기 때문에 자신의 어려움을 해결할 수 있는 자원의 활용하고 적절한 선택을 할 것이라는 믿음을 바탕으로 한다. 이는 참여자가 서비스 대상이 아니라 파트너로서 동등한 관계임을 보여 주는 단면이다.

> • 호진이는 어머니와 동생과 함께 살고 있다. 국민기초생활수급자인 어머니는 자활근로로 생계를 유지하고 있다. 국민기초생활수급제도 외에 어떠한 형태의 지원에 대해서도 전혀 알지 못했던 어머니는 지역사회복지사가 제공한 지역사회 자원에 관한 정보를 갖게 되면서 이용가능한 복지관 등의 자원을 적극적으로 활

용하였다. 학교부적응으로 유급상태인 호진이를 위해 대안학교에 대한 정보를 지역사회복지사가 제공하여, 어머니는 호진이가 다닐 수 있는 대안학교를 선택하여 문의하고 직접 찾아가기로 하였다.

- 지적 장애 3급인 영화는 어머니와 함께 살고 있다. 고학년이 되면서 학교에서 수행능력이 떨어져 또래에게 집단따돌림을 당하는 어려움이 있었다. 어머니는 영화의 학교생활에 대해 걱정이 매우 많았으며, 이를 해결하기 원하였다. 지역사회복지사는 영화의 눈높이에 맞는 교육지원을 위해 특수학교에 관한 정보를 주었다. 초기에는 어머니가 영화가 현재의 학교에서 잘 다니는 것을 선택하였다. 이후 영화의 어려움이 해결되지 않자, 어머니는 차선의 선택으로 영화를 특수학교에 보내기로 하였다. 영화는 특수학교에서 성적이 우수하고 다른 친구들을 도와주면서 자신감이 생겼다. 영화는 1년 후에 일반학교로 옮겼고, 이전보다 학교생활에 잘 적응하였다.

(7) 꾸준하게 다가가기

지역사회복지사가 지원하는 양육자의 많은 수가 일용직, 비정규직으로 생계를 유지하고 있다. 아침 일찍 출근하여 밤늦게 귀가해 양육자를 직접 대면하는 일이 쉽지 않을 때도 있다. 이런 상황이라면 지역사회복지사는 보다 적극적인 자세로 양육자와 접촉을 시도해야 한다. 지역사회복지사는 아동과 어떻게 라포를 형성하고, 아동을 지원하고 있는지에 대해 양육자와 계속적으로 공유하고 협조를 요청해야 한다. 만약 전화 혹은 가정방문으로 양육자와 인사를 나눈 이후에 연락하기가 어렵다면 아동의 알림장, 편지 쓰기, 메모 남겨 놓기 등의 방법으로 지역사회복지사가 함께 있다는 것을 확인시켜야 한다. 때로는 양육자가 편안한 시간에 일터로 찾아가 지속적인 지원을 이어 갈 수 있다. 이와 같은 일관적인 태도 그 자체가 참여자에게 신뢰감을 주고 정서적 지지가 될 수 있다. 꾸준하게 참여자의 옆에서 만남을 시도하고, 요청이 있을 때 즉각적으로 반응한다면, 참여자와의 강한 협력관계를 이끌어 낼 수 있다.

• 한영이 아버지를 한 번 만난 후 아버지의 바쁜 일정 때문에 다시 만나기가 쉽지 않았다. 그러던 중에 한영이가 지역아동센터에서 돈을 훔쳤다. 많은 사람들이 한영이를 야단치면서 한영이에게 줄 벌에 대해 이야기하였다. 아버지를 직접 만날 수 없는 지역사회복지사는 아버지에게 이러한 사실을 메모로 남겨두었다. 그 다음 날 아버지가 쪽지를 남겼다. '그래도 저는 한영이에게 주던 용돈 1,000원을 계속 주고 싶습니다.' 직접 만나는 데 어려움이 있었으나, 지역사회복지사는 쪽지 남기기로 아버지와 대화를 계속하였다. '아버님 말씀이 너무 감사했어요. 한영이를 진심으로 생각하는 마음이 전해졌습니다. 그런데 한영이 이야기를 들어보니, 지난번 아버지와 놀이공원을 가지 못했던 것이 마음에 몹시 남는가 봅니다. 그 일에 대해서 한영이와 한번 이야기를 나눠 보시면 어떠실는지요.' 1년쯤 지나서 아버지와 전화통화가 되었다. 아버지는 쪽지로나마 지속적으로 한영에 대한 의견을 전해 주고 이야기를 나눠 준 것에 대하여 고마움을 느꼈다고 하였다.

활용할 수 있는 기술과 방법들

정서적 지지는 참여자의 심리·정서와 환경에 대해 이해하고 공감하는 것이다. 참여자가 원하는 것을 말하고 얻을 수 있도록 돕는 것, 지금까지의 참여자의 삶에 대해 그대로 인정하는 것, 참여자가 평소에 하고 싶었던 일들을 함께 하는 것 등의 다양한 기술과 방법으로 정서적 지지를 할 수 있다.

(1) 친밀감 형성을 돕는 효과적인 방법들

초기 친밀감 형성은 참여자와의 협력과정을 보다 효과적으로 이끌 수 있는 초석이 된다. 아동에게는 직접적인 물음보다는 간접적으로, 지시적인 언어보다는 놀이를 통해 친밀감을 효과적으로 형성할 수 있다. 손에 로션을 발라 주거나 함께 음악을 듣는 것, 책읽기, 야외에서 놀기, 낙서하기, 찰흙놀이 등 아동이 흥미를 가질 수 있는 부분에서 시작할 수 있다. 동물화나 간단한 색칠놀이, 장미꽃 그리기 등의 활동은 아동의 긴장을 풀어 주고 자연스러운 대화의 통로가 될 수 있다.

TipS 이럴 때 아동이 지역사회복지사와 만남을 거부한다.

- 창피함이나 낙인감을 느낄 때
  "다른 친구들도 있는데… 왜 나만 만나요?"
  "왜 따라다녀요?"
- 어른들에 대한 신뢰감이 없을 때
  "엄마한테 얘기하면 그 이야기를 선생님께 하고, 선생님한테 얘기하면 엄마한테 또 얘기하고.… 결국 제가 다시 듣게 되더라고요. 선생님도 다른 사람들한테 다 말할 거잖아요."
- 이유를 모르거나 무조건적인 거부(침묵 유지, 딴짓, 딴청하기 등)
  "말하기 싫어요."
- 아동이 폭력에 노출되어 있을 때

Tips 만남을 거부하는 아동과의 효과적인 접촉방법

- 정해진 공간 안에서 하고 싶은 것을 하도록 한다(안정된 틀 안에서 기다린다).
- 아동이 보여 주는 행동을 모방하며, 아동에게 관심이 있음을 표현한다.
- 아동의 감정과 상황을 글로 표현하도록 도와준다.
- 아동의 기분이 상황에 따라 다를 수 있다는 것을 이해한다.
- 아동이 안전하다고 느낄 수 있는 기법들을 사용한다. 예를 들면, 낙서하기는 아동이 내면세계를 외부로 드러낼 수 있도록 돕는 활용가능한 기법이다.

▶▶ 아동상담에 도움이 되는 기법들

① 낙서하기
- 신체 이완활동과 형식에 얽매이지 않는 끼적거림을 통해 감정을 표현한다.
- 아동은 눈을 감고 허공을 커다란 하얀 종이라고 상상하고 자유롭게 몸으로 낙서를 한다.
- 처음부터 아동에게 그림을 요구하기보다는 차근차근 상상의 나래를 펼 수 있도록 도와준다.
- 음악을 틀어 줄 수도 있는데, 이와 같은 몸 연습은 아동들이 실제 종이에 낙서를 할 때 훨씬 자유롭고 편안하게 임할 수 있도록 도와준다.
  "지금 내 앞에 팔을 쫙 펼 수 있는 만큼의 넓이와 높이를 가진 커다란 종이가 있다고 상상해 보세요."
  "자신이 좋아하는 크레용을 골라서 손에 쥐었다고 생각해 보세요. 무슨 색을 골랐나요?"
  "자, 지금부터 자신의 손에 쥔 크레용으로 앞에 놓인 커다란 종이에 그림을 그려 볼 거예요."

- 사물보다는 다양한 추상적인 형태를 그리도록 도와주면서 아동의 상상력을 자극한다.
  "파도가 출렁거리고 있습니다. 파도가 출렁이는 모습을 그려 보세요. 낮게 출렁거리고 있어요. 어? 갑자기 높은 파도가 몰려오네요."
  "바람이 불고 있어요.… 지그재그 바람이 붑니다.… 동글동글 바람도 붑니다. 돼지꼬리 바람도 붑니다."

[그림 12] 낙서하기

- 실제 종이 위에 낙서(끼적거림)를 하게 한다. 이때 종이의 크기를 다르게 준비하여 아동이 선택하게 하는 것도 좋다.
  "앞에 놓인 종이 위에 마음대로 낙서를 해 보세요.… 눈을 감고… 이번에는 눈을 뜨고 그려 보세요."
  "자신의 그림을 잘 살펴보고 그 속에서 숨은 그림을 찾아보세요. 가까이에서 보고 멀리서도 보고, 옆으로도 보고 거꾸로도 보세요. 무슨 그림이 보이나요?"
  "자신이 찾은 그림을 완성해 주세요. 잘 보이게 다시 그려 주거나 색칠을 해 주세요."

- 아동이 낙서 속에서 발견한 그림에 대해 이야기하도록 한다. 만약 낙서 속에서 단지 아주 작은 형태의 그림 하나만을 발견해 낸 아동이 있다면, 그 작은 그림과 연결지어서 다른 그림을 더 만들어 보거나 찾기를 제안할 수도 있다.
- 아동이 그림 속의 소재를 가지고 이야기를 꾸며 보도록 한다.
  "그림 속에 여자아이가 있네.… 그 아이는 지금 무엇을 하고 싶어할까요?"
  "여러 개의 모자가 있어요.… 그 모자 중 하나를 썼다고 상상해 보세요. 어? 모자가 말을 하고 있네.… 뭐라고 말하는지 한번 들어 보세요."

- 낙서 속에서 어떤 그림도 보지 못하는 아동은 다시 낙서를 하도록 제안하고 또 찾아보도록 하면서 아동의 내적인 힘을 강화시켜 준다.

② 장미나무(꽃) 그리기
- 장미나무(꽃)를 통해 간접적으로 자기정서를 표현한다.
- 집단에서 이 기법을 사용할 경우 두 사람(혹은 세 사람)이 짝이 되어 서로에게 자신의 장미나무를 설명해 줄 수 있다.
- 교사들에게 시행할 경우 상담을 위한 워크숍이 될 수 있다.
- 눈을 감고 자기 자신이 장미나무라고 상상하도록 이끈 후 질문을 던진다.
- 일반적으로 꽃의 건강상태, 꽃, 잎, 줄기, 뿌리, 가시 등의 유무 및 형태, 주위환경, 생존 방법 등에 대한 질문을 할 수 있다.
- 많은 질문은 오히려 아동을 힘들게 할 수 있으므로 질문은 상황에 따라 다르게 할 수 있다.
- 눈을 뜨고 이제 자신의 장미나무를 그리게 한다.
- 그림 그리는 것을 어려워하거나 자신이 생각했던 대로 표현이 안 되어 난감해하는 아동에게는 미술시간이 아니므로 잘 그리지 않아도 된다는 것을 말해 주어야 한다. 그래서

아동이 자유로운 시간이고 편한 만남임을 느낄 수 있도록 한다.
- 아동에게 그림에 대한 설명을 부탁한 후, 설명이 끝나면 질문을 던진다.

〈던질 수 있는 질문들의 예〉
"너는 어떤 종류의 장미나무니? 작니? 크니? 살이 쪘니? 말랐니?"
"너는 꽃을 가지고 있니? 그렇다면 그건 어떤 꽃이지?" (꼭 장미꽃이 아니어도 좋아)
"꽃의 색깔은? 꽃이 많이 피었니? 조금 피었니? 꽃이 활짝 폈니? 아니면 아직 피지 않았니?"
"너는 잎사귀(줄기, 가지, 뿌리, 가시)들을 가지고 있니? 어떻게 생겼니? 무엇을 닮았니?"
"만약 뿌리가 있다면 그것들은 길고 쫙 뻗어 있니? 아니면 꼬여 있니? 그것들은 땅속 깊이 있니?"
"너는 어디에 살고 있니? (들, 공원, 사막, 도시, 시골, 바다 한가운데 등)
"너는 꽃병 안에서 자라고 있니? 땅에서 자라고 있니? 아니면 시멘트에서 자라고 있니? 혹은 어떤 곳 안에서 자라고 있니?"
"네 주위에는 무엇이 있니? (다른 꽃들, 동물, 식물, 사람 등) 아니면 너 혼자니?"
"너는 다른 어떤 것을 닮았니?"
"너는 어떻게 살아남았니? 누군가가 너를 보살펴 주니?"
"지금 (너를 위해) 날씨가 어떻지?"

- 아동이 장미나무와 대화를 시도하도록 이끌어 준다.
- 나무와 장미가 서로 대화하거나, 떨어진 잎사귀와 나무가 서로 대화해 보도록 제안한다. (장미의 말, 장미꽃을 보며 나무가 하는 말 등)
- 큰 집단에서 활용할 때는 집단 안의 구성원과 모두 대화할 수 없으므로 각자 장미나무를 묘사하여 글을 적게 한다. 다음 지시문을 사용할 수 있다.

"누군가 장미나무를 키운다고 하였을 때 주의사항이나 필요한 사항이 있으면 적으세요."
"장미나무를 가만히 바라보고 꼭 하고 싶은 말을 적어 보세요."
"이젠 나의 말에 장미나무가 뭐라고 대답하는지 듣고 기록 해 보세요."
"장미나무를 보며 마음에 드는 한두 가지를 찾아 기록해 보세요."

[그림 13] 장미꽃 그리기

③ 동물 가족화
- 가족 이야기를 하는 것에 익숙하지 않거나 부담스러워하는 아동에게 놀이의 형태로 접근하여 거부감을 감소시킬 수 있다.
- 아동이 표현하지 못했던 정서를 드러내는 것을 도울 수 있다.

- 아동에게 생각나는 동물들을 이야기해 보도록 한다. 동물의 생김새, 특성, 성격에 대해 아동이 아는 대로 이야기할 수 있도록 이끈다.
- 가족을 떠올리게 한 후 동물로 표현하도록 한다.
- 저학년 아동이나 그림 그리는 것에 부담을 갖는 아동은 지역사회복지사가 동물그림을 주고, 아동이 골라서 오려 붙이게 할 수도 있다. 이때 사진보다는 색칠을 할 수 있는 그림을 준비하는 게 좋다.
- 고학년 아동은 동물이 아닌 상징적인 사물로 그리게 해도 괜찮다.
- 그림을 다 그리면 아동에게 질문을 한다.
  "각각의 동물은 가족 중 누구니?"
  "동물의 성격(특성)은 어떠니?"
  "가족과 동물이 닮은 점은 무엇이니?"

- 각각의 동물 특징을 살펴본 후 가족역동을 확인하기 위하여 질문할 수 있다.
  "이 동물들은 어떻게 놀지?"
  "서로서로 가장 친한 동물은 누굴까?"
  (지역사회복지사는 아동의 지시에 따라 잘 노는 동물들 사이에는 하트 표시를, 자주 싸우는 동물 사이에는 번개표시 등을 해 줄 수 있다.)

[그림 14] 동물 가족화

- 긍정적인 가족역동에 대한 아동의 생각을 알기 위해 질문을 할 수 있다.
  "너는 이 동물들이 앞으로 어떻게 놀면 좋을 것 같니?"
  "서로 사이가 좋았으면 하는 동물은 누구와 누굴까?"
  "아빠 사자와 엄마 곰이 강아지에게 어떻게 하면 강아지가 훨씬 편안해질 수 있을까?"

④ 이어그리기
- 대화를 거부하거나 상담 진행이 어려운 아동과의 어색한 분위기를 전환시켜 대화를 시도할 수 있다.
- 침묵하는 아동의 의사를 존중해 주면서도 아동의 표현능력이나 인지능력 등을 살펴볼 수 있다.
- 이어그리기를 해 보자고 제안하며, 아동에게 방법을 설명해 준다. 지역사회복지사가 먼저 시작하는 것이 아동의 부담을 줄일 수 있다.
  "여기 종이하고 연필이 있어. 지금부터 선생님하고 이어그리기를 할 거다."
  "이어그리기가 어떻게 하는 걸까? 이어달리기라고 들어봤지? 맞아… 한 사람이 달리고 다른 사람이 그 뒤를 이어서 달리는 거다. 마찬가지로 선생님하고 너하고 한 번씩 돌아가면서 그림을 그릴 거다."

"이어그리기에는 규칙이 있어. 쉿 조용히 말을 하지 않는 거야. 내가 뭘 그리는지 다른 사람에게 힌트를 주지 않는 거지. 나중에 어떤 그림일지 함께 보자."

- 지역사회복지사가 먼저 점, 선, 면 등 간단한 도형으로 시작한다. 아동이 사물의 형태를 만들어 가면 이에 맞추어 그림을 구성해 나간다. 그림을 그리는 중에는 계속 아동과 눈짓을 하거나 표정으로 아동에게 반응을 보여 준다.
- 종이 안에 그림이 어느 정도 채워지면, 더 그리고 싶은 것이 있는지 아동에게 묻고 그리기를 마친다.

"종이가 거의 꽉 채워졌네. 더 그리고 싶은 것이 있니?"

- 아동에게 제목을 붙여 보도록 제안한다.

"우리 이 그림에 제목을 지어 줄까? 뭐라고 지어 주면 좋을까?"

"네가 직접 제목을 적어 줄 수 있겠니?"

- 이어그리는 동안 아동이 더 적극적으로 표현할 수 있도록 도와야 한다.
- 그림이 어느 정도 완성되면 그림에 대해 칭찬을 하거나 궁금한 것에 대한 질문을 할 때 아동의 말이나 표정으로 반응을 볼 수 있다. 이후 자연스러운 대화로 이어질 수 있다.

"뭘 그려야 될까? 선생님은 잘 생각나지 않는데. 네가 한 번 더 그려 줄 수 있겠니?"

"이건 뭔지 진~짜 모르겠다.… 힌트를 주면 좋겠다."

"어? 이건 해인가 보구나.… 해를 이렇게 그리는 방법도 있네. 아이디어가 기발하다.… 또 다른 것도 그려 볼까?"

- 나중에는 아동이 그리는 부분이 더 많아지고, 간혹 더 그림을 그리고 싶다고 표현하는 아동도 있다. 이때 HTP나 가족화를 그릴 수도 있다.

(2) 공감하기

지역사회복지사가 삶 전반에 관해 공감한다는 것을 참여자가 인식하면 정서적으로 보다 밀접한 관계로 발전할 수 있다. 지역사회복지사의 개인적 가치로 판단하는 것은 피해야 하며, 참여자가 삶에서 경험했을 어려움과 감정을 인정하고, 건강한 요소를 표현하도록 지원해야 한다. 참여자가 표현하는 데 어려움이 있다면, 적절한 단어를 통해 찾도록 도와야 하고 참여자의 감정을 읽었다는 것에 대해 이야기할 수 있어야 한다. 이를 통해 지역사회복지사가 자신의 말을 들을 뿐아니라 이해하고 있다는 것을 참여자가 확인할 수 있다. 참여자가 자신의 감정을 표현할 수 있도록 격려해 주는 것 또한 공감을 표현하는 방법 중 하나다.

TipS   당연하지 게임

- 한 사람이 무엇인가 말을 하면 다른 편 사람은 "당연하지."라고만 대답하기로 약속한다.
- 아동이 말한 것에 대해 지역사회복지사는 모두 "당연하지."로 대답한다.
- 지역사회복지사 차례가 되면 아동에게 격려가 될 만한 말들을 던진다.
  "수영이 머리핀이 오늘 정말 이쁜 걸!" "당연하지."
  "선생님이 널 좋아하고 있는 것을 알고 있니?" "당연하지."
  "수영이가 지역아동센터에서 인사를 잘해서 선생님이 더 기분이 좋다." "당연하지."

- 집단에서 할 때에는 한 사람씩 일어나 말을 던지고 집단구성원 전체가 대답해 주는 것으로 한다.
- 느낌이 어땠는지 들어본다.

(3) 감정을 언어화시키기

참여자의 감정을 언어화하는 것은 다양한 감정이 긍정적으로 변화하는 데 중요한 의미를 지닌다. 모든 감정은 자연스러운 자기표현이기 때문에 솔직하게 표현되어야 한다. 하지만 감정으로 인해서 참여자 자신과 다른 사람이 피해를 입으면 안 된다는 것을 알아야 한다. 참여자 중에는 자신의 감정을 인식하지 못하거나 혹은 느껴지는 감정을 바로 행동으로 옮겨 어려움을 겪기도 한다. 참여자가 다양한 상황 속에서 느낀 감정을 언어화하면 감정이 객관화되어 부정적인 감정이 해소되거나 감소된다. 이를 통해 참여자가 원하는 것을 찾고 스스로 긍정적인 해결방안을 모색할 수 있다.

▸ 감정을 언어화하는 데 도움이 되는 기법 예시

① 상상하기 게임
  편안하고 안정된 분위기를 조성하여 참여자가 자신의 감정을 인식하고 언어로 표현할 수 있게 한다.
  "눈을 감고 지금부터 마음속으로 편안한 곳을 찾아보세요."
  "그곳은 내가 정말로 편안하게 느끼고 나 혼자만이 갈 수 있습니다."
  "그곳을 찾았다면 거기에서 편안함이 느껴지는지 한번 살펴보세요."
  "어떻게 편안해질 수 있는지 필요한 것들을 만들어 보세요."
  "눈앞에 어떤 것이 보이나요? 무슨 냄새가 나나요? 피부 느낌이 어떤가요?"
  "지금 마음은 어떤 상태인가요? 그곳에서 있는 나의 기분을 한번 말로 표현해 보세요."
  "다시 한 번 내가 편안하게 느껴지도록 하려면 어떻게 해야 하는지 생각해 보세요."
  "필요한 것이 있다면 그것을 만들어 놓고, 하고 싶은 행동이 있다면 그 행동을 해 보세요."
  "나는 그곳에서 뭐라고 말하고 싶은가요?"

※ 주의할 점
  • 편안한 장소를 한 번에 찾는 것이 어려울 수 있고, 처음에는 장소가 불편할 수 있다.
  • 편안한 장소로 선택된 곳에서 참여자가 어떻게 느끼는지, 어떻게 하면 편안해질 수 있는지 방법을 찾아보도록 한다.
  • 아동이 무서워하거나 힘들어하면 눈을 뜨고 안전한 곳을 생각하도록 한다. 그리고 상상하는 곳을 찾도록 한다.

② 감정카드 활용하기
  아동은 감정을 언어화하는 데 서툴고, 실제로 알고 있는 감정의 종류도 한정되어 있기 때문에 다양한 감정 속에서 자신의 감정을 구체적으로 발견할 수 있도록 해야 한다.
  감정카드는 다양한 감정을 알게 하고, 생활 속에서 느끼는 긍정적 · 부정적 감정들을 언어화할 수 있다. 자신의 감정을 인식하고 적절한 언어로 표현할 수 있도록 돕는다.

- 감정을 나타내는 단어 알기
  - 감정카드 중 사람의 표정만 그려진 카드를 보여 주고 어떤 감정인지 말해 보게 한다. 아동이 표현한 감정에 한계가 있으므로 같은 단어로 표현한 것은 한 곳에 모아둔다.
  - 표정과 감정단어가 함께 쓰여진 카드를 보여 주고, 아동이 한 단어로 표현한 감정이 다양한 형태로 표현될 수 있고, 그 단어의 뜻이 조금씩 다르다는 것을 설명해 준다. 단어로도 표현될 수 있다는 것 또 그 단어와 얼굴표정을 짝지어 준다.
  - 게임식으로 단어카드와 얼굴카드를 맞추고 나중에 확인한다.

- 문장 만들기
  - 큰 통 속에 넣어둔 감정카드를 뽑아 감정카드에 쓰인 단어를 넣어 문장을 만들어 본다.
  - 카드를 뽑아 어떤 상황에서 그런 표정이 나타날 것 같은지 말해 본다.
  - 집단활동 시 퀴즈 형식으로 진행할 수 있다.
  - 참여자 간에 공감대를 형성하기도 하고, 같은 상황이지만 사람에 따라 표현하는 방법이 조금씩 다를 수도 있다는 것을 알도록 한다.

- 자신의 감정 들여다보기
  - 하루 동안 느꼈던 감정들을 뽑는다.
  - 어떤 상황에서 그런 감정이 느껴졌는지 말한다.
  - 하루에 느꼈던 여러 가지 감정 중에서 갖고 싶은 것과 버리고 싶은 것을 말한다.
  - 갖고 싶은 감정을 계속 가질 수 있는 방법, 버리고 싶은 감정을 잘 대처하는 방법에 대해 이야기를 나눈다.

- 그 외에 감정을 언어화하는 데 도움이 되는 기법들
  - 동화책을 읽으면서 등장인물들의 감정 표현해 보기
  - 가족을 생각하면 떠오르는 느낌 말해 보기(써 보기)
  - 역할극하기(상황을 설정하여 상황에 따른 표현을 해 보도록 함)
  - 동물인형(손인형)을 이용하여 말하기
  - 그림에 말풍선을 만들어놓고 말을 적어 보거나 직접 해 보기

(4) 살아온 이야기 듣기

지역사회복지사가 참여자의 살아온 이야기를 듣는 것은 참여자의 삶 속에서 강점을 발견하여 문제해결을 하는 데 유용하다. 참여자는 지역사회복지사와 신뢰관계가 형성되면 지금까지 어떻게 생활했는지에 대해 이야기하고 싶어한다.

참여자는 살아오면서 어떤 어려운 일이 있었고, 어려움을 어떻게 극복하고, 극복하는 과정에 얼마나 힘이 들었고, 무엇을 얻었는지에 대한 경험을 이야기하면서 지역사회복지사로부터 위로와 지지를 경험하게 된다. 그러나 무엇보다 중요한 것은 자신에 대한 통찰을 얻고 해결방안을 발견한다는 점이다.

지역사회복지사는 참여자의 이야기를 들으며 다음과 같은 질문을 할 수 있다.

- 어려움을 견디게 해 준 힘은 무엇이었는가?
- 내 삶 속에서 부족했던 것이 무엇이고, 그것이 어떻게 보충되었는가?
- 내 삶 속에 있었던 잠재력과 가능성은 무엇이었는가?

Tips 참여자의 살아온 이야기를 들어 주는 방법

- 참여자는 같은 이야기를 계속 반복하는 경우가 많다. 참여자의 이야기를 들을 때 새로운 이야기를 듣는 것처럼 적극적인 경청을 해야 한다.
- "힘드셨겠네요." "대단하세요."라는 반응을 보일 수 있다.
- 참여자의 살아온 이야기를 지역사회복지사가 요약하면서 들어 준다.
- 가벼운 스킨십을 할 수 있다. 예를 들면, 할머니의 손을 잡아드리는 등의 행동이다.

순이 어머니는 상담 중에 어릴 적 자신의 이야기를 기억해 냈다. 어린 시절 경제적인 어려움으로 가족은 매우 힘들었는데, 어머니가 유독 순이 어머니에게 매우 엄격하여 자주 야단을 치고 매를 드셨다고 하였다. 그 때 순이 어머니는 자신의 의사를 제대로 표현해 본 적이 없다고 하였다.

"하지만 그날은 달랐어요."

"어떻게 달랐나요?"

"학교에서 돌아온 나에게 엄마가 굵은 통나무를 들어 때리려고 했어요. 난 잘못하지 않았거든요. 그때 저도 모르게 엄마의 손을 잡았어요. 부들부들 떨면서…."

"그리고 어떻게 되었지요?"

"엄마 손에서 통나무를 빼앗아 버리고서는 뒷산 쪽으로 마구 도망쳤어요. 그게 유일해요. 엄마에게 반항한 것이… ."

"순이 어머니, 잠시 그 순간으로 돌아가 보실래요? 엄마 앞에 아이가 서 있다고 상상해 보세요.… 지금 그 아이는 어떤 표정을 짓고 있나요?"

"떨고 있어요. 엄마가 때리지 못하게 잡고 있어요."

"무서운가 봐요."

"네. … 두려워하고 있어요.…"

"그 아이가 하고 싶은 말이 있나요?"

"… 그런 것 같아요."

"그럼, 한번 해 보세요. 엄마를 향해 … 말해 보세요.… 하고 싶었던 그 말을 한번 해 보세요. 당신은 지금 그 말을 할 수 있어요."

"(몹시 주저주저 하다가) 엄마 … 때리지 말아. … 내가 … 잘못한 게 아니잖아.…"

순이 어머니는 그 말을 하고 나서 한참을 울었다. 감정이 가라앉힌 후에 어머니는 순이의 어떤 모습에서 자신이 그토록 화가 났었는지를 알았다고 하였다. 뭔가 말을 하려다가도 꾹 참는 아이의 모습을 볼 때마다 더 화가 났다고 하였다. '차라리 하고 싶은 말을 해.'라고 말하고 싶었다는 것이다. 순이 어머니는 순이를 통해 자신의 어릴 적 모습을 본 것이다.

(5) 작은 소원 들어 주기

대부분의 참여자는 빈곤가족으로 경제적·심리적 여유가 없기 때문에 개별적으로 혹은 가족이 함께 시간을 보내고 싶어도 현실적으로 어려운 상황이다. 이때 지역사회복지사가 참여자의 작은 소원을 듣고 실현되도록 지원하면 매우 큰 지지가 될 것이다. 때로는 긴 시간의 상담보다 나들이나 여행을 다녀오도록 지원하는 것이 참여자에게 효과적일 수도 있다.

개별적 시간을 원하는 참여자는 원하는 곳에 함께 외출하거나 문화생활을 경험할 수 있도록 지원할 수 있다. 참여자 가운데 많은 수가 가족과 함께 여행하기를 원하기 때문에 가족이 함께하는 특별한 시간을 계획하는 작은 소원 이루기도 좋다. 이때 지역사회복지사가 주도적으로 여행계획을 세우기보다는 가족이 함께 계획을 세우고 실행하면 가족 모두에게 좋은 추억이 되고 성공적인 경험이 될 수 있다.

> • 진수 어머니와 평소에 하고 싶었는데 하지 못했던 일에 대해 이야기하였다. 이제 막 사춘기에 접어든 진수를 혼자 키우면서 너무 힘들다고 하였다. 어릴 때 진수 아버지의 폭력으로 인해 진수를 두고 가출한 경험이 있는데, 그 일이 마음에 걸려 늘 미안하다고 하였다. 지금은 진수와 살고 있지만, 그때 힘들었을 진수를 생각하면 꼭 한 번은 사과하고 싶다고 하였다.
> 생활이 바쁘고 경제적으로 부담스러워 진수와 한 번도 여행을 가 보지 못했는데, 본인의 고향으로 진수와 기차여행을 떠나고 싶다고 하였다. 짧은 기차여행이었지만, 그것은 진수가 태어나서 처음 갖게 된 매우 아름다운 모자간의 나들이가 되었다.

(6) 혼자 하기 어려웠던 것 함께 해 주기

참여자가 필요하다는 것을 알지만, 시간이 여의치 않거나 막연한 불안감과 두려움으로 시도하지 못할 때 지역사회복지사가 함께 동행하여 참여자가 실천할 수 있도록 지원해야 한다. 참여자는 이때 지역사회복지사가 진심으로 함께 있다는 사실을 알고 지지받을 수 있다. 아동의 학습지를 살펴주는 것, 병원에 함께 가는 것, 구청이나 동사무소 업무를 처리하는 것 등이 포함된다.

- 영선이 아버지는 동사무소에 방문하여 수급관련 상담을 받고 싶은데, 장애가 있어 민망하여 가지 못하고 고민만 하고 있었다. 지역사회복지사가 함께 방문할 것을 제안하자, 흔쾌히 허락하였다. 동사무소 전담공무원과 상담을 마친 후, 영선이 아버지는 자신이 혼자 하기 어려운 일을 함께 해 준 것에 고맙다며, 다음부터는 혼자 할 수 있을 것 같다고 말하였다.
- 수민이 아버지는 다리를 다쳐서 거동이 불편하였다. 다리가 완전히 낫지 않으면 어떨까 하는 두려움이 있지만 병원비 때문에 진료를 받지 않았다. 지역사회복지사는 아버지에게 병원에 함께 갈 것을 요청하고 이후에는 함께 동행을 하였다. 종종 뼈에 좋다고 사골을 같이 먹으러 가기도 하였다. 종결 즈음 아버지가 물었다. "왜 이렇게 나를 극진히 대접해 주었나요?" 아버지가 그 일을 통해 자신이 의미있는 존재로 느껴져 다시 잘살고 싶다는 마음이 들었다고 하였다. 이후 알코올중독이던 아버지는 치료를 받기 위하여 병원에 입원하였다.

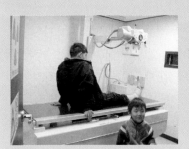

[그림 15] 아동의 부와 병원 동행하기

(7) 일상생활 함께하기

참여자의 삶의 현장에서 협력하는 것은 많은 시간이 필요한 상담이 아니더라도 참여자의 집에 잠시 들려 인사하는 것, 간단한 과일을 들고 방문하는 것, 안부전화하는 것, 가볍게 집안일을 거들어 주는 것 등으로 일상 속에서 가능하다. 예를 들면, 골다공증을 앓고 있는 참여자에게 우유를 사다드리거나, 날씨가 추워졌다고 조부모에게 연락하는 일은 정서적 지지에 크게 도움이 된다.

- 정은이는 어머니가 돌아가신 후, 아버지와 동생 다은이와 함께 살고 있었다. 다은이가 유치원 졸업하는 날, 아버지가 일이 끝나지 않아 참석을 못하게 되어 지역사회복지사가 대신 참석하였다. 지역사회복지사는 정은이와 함께 졸업식에 참석하여 사진을 찍어 주고, 행사가 끝난 후에는 저녁식사를 하며 축하해 주었다. 그 후부터 다은이는 지역사회복지사를 만날 때마다 달려와 안기며 "선생님, 내 졸업식에 왔었죠?"라고 말하곤 하였고, 아버지도 매우 고마워하였다.
- 동민이는 3년 동안 떨어져 지내던 아버지와 다시 합치게 된 후 처음으로 생일을 맞게 되었다. 동민이의 생일 이틀 전에 지역사회복지사는 아버지와 통화하며 동민이의 생일에 대해 이야기했고, 아버지가 동민이의 생일을 기억하게 되었다. 지역사회복지사는 동민이 생일날 동민이와 아버지가 오붓한 시간을 가질 수 있도록 케이크를 준비해 주었다. 그날 밤 아버지가 지역사회복지사에게 먼저 전화를 해서 "다음 번 동민이 생일에는 선생님을 꼭 초대하겠습니다."라며 고마움을 전하였다.

▶▶ 3. 교육

교육은 참여자가 내적 힘을 원활하게 사용하여 건강한 생활을 지속하는 데 필요한 지식, 기술과 정보를 지원하는 것이다. 참여자가 이미 실천하고 있는 것을 더욱 확장시켜 주는 것, 건강한 요소를 강화시켜 주는 것, 올바른 선택을 할 수 있도록 명확하고 구체적인 정보를 제공하는 것 등으로 참여자의 성장을 돕는 모든 부분이 교육에 포함된다. 교육에서 반드시 기억해야 할 것은 이미 참여자가 다양한 방법으로 자신의 어려움을 해결하기 위해 노력해 왔다는 점이다. 이는 참여자의 가치관, 신념체계, 일상생활에서 사용하는 방식을 기반으로 해야 함을 보여 준다. 그렇기 때문에 지역사회복지사는 참여자가 가지고 있는 지식과 기술을 인정하고 거기서부터 출발해야 한다.

실천 원칙

(1) 참여자로부터 출발하기

지역사회복지사는 참여자로부터 출발해야 참여자의 건강한 요인을 강화하고 어려움을 해결할 수 있는 힘을 갖도록 지원할 수 있다. 만약 이를 간과한다면 지역사회복지사가 참여자에게 선택을 강요하게 되고, 참여자가 다른 선택을 원하면 갈등이 유발되거나 신뢰가 깨지는 결과를 초래할 수 있다. 다시 한 번 강조하면, 효과적인 교육은 현재 참여자가 가지고 있는 지식과 기술을 바탕으로 시작해야 한다. 이럴 때 참여자는 변화의 동기가 생기고, 새로운 지식과 기술을 적극적으로 수용하여 실천할 수 있다.

> • 지역사회복지사는 수영이 아버지를 만날 때마다 대화가 원활하게 이루어지지 않았다. 지역사회복지사는 아버지가 자녀양육기술을 습득하길 원하여 이에 대한 교육을 했지만 대화는 제자리걸음이고, 형식적으로 끝나 버리기 일쑤여서 매우 답답하였다. 지역사회복지사는 이후 아버지와의 대화 가운데 자신이 주로 '~해야 한다, ~하도록 한다' 식으로 말하는 것을 발견하였다. 가정방문했을 때 지역사회복지사는 아버지를 가르치려 하기 전에 현재 이곳에 있는 아버지에게로 대화의 초점을 옮겼는데, 아버지의 관심사나 걱정이 주요한 내용이었다. 한참 뒤에 아버지는 "그 이야기도 좀 해 보지요. 선생님께서 자주 말씀하시던 수영이 놈 키우는 방법 말입니다."라고 말하였다.

(2) 옳고 그름의 논쟁으로부터 자유로워지기

모든 사람은 서로 다른 문화와 환경 속에서 성장했기 때문에 다른 가치를 갖는다. 개인의 가치는 주관적이므로 '옳다, 그르다'로 판단할 수 없고, 지역사회복지사 역시 자신의 가치를 강요해서는 안 된다. 지역사회복지사가 지원하는 참여자 대부분은 빈곤하며, 빈곤문화의 다양한 특성을 가질 수 있다. 그렇기 때문에 지역사회복지사는 틀에 얽매이기보다는 유연성을 가지고 참여자를 지원해야 한다. 그러나 참여자가 아동이라면 옳고 그름에 대해 습득하는 학령기이기 때문에 아동이 옳고 그름을 배울 수 있도록 말과 행동에 주의해야 한다.

(3) 가르치기 이전에 함께하기

교육은 일반적으로 가르치는 행위지만, 효과적인 교육은 참여자와 함께하는 것에서 시작한다. 참여자와 함께 상황을 탐색하고 발견했다면, 교육도 참여자가 선택하고 결정할 수 있도록 시간을 주어야 한다. 그럴 때 교육이 생명력을 얻어 실천가능하게 된다.

> • 발달장애가 의심되던 지선이는 심리검사를 앞두고 있었다. 지선이 어머니는 지선이에게 심각한 문제가 있지 않을까 불안해하였다. 어머니의 불안을 느낀 지역 사회복지사는 심리검사 전날 어머니와 함께 시간을 보내며 심리검사 이후 필요한 정보를 제공하였다. 정보를 제공받은 어머니는 심리검사 후 검사 결과를 인정하고, 지선이가 심리검사를 받은 이유를 다른 자녀들에게도 잘 전달하였다. 향후 지선이의 교육과 관련하여 아버지와도 의논하고, 동사무소를 방문하여 지선이를 지원할 수 있는 구체적인 방법들을 모색하게 되었다.

(4) 당연히 알고 있을 것이라는 생각은 금물이다.

교육은 참여자의 눈높이에 맞춰 실시되어야 한다. 대부분의 사회복지사들은 참여자 중심으로 참여자의 욕구에 맞는 교육을 실시하려고 노력하지만, 때로는 모든 사람이 알고 있는 부분이라고 생각하여 교육의 범주에 포함시키지 않고 간과하는 부분도 있다. 하지만 그 부분을 실제 참여자가 배우지 못했거나, 경험이 없어서 적절하게 수행하지 못하는 경우가 있다. 그래서 모두가 당연히 알고 있을 것이라 단정하기보다는 살아온 환경이 다른 다양한 사람임을 인정하고, 참여자의 상황을 분명하게 인식하여 정보와 교육을 참여자로부터 시작해야 한다. 만약 아동이 일상생활이나 사회기술을 습득하지 못했다면 가족 안에서 양육자의 협력이 무엇보다 중요하다. 그런데 가끔 양육자도 아동기에 적절한 교육을 받지 못해 정확한 정보와 기술을 습득하지 못하여 아동을 적절히 교육하지 못하는 경우가 있고, 양육자가 셈을 제대로 할 수 없어 효과적인 경제생활을 하기 어려울 때도 있다. 그러므로 참여자에 대한 정확한 정보를 가지고 양육자 교육이 우선되어야 하며, 참여자가 민망하거나 자존심이 상하지 않도록 주의해야 한다.

> • 명수 어머니는 100만 원이 넘는 월급을 규모 있게 쓰지 못하여 사람들에게 분수에 맞지 않게 과소비를 한다는 핀잔을 들었다. "잘 살아 보려는 의지가 있는 거예요? 없는 거예요?" 지역사회복지사가 명수 어머니를 만나면서 100단위가 넘어가는 숫자는 계산할 줄 모른다는 사실을 알게 되어 한글과 숫자 교육을 하였다.

(5) 다양한 방법을 사용해야 한다.

교육내용이 같더라도 참여자의 상황에 따라 교육방법은 달라질 수 있다. 지역사회복지사는 교육내용을 담을 수 있는 다양한 방법과 도구를 가지고 있어야 한다. 예를 들어, 양육자와 인터넷 검색을 통한 교육뿐 아니라 말로 설명하기, 자료 주기, 편지 쓰기, 글로 쓰기, 책을 함께 읽기, 스티커 붙이기 등의 방법을 사용하여 효과적인 교육을 실시해야 한다.

▶▶ 효과적으로 교육하는 다양한 방법

① 한글 교육하기
글이 익숙하지 않은 아동은 그림으로만 표현하려는 경향이 있다. 고마운 사람에게 편지쓰기를
하면서 모르는 글자를 배우고 틀리게 쓰는 글자를 바로 잡으며 한글 교육을 흥미롭게 할 수 있다.

② 책을 통해 교육하기
같은 어려움을 겪고 있는 양육자들이 공통 주제의 책을 함께 읽으면서 경험을 나누고 토의할
수 있는 기회를 갖도록 한다.

③ 스티커로 교육하기
일상생활기술이 필요한 아동에게 가장 보편적으로 활용하는 방법이다. 아동이 과제를 잘 수행
하면 칭찬스티커를 붙여 주고, 칭찬 스티커의 숫자를 통해 다양한 보상을 해 줄 수 있다. 스티
커로 교육하는 것은 아동의 역량에 따라 성공감을 느낄 수 있도록 스티커의 양을 조절해야 한
다. 지역사회복지사가 스티커를 붙여 줄 수도 있지만, 양육자가 스티커를 관리함으로써 일상
생활 속에서 아동이 실천하도록 도울 수 있다. 이때 보상은 작은 물건으로 할 수도 있지만, 그
것보다 아동이 좋아하는 활동을 함께 하며 즐거운 시간을 보내는 것이 바람직하다.

교육내용과 방법

(1) 질병과 건강에 대한 교육

질병과 건강에 대한 교육은 빈곤가족이 대부분인 참여자에게 꼭 다루어져야
할 부분이다. 일반적으로 아동은 야뇨증, 유분증, 소아당뇨, 치아, 비만 등의 신
체적 질병과 ADHD, 틱장애, 우울증, 학습장애 등의 정신적 질병이 있다. 신체
적 질병이기는 하지만 야뇨증와 유분증은 심리ㆍ정서적인 부분과 깊은 연관이
있다. 양육자는 허리통증, 관절염, 간경화, 당뇨, 빈혈, 신경손상, 암, 위장병 등
의 신체적 질병과 우울, 정신분열, 알코올중독, 성격장애, 간질, PTSD, 치매 등
의 정신적 질병으로 고통을 경험하고 있다. 때로는 참여자가 질병이 있는지조차
알지 못하고, 질병의 증상에 대하여 어떻게 대처해야 하는지 몰라서 병이 악화
되기도 한다. 지역사회복지사는 참여자의 질병상태를 정확히 파악하여 확실한

정보를 주어야 한다.

더불어 참여자가 질병에 노출되지 않도록 사전에 예방교육을 해야 한다. 아동의 건강한 성장을 위해 영양을 고려한 바른 식습관 교육이 이루어져야 한다. 아동이 이용하는 기관에서는 아동기의 정상발달에 따른 신체적, 정신적 기준을 마련해야 할 뿐 아니라 건강검진도 정기적으로 해야 한다. 일반적으로 호소하는 성인병에 대한 교육을 양육자에게 실시하여 건강이 유지되도록 지원해야 한다.

- 연지는 다른 아이들보다 뚱뚱해서 빈혈이 있을 것이라고는 생각하지 못했다. 지역아동센터 아동에게 실시하였던 건강검진 결과 연지는 불균형적인 영양상태로 빈혈을 앓고 있음이 판명되었다. 연지의 부모는 겉모습만 보고 건강하다고 믿었는데, 빈혈이라는 말에 걱정을 많이 하였다. 지역사회복지사는 영양을 고려한 바른 식습관에 관한 교육을 하여 인스턴트를 위주로 먹던 식탁에 변화가 생겼다.
- 수혁이는 왼쪽 눈이 잘 보이지 않아 알림장을 적을 때마다 칠판 앞으로 나와서 적곤 하였다. 안경을 쓰는데도 잘 보이지 않아, 칠판을 보고 필기할 때마다 불편을 호소하였다. 안과를 방문하여 검사한 결과 수혁이의 눈이 사시임을 알게 되었고, 사시를 치료하기 위한 교정용 안대를 지속적으로 착용해야 했다. 수혁이에게 사시교정용 안대가 왜 필요한지를 설명하여 불편하더라도 안대를 하고 지낼 수 있도록 교육하였다.

▶▶ 아동기 신체적 질병

① 야뇨증

야뇨증은 소변을 가릴 수 있는 나이의 아동(야뇨증 진단 가능 소아의 연령은 최소 5세)이 밤이나 낮 동안 침구나 옷에 반복적으로 소변을 지리는 증상이다. 대부분은 조절을 못해 발생하지만, 때로는 정서적인 이유로 나타나기도 한다. 야뇨증을 적절하게 진단하기 위해서는 소변 지림이 적어도 3개월 동안 주당 최소한 2회 이상 있으면서 학교생활, 또래관계 등에 어려움을 호소하는 경우다. 시기가 너무 늦거나 느슨하게 훈련이 제공되는 등의 적절치 못했던 소아의 대소변 가리기 훈련, 요 농축 능력의 장애, 자발적 배뇨를 할 수 없을 정도의 낮은 방광 용적, 심리·사회적 스트레스가 증상의 원인으로 이해되고 있다. 아동의 자존감, 또래친구의 배척 정도, 돌보는 사람에 대한 분노, 처벌과 거부에 대한 스트레스 등은 야뇨증 정도에 영향을 끼친다.

• 야뇨증 아동을 지원하는 방법

아동이 밤에 물을 많이 마시지 않도록 하는 것은 일반적으로 할 수 있는 최소한의 일이다. 그럼에도 야뇨 증상이 계속된다면 되도록 빠른 시기에 의료적인 조치를 취하는 것이 필요하다. 종합병원의 소아과를 찾아가는 것이 좋은데, 소수의 병원에서는 일정 요일을 정해서 야뇨증 환자만을 별로로 진료하기 때문에 이용하기에 편리하다. 신체적 원인의 경우 정밀검사가 필요하다. 검사비는 10만 원 가량으로 의료보험 급여에서 제외되기 때문에 수급대상자라도 본인이 부담해야 한다. 수술을 요하는 중증 정도가 아닌 경우에는 일반적으로 약 처방을 통해서 치료가 가능하다. 병원진료와 동시에 심리검사를 통해 아동의 심리적인 상태를 파악하고, 상담과 치료를 통하여 아동을 정서적으로 지지하고 격려하는 것이 필요하다.

• 야뇨증이 있는 아동을 보호할 때 주의사항

야뇨증이 있는 아동은 사회활동의 제한을 비롯해서 자존감에 손상을 입기 쉽다. 아동에게 분노와 처벌을 가하기보다는 지지와 격려를 통해서 자존감을 세워 주도록 해야 하며, 학년과 나이에 비해 어린 행동을 하더라도 이해하고 포용해 주는 것이 중요하다.

② 유분증

유분증은 적절치 않은 곳(옷, 집안 등)에 반복적으로 대변을 보는 것이다. 이것 역시 대부분 불수의적이지만, 때로 의도적으로 발생하기도 한다. 이러한 증상은 적어도 3개월 동안 최소한 1회 이상 나타나야 하고, 소아의 생활연령은 최소한 4세 이상이 되어야 한다(발달지연이 있는 소아의 경우는 정신연령 4세). 증상은 약품 섭취 등의 물질로 인한 것이나, 의학적 상태의 직접적인 생리효과로 인한 것이 아니어야 한다.

• 부수적 특징이나 어려움

유분증이 있는 아동은 수줍음이 많고 난처한 일이 일어날 수 있는 상황(야영, 여행)을 피하려는 특징을 가진다. 증상의 정도는 아동의 자존감, 또래의 놀림, 돌보는 사람의 분노와 처벌, 거부에 의해 영향을 받는다. 대변 묻힘은 고의적으로 일어날 수도 있으며, 불수의적으로 흘러나온 대변을 닦거나 숨기려던 흔적으로 나타날 수 있다. 유분증이 있는 아동은 또한 야뇨증을 경험하기도 한다.

• 원인 및 증상의 경과

대략 아동의 약 1% 정도가 유분증을 앓고 있으며, 여아보다 남아에게서 더 많이 나타난다. 유분증은 생활연령 4세가 될 때까지는 진단이 내려지지 않는다. 부적절하고 일관성 없는 대소변 가리기 훈련과 심리・사회적 스트레스가 원인이 될 수 있는데, 몇 년 동안 간헐적으로 악화되면서 지속될 수는 있으나, 만성화되는 경우는 거의 없다.

• 유분증 아동을 지원하는 방법

미취학 아동의 경우 대소변 가리기 훈련과 심리·사회적 스트레스 제거를 통해 아동의 어려움을 해결해 나가는 것이 필요하다. 한편으로는 유분증과 비슷한 증상을 일으키지만 원인이 전혀 다른 곳에 있을 수도 있는데, 신체적 문제로 발생하는 경우를 대비하여 정밀검사를 필요로 한다. 장의 기능이 저하되어 유분증과 비슷한 변을 지리는 문제가 발생할 수 있고, 신체 구조상 척추뼈의 이상으로(예: 허리 척추가 비어 있는 경우) 나타날 수도 있으며, 괄약근의 이상이 있을 수도 있다.

유분증이 있는 아동은 밤에 야뇨 증상을 보이는 아동에 비하여 수시로 냄새를 풍기기 때문에 더더욱 또래관계에 어려움을 가지게 된다. 그로 인한 자존감의 저하와 마음의 상처가 깊어질 수 있기 때문에 문제가 발생하였을 때에는 방치하지 말고 서둘러서 진료를 받게 하는 것이 필요하다. 야뇨증 아동의 경우와 마찬가지로 아동에게 분노와 처벌을 가하기보다는 지지와 격려를 통하여 자존감을 세워 주도록 해야 한다.

③ 소아비만

정상과 비만을 감별 진단할 수 있는 정확한 기준은 없으나, 대체로 체중보다는 전신의 모양으로 진단하게 된다. 여기에서 비만증이란 대개 같은 신장의 표준체중보다 20% 이상 더 나갈 때를 말한다. 그러나 때로는 골격이 크고 근육조직이 풍부해서 체중이 나갈 수도 있는데, 이런 경우 비만증으로 오인해서는 안 된다.

• 원인

소아비만의 가장 흔한 원인은 과식에 의하여 이차적으로 오는 경우다. 그 외에 운동부족, 정신적 장애, 뇌에 기질적인 부분이 원인이 될 수 있다.

• 증상

나타나는 시기는 주로 1세 미만의 영아기와 5~6세 및 사춘기이며, 대개 정상아보다 체중이 더 나가고, 키가 크고, 골연령이 증가되어 있다. 어려서 형성된 체격이 성인이 되어서도 계속된다는 것이 문제인데, 이것은 비만한 아동의 과도한 지방조직은 지방세포의 크기뿐만 아니라 수도 증가되기 때문이다. 즉, 후에 체중을 줄이더라도 이미 증가된 지방세포의 수는 줄지 않고 크기가 줄기 때문에, 다시 과잉의 음식이 투여될 때 다시 지방으로 채워져서 살이 찌게 되는 것이다.

• 소아비만 아동을 지원하는 방법

되도록 많이 걷도록 한다. 학교가 그리 멀지 않으면 차를 타지 말고 걸어다니도록 한다. 그 대신 교통비는 그대로 주어서 유익한 데 사용할 수 있도록 유도한다. 되도록 재미있게 자발적으로 참여할 수 있는 운동을 시키도록 한다. 체조, 구기, 줄넘기, 자전거타기, 산책 등을 규칙적으로 매일 하도록 한다.

(2) 일상생활기술 교육

지역사회복지사가 지원하는 아동 중 많은 수가 일상생활기술을 적절히 배우지 못해 생활에 어려움을 경험하고 있다. 일상생활기술 교육은 신체적 청결유지, 친구와 사귀는 방법, 대화기술, 시간관리 등 다양한 부분이 포함된다. 예를 들어, 머리감기, 양치질, 목욕 등 기본적으로 청결유지가 어려운 아동에게 지역사회복지사가 일대일 교육을 통해 시범을 보여 주고, 반복적으로 연습하여 아동이 실제 실천할 수 있도록 해야 한다. 이때 아동을

[그림 16] 지하철 타기 교육

칭찬하거나 함께 시간을 보내는 등의 보상을 할 수 있다. 아동이 스스로 실천하는 데 무엇보다 중요한 것은 양육자의 협력이다.

> • 영수는 또래에 비해 덩치가 크다. 덩치가 크다보니 땀을 많이 흘려 몸에서 냄새가 나고, 옷도 자주 갈아입지 않아 친구들 사이에서 따돌림을 당했다. 평소 영수에게 관심을 가지고 있던 양호교사로부터 영수의 양치질하기, 옷 갈아입기, 목욕하기 등 일상생활에 대한 교육과 훈련이 이루어졌다.

(3) 자기표현기술 교육

아동이 원만한 대인관계를 형성하기 위해서는 자신의 감정과 원하는 것을 긍정적으로 표현하고, 스스로를 옹호하는 기술을 가져야 한다. 아동이 자신이 원하는 것을 표현하려면 먼저 원하는 것이 무엇인지 생각할 수 있어야 한다. 그러기 위해서는 다양한 감정—소위 부정적 감정이라고 할 수 있는 화, 짜증, 우울, 슬픔—등을 건강하게 표현할 수 있어야 한다.

앞서 여러 번 언급했듯이 모든 감정은 감정 그대로 인정되어야 하며, 나쁘거나 부정적인 것이라고 규정되서는 안 된다. 사람은 누구나 다양한 감정을 경험

하므로 감정을 어떻게 표현하는가에 따라 결과는 달라질 수 있다. 그렇기 때문에 아동이 자신의 다양한 감정을 인식하도록 도와주어야 한다. 먼저 분노와 같은 부정적 감정을 숨기고 피하기보다 감정을 그대로 느낄 수 있도록 해야 하고, 자신이 처한 상황에서 원하는 것을 건강하게 표현할 수 있는 방법을 갖도록 해야 한다.

① 분노 다루기

아동이 다양한 감정을 알고 표현하는 것은 항상 중요하지만, 분노는 더욱 그러하다. 공격적인 행동은 분노라는 감정의 직접적인 표현이 아니고, 오히려 진짜 감정을 숨기기 위한 것이라고 이해하는 것이 좋다. 하지만 분노 밑에 상처받은 숨겨진 감정까지 전부를 알고 표현하는 것은 쉽지 않은 과정이다. 그럼에도 불구하고 화를 억누르거나 회피하면 감정이 겹겹이 쌓이기 때문에 지역사회복지사는 아동에게 분노의 찌꺼기가 남지 않도록 해야 한다.

아동의 분노를 다룰 때 가장 효과적인 방법은 이완작업이다. 이완을 통해 아동은 심신이 편안해지고 여유가 생겨 긴장이 풀어지는 것을 경험하게 된다. 결과적으로 아동이 자신의 감정에 보다 솔직해져 감정을 조절하고 공격적인 행동과 같은 즉각적인 반응을 통제할 수 있게 된다.

이외에도 효과적으로 사용할 수 있는 방법들이 있다. 첫째, 분노감정을 표현할 수 있는 실제적인 도구나 방법들을 아동에게 제공한다(베개 때리기, 베개 차기, 신문지 찢기, 종이 구기기, 캔 차기, 동네 한 바퀴 돌아오기, 막대기로 침대 쿠션 때리기, 소리 지르기, 종이 위에 생각나는 모든 나쁜 단어 적어 보기, 화에 대해서 적어 보기, 화 감정 그리기). 둘째, 지역사회복지사가 함께 있는 안전한 바로 그 자리에서 분노감정을 정서적으로 표출할 수 있도록 격려한다. 셋째, 아동에게 자신의 분노감정을 말로 표현할 수 있는 경험을 제공한다. 필요하다면 아동이 감정을 그 사람에게 말할 수 있는 기회를 제공한다. 넷째, 분노에 대하여 아동과 이야기 나눈다. 그것이 무엇인지, 무엇이 너를 그토록 화나게 하였는지, 너는 그것을 어떻게 느꼈는지, 네가 그것을 느꼈을 때 너는 무엇을 했는지 등이다.

▶ 아동의 분노를 다루는 효과적인 방법

① 이완작업
- 아동이 편안하다고 느끼는 장소를 선정한다.
- 아동이 가장 편안한 자세를 취하도록 한다. 눕거나 앉아 있어도 괜찮다.
- 아동에게 음악을 듣게 하고, 음악이 끝나고 나서 떠올랐던 기억들을 그림이나 글로 표현해 본다.
- 표현한 그림이나 글에 대해 설명하고, 느낀 감정에 대해 이야기한다.

② 분노 그리기
- 아동이 화가 났을 때 생각나거나 그때 사용하는 모든 말들을 말한다. 아동이 표현한 단어들을 칠판에 적는다. 혹은 아동이 각자 종이에 적도록 해도 좋다.
- 한동안 칠판에 적혀진 단어를 바라본다. "우리 한번 여기를 쭉 살펴보자."
- 아동과 단어에 대해서 이야기를 나눈 후, 개인적으로 화를 어떻게 다루는지 방법을 찾아 본다.
"어떤 일들이 너를 화나게 하니?"
"그러면 무슨 일이 일어나지?"
"넌 어떤 행동을 하니?"
"화가 난 일로 인한 나쁜 결과를(싸움, 어른에게 혼남 등) 네가 어떻게 할 수 있을까?"

- 아동의 대답을 경청하고 해결가능한 질문을 한다.
"그래, 또 어떻게 할 수 있을까?"

- 아동에게 화나게 하는 것, 화난 감정이나 화가 날 때 어떻게 행동하는지를 그려 보게 한다.
- 만약 아동을 화나게 하는 대상이 있다면 정말로 원하는 것을 이야기하도록 돕는다. 하고 싶은 이야기를 적는 것도 괜찮다.

[그림 17] 분노그림 그리기

[그림 18] 작업 이후 표현한 마음

③ 찰흙 던지기
- 찰흙을 가지고 나를 몹시 화나게 만들었던 것들을 상징적으로 혹은 실제적인 모양으로 만든다.
- 그 일이 무엇이었는지 나의 기분이 어땠는지를 표현하게 한다.
- 주무른 찰흙을 벽에 힘껏 던지도록 한다.
- 느낌을 묻는다.

④ 풍선 다루기
- 공기가 들어간 풍선에 나를 제일 속상하게 만드는 것들, 나를 화나게 만드는 것들을 적어 본다. 허락하는 풍선 개수 안에서 아동들이 원하는 만큼 적도록 한다.
- 풍선은 모두 모아 한 공간에 집어넣는다. 음악이 흘러나오면 아동들은 흩어진 풍선들을 터뜨린다.
- 모든 풍선이 터진 후에 역시 느낌을 묻고 마친다.
- 풍선에 나의 얼굴을 그리게 하고 바람을 불어 크게 부풀린다.
- 지금 화로 가득 찬 나의 모습이라 생각하고, 꽉 붙잡은 풍선 한쪽 끝을 공중을 향해 놓게 한다.
- 풍선은 소리를 내며 격렬하게 허공을 날아다닌다.
- 화난 얼굴이 공중을 날아다니는 모습임을 연상하게 한다.

  "화는 자연스러운 나의 감정이며 에너지입니다. 화는 불이랑 비슷해서 나쁠 수도 있지만 좋을 수도 있습니다. 그렇기 때문에 우리는 나에게 그리고 다른 사람에게 피해를 주지 않도록 화를 표현하는 방법을 가져야 합니다. 나의 화를 식히는 방법을 하나씩 찾아볼까요?"

⑤ 일상적으로 쉽게 사용할 수 있는 방법
- 화나게 만드는 곳에서 멀리 떨어지기
- 하던 것을 멈추고 숫자를 세기
- 베개를 두들기거나 톡톡 터지는 비닐 터뜨리기
- 동네를 한 바퀴 돌기
- 화가 풀릴 때까지 실컷 소리 지르기
- 심호흡을 하기
- 조용한 곳에 가 있기
- 화가 났다는 것을 상대방에게 알리기

② 원하는 것을 표현하는 교육

아동이 자기가 원하는 것을 긍정적으로 표현할 수 있는 교육이 실시되어야 한다. 원하는 것을 표현하기 위해 선행되어야 할 것은 자기가 원하는 것이 무엇인지 아는 것이다. 만약 자신이 원하는 것이 무엇인지를 알았다면 이를 긍정적인 방법으로 표현할 수 있도록 지도해야 한다. 많은 아동은 자신이 원하는 것을 얻기 위해 화를 내거나 혹은 울거나 아니면 떼를 부리고 고집을 피우면서 표현하기 때문에 성인이나 또래관계에 부정적인 영향을 미치게 된다. 그래서 아동이 긍정적이고 구체적으로 자신이 원하는 것을 말할 수 있도록 실제 상황을 역할극을 통해 연습해 본 후, 일상생활에서 사용할 수 있도록 지도하는 것도 한 가지 방법이다.

▶ 원하는 것 표현하는 활동

① 역할극
  • 동물인형 만들기를 한 후 자신이 아닌 다른 사람이 되어 연극한다.

② 편지 쓰기
  • 특정한 사람에게 원하는 것을 적고 말해 본다.

③ 감정카드
  • 카드에 생활 속에서 일어나는 다양한 상황의 문장을 준다.
  • 문장에서 느껴지는 감정을 찾는다.
  • 그와 같은 감정이 생긴 이유를 이야기한다.
  • 그 감정에서 원하는 것이 무엇인지 말해 본다.

④ 목록 적어 보기
  • 지역사회복지사와 함께 할 수 있는 것, 가족과 함께 할 수 있는 것을 적는다.
  • 우선순위를 정한다.
  • 가장 원하는 것을 말하는 연습을 한다.

⑤ 콜라주
  • 내가 좋아하는 것, 갖고 싶은 것, 원하는 것들을 잡지에서 오려 붙이는 활동을 한다.
  • 표현한 콜라주를 말로 표현해 본다.

---

③ 집중력을 향상시키는 교육

지역아동센터에는 학습뿐 아니라 다양한 상황에서 집중하기 힘들고, 행동이 크거나 반복적으로 돌아다니고, 호기심이 발동하면 여기저기 참견하고 돌발행동을 자주 하여, 또래뿐 아니라 성인과의 관계에서도 어려움을 겪는 아동이 있다. 아동은 반복적인 행동으로 다른 사람에게 비난을 받고, 놀림을 당하며, 혼나는 경우가 많다. 이러한 결과로 좌절과 실패경험을 한 아동은 자존감이 낮거나, 부정적인 자기 이미지를 형성하기도 한다.

그러므로 지역사회복지사는 아동을 그 자체로 인정하는 것에서부터 시작해야 한다. 아동의 행동에 집중하기보다는 아동이 작은 성공이라도 할 수 있도록 지원하여, 작지만 성공이라는 긍정적 경험을 통해 스스로 행동을 조절하기 위한 노력을 시도하도록 해야 한다.

대부분 집중력이 약한 아동은 에너지가 많기 때문에 운동을 하거나 외부활동을 통해 에너지를 소모하게 하고, 때로는 이완작업으로 아동의 집중력을 길러주어야 한다. 관심이 빠르게 변하는 특성상 긴 시간보다는 짧고 활동 중심으로 지속적 환기를 통해 흥미를 유발하는 교육을 시행해야 한다. 아동의 과잉행동은 음식과도 연관이 있기 때문에 인스턴트 음식이나 당이 많은 음식은 삼가고, 건강에 좋은 음식을 섭취할 수 있도록 양육자 교육도 병행되어야 한다.

아동을 지원할 때 무엇보다 중요한 것은 지역사회복지사가 여유를 가지고 인내하며, 지속적이고 일관적인 태도를 가져야 한다는 것이다. 5분 동안 집중할 수 있는 아동은 그 이상도 집중하여 자신의 과제를 수행할 수 있다. 아동을 비난하는 성인이나 또래에 대해서는 아동의 특성에 대한 교육을 통해 이후 아동의 가장 든든한 협력자가 되도록 모색해야 한다.

▶ ADHD(주의력결핍 과잉행동장애)

① 과잉행동

아동은 충동적인 행동과 주의력 저하로 학업과 또래관계 형성에 여러 가지 어려움을 겪게 된다. 갑자기 자리에서 벗어나 뛰어다니고, 팔과 다리를 끊임없이 움직이는 등 활동 수준이 매우 높으며, 과도한 움직임이 거의 모든 상황에서 일어난다.

② 주의집중 결함

동시에 자극이나 과제에 대한 반응시간이 현저히 짧다. ADHD 아동은 비교적 노력을 들이지 않는 과제에서는 일반아동들과 수행능력 차이가 나지 않으나, 높은 수준의 주의집중과 기억을 요하는 과제에서는 학습장애아동보다 수행능력이 떨어진다.

③ 충동성

ADHD 아동은 규율을 이해하며 알고 있지만, 빨리 행동하려는 욕구가 자기통제능력을 압도하여 생각하기 전에 행동한다. 일반아동의 경우 3~4번의 부적절한 행동 이후 양육자의 지적과 체벌에 의하여 행동이 억제되는 것이 평균이라면, ADHD 아동은 충동성과 주의집중 어려움으로 인해 학습하지 못하고, 10번이든 20번이든 계속적으로 규율을 어기는 행동을 보이기 쉽다. 이것은 양육자에게 좌절을 주거나 고의적인 반항이나 불복종으로 이해시켜 분노를 일으키게 하는데, 실상 이것은 아동이 규율을 체화할 능력의 어려움을 가지고 있는 데 기인한 것이다. 이와 같은 ADHD 증상은 정규화된 진단척도를 통해 소아정신과에서 진단이 가능하다.

④ 원인

유전적 요인, 환경적 요인(임산부의 영양부족, 흡연, 과도한 스트레스, 조산이나 난산으로 인한 두부손상 등), 뇌기능상의 미세한 손상 등으로 추정되나, 수많은 잠재적 변인을 고려해야 한다는 주장이 널리 받아들여지고 있다.

⑤ ADHD의 치료

• 약물치료

가장 흔하게 처방되는 약물은 페니드라고 불리는 약품이다. 의료진은 아동의 나이, 증상의 경중, 증상의 양상, 환경과 가족력 등을 종합적으로 고려하여 처방하는데, 약물을 복용하면 대략 45분 이후부터 효과가 나타나고, 4~5시간이 지나면 대부분의 효과는 사라지게 된다. 보통 20% 이하 아동이 약물을 섭취하고도 행동상에 아무런 변화도 보이지 않는데, 이는 주의력결핍 문제가 신체적으로 다른 원인에 의한 것이거나, 다른 증상을 ADHD로 잘못 진단했거나, 기타 환경적 요인에 의한 것으로 조사되고 있다.

이 약물의 부작용은 '식욕부진'과 '불면증'이다. 아동은 페니드 복용 후 식욕부진으로 체중이 감소되거나, 밤에 잠을 자지 않으려는 경향을 보일 수 있다. 그래서 복용 휴식기(주말, 방학 기간)를 갖고 저녁 때에는 복용을 삼가는 것이 일반적이다. 5세 이하 아동의 경우 약물에 대한 과민성 때문에 권장되지 않는다.

• 부모교육
ADHD 아동의 부모가 아동의 행동을 어떻게 조절하고 대처할 수 있는지 소아정신과에서 교육하고 훈련한다.

• 사회성 증진 훈련
아동은 사회성이 저하되어 나이에 비해 어리게 행동하거나, 대인관계의 기술이 부족할 수 있다. 약물치료가 진행되는 동안 사회성 기술을 훈련하고 실제 생활에서 적용하도록 돕는 것이 필요하다.

• 인지행동치료
아동의 특성 중 몇몇 행동이 일상생활에 큰 지장을 줄 때 아동의 이러한 행동을 조절할 수 있도록 돕는다. 학습 스케줄 지키기, 준비물 챙기기, 기타 학습능력 향상 치료 등 여러 가지 행동치료기법이 적용될 수 있다.

※ 아동을 이렇게 대해 보세요.
 - 장애에 대한 정확한 지식과 아동의 장애를 용납하려는 자세를 지닐 것.
 - 규칙에 대해 일관되도록 그러나 감정적이지 않도록 할 것.
 - 아동의 학습 스타일에 맞출 것.
 - 각 과목마다 아동의 연령대가 아닌 아동의 능력과 기술에 맞는 학습자료를 준비할 것.
 - 흥미가 있는 과제와 없는 과제를 적절히 혼합할 것.
 - 아동이 좌절감을 느끼는 시기를 알고 적절히 중단시킬 것.
 - 가르치는 사람이 좌절감을 느끼는 시기를 알고 적절히 중단시킬 것.
 - 말은 명료하고 이해하기 쉬운 문장으로 할 것.
 - 의사소통을 할 때는 아동의 눈을 보고 앞에서 할 것.
 - 정리가 잘되어 있는 공간을 활용할 것.
 - 행동에 대해서는 바로 그 자리에서 일관성 있게 조언할 것.
 - 아동이 적절히 행동하도록 알아채기 위한 개인적인 신호를 만들 것.
 - 작은 실수는 무시할 것.
 - 유머감각을 유지할 것.

⑥ 아동과 함께 하는 간단한 놀이
 • ADHD 아동을 만나서 친밀감이 형성되고 나면 지역사회복지사와 함께 퍼즐놀이를 진행

해도 좋다. 500피스, 1,000피스 퍼즐을 몇 번의 만남에 걸쳐 조금씩 맞추어 나가면 성취감을 맛볼 수 있으며 퍼즐 그림이 완성되면 액자에 넣어 선물해 줄 수도 있다.
• 아동 학용품점에서 쉽게 구할 수 있는 숫자 찾기, 입체 퍼즐놀이 등은 특별히 아동에게 권할 만한 좋은 도구들이다.

[그림 19] 퍼즐 맞추기

[그림 20] 주의집중을 돕는 놀이도구

(4) 양육자 교육

아동 지원에 있어 무엇보다 중요한 협력자는 양육자다. 대부분의 양육자는 아동을 건강하게 양육하기를 원하기 때문에 양육자가 아동을 이해하는 데 필요한 지식과 기술, 아동의 발달과 관련한 정보—사춘기, 자위, 성, 아동이 보이는 행동적 증후에 대처하는 방법과 같은 양육관련 교육과 경제, 일상생활, 자기관리 등에 관한 교육도 필요로 한다. 지역사회복지사는 참여자의 욕구에 맞추어 일상생활에서 바로 실천할 수 있는 구체적이고 쉬운 교육을 실시해야 한다.

① 일상생활관리 교육

양육자의 일상생활관리는 아동의 일상생활뿐 아니라 가족환경 전반에 관한 관리도 포함한다. 특히 일상생활은 참여자의 건강과 밀접한 관련이 있고, 아동의 또래관계에 직접적 영향을 미치기 때문에 중요하다. 일상생활관리가 어려운 아동은 씻거나 옷을 갈아입고 시간을 지키는 것에 대해 교육을 받은 경험이 없다. 경험이 있더라도 일관된 교육을 받지 못해서 청결이나 시간관리를 어떻게 해야 하는지 모르거나, 꼭 해야 한다고 생각하지 않는 경우가 있다. 그래서 지저분하고 냄새가 나는 채로 다니고, 잦은 지각과 결석으로 또래관계뿐 아니라 학교생활에도 부정적인 영향을 미치게 된다.

　지역사회복지사는 청결이나 시간관리가 중요하다고 여기지 않거나, 혹은 생계유지로 바빠서 아동을 적절히 보호하지 못하는 양육자에게 먼저 아동의 일상생활관리가 얼마나 중요한지를 알리고 지도할 수 있도록 교육해야 한다. 예를 들면, 자녀가 어릴수록 양육자가 전적으로 아동을 지도해야 한다. 신체적 청결과, 일어나는 시간과 자는 시간에 아동과 함께하면서 제대로 지킬 수 있도록 교육해야 하고, 2차 성징이 나타나는 사춘기 청소년은 신체적 청결뿐 아니라 개별 시간 관리에 대한 지도가 이루어져야 한다.

　참여자 가정의 환경이 청결하지 못한 것은 양육자가 무기력하거나 이미 환경에 익숙해져 있거나, 환경을 바꿀 엄두를 내지 못할 경우이기 때문에 지역사회복지사는 가정방문을 통해 참여자의 환경을 분명히 탐색해야 한다. 만약 양육자가 무기력하다면 먼저 양육자를 개별 지원함으로써 내적 힘을 갖도록 한 후 청결교육을 지원해야 하고, 이미 환경에 익숙해 있거나 환경을 바꾸고 싶으나 실천하지 못할 때는 청결하지 않은 환경이 미칠 수 있는 부정적 영향에 대한 정확한 정보를 제공하고, 양육자 혼자 환경을 변화하기 힘들다면 외부자원을 연계할 수 있음을 설명해야 한다.

TipS 청결을 유지를 위한 적절한 지도방법

- 초등학교 저학년인 경우 양육자가 아동을 직접 씻겨 주거나, 아동이 제대로 씻는지 확인해야 한다.
- 고학년이나 청소년인 경우 씻는 방법을 알려 주고, 아동이 스스로 할 수 있도록 관찰한다.
- 아동이 스스로 씻도록 하기 위해 스티커 활용을 할 수 있다. 때때로 보상을 준비하는 것도 필요하다.
- 씻은 후 냄새가 사라져서 친구가 생기거나 상쾌한 기분이 든 좋은 기억은 아동이 청결한 습관을 갖는 데 도움이 주어 이를 강화시켜 준다.

- 대진이는 천식을 앓고 있는데, 집안이 매우 더러워 건강에 좋지 않은 영향을 미치고 있었다. 지역사회복지사는 가정방문을 통해 양육자가 청결하지 않은 환경을 인식하도록 하였고, 대진이의 건강에 부정적인 영향을 미칠 수 있는 건강과 관련된 정보를 제공하였다. 또한 씻을 수 있는 공간이 없는 대진이집에 자원 연계를 통해 내부에 씻을 수 있는 공간을 마련하였다. 이후 어머니는 아동과 환경의 청결문제에 적극적으로 협력하였다.
- 정수 어머니는 많은 자녀를 한 명 한 명 신경써야 하는 부분에 대해 어려워하였다. 아이들의 청결문제뿐만 아니라 어머니도 힘든 상태였다. 지역사회복지사는 가정방문을 통해 가구 수에 비해 수납공간이 매우 적은 것을 발견하고, 종이박스를 사서 계절별로 옷을 정리하는 방법을 직접 보여 주었다. 이후 아버지가 선반을 만들고 옷걸이를 사서 옷과 물건을 정리하기 시작했다.

② 경제교육

아동에게 경제교육은 중요하다. 아동이 경제 개념을 갖도록 지원하는 방법 중 가장 효율적인 것이 적절한 용돈관리지도다. 물론 양육자가 바른 경제 개념을 가지고 있어야 아동을 적절히 지도할 수 있다. 실제로 처음 아동에게 용돈을 지급하면 한꺼번에 써버리는 경우가 대부분이기 때문에, 아동 스스로 용돈을 규모 있게 사용할 때까지는 시간이 필요하다. 그래서 양육자의 지속적인 관리가 중요한 것이다. 예를 들어, 아동이 용돈기입장을 작성하면 용돈을 지급하거나, 한꺼번에 용돈을 사용하면 남은 기간은 용돈을 지급하지 않을 수 있다. 때로는 가족 내의 역할, 즉 청소나 설거지 등의 일을 하여 부족한 용돈을 채우도록 할 수 있다. 용돈은 아동의 경제교육뿐 아니라 도벽을 감소시키는 요인이 되기도 한다. 사용할 수 있는 현금이 전혀 없던 아동에게 일정 정도 용돈이 주어지면서 다른 사람 지갑에 손을 대지 않기도 한다.

양육자의 경제 개념에 대한 교육도 필요하다. 양육자 역시 한꺼번에 생활비를 써버리거나, 지나친 카드 사용으로 인해서 빚을 지고, 신용불량으로 이어지기도 한다. 규모 있는 경제교육을 통해 양육자가 올바른 경제관을 형성하면 수

입에 맞는 지출이 이루어져 경제적 어려움을 해결하는 데 긍정적인 영향을 줄
수 있다.

> • 미화의 도벽을 없애기 위해서 할머니는 미화에게 용돈을 주고 기입장을 쓰도록
> 하였다. 그런데 할머니는 미화가 용돈을 한꺼번에 쓰거나 먹는 데 사용한 것을 보
> 고 화가 나서 용돈 주던 것을 중단하겠다고 하였다. 지역사회복지사는 이전에 용
> 돈을 사용한 경험이 없는 미화가 용돈기입장을 쓴 것은 참 잘한 일이라고 칭찬하
> 면서, 처음부터 용돈을 규모 있게 사용하는 것은 어렵기 때문에 할머니와 지역사
> 회복지사가 미화가 용돈을 잘 사용하도록 교육하고 기다려야 한다고 설명하였다.

③ 양육자의 감정표현 교육

지역사회복지사는 아동과 마찬가지로, 양육자도 자신의 감정을 긍정적으로
표현할 수 있도록 지원해야 한다. 다른 사람과의 의사소통에서 많은 부분이 비
언어적인 요소다. 예를 들면, 양육자의 몸가짐, 얼굴표정, 동작, 억양 등으로 양육
자의 감정이 아동에게 전해진다. 양육자의 부정적인 감정이 비언어적으로 전해
지기 때문에 아동은 원인을 알 수 없는 불안과 긴장을 경험할 수 있다. 그러므로
양육자도 자신이 느끼는 감정에 대해 긍정적으로 표현할 수 있어야 한다. 실제
양육자의 감정표현은 아동보다 힘든 과정이 될 수 있다. 무조건 참아야 하고 자
신의 감정을 표현하는 것을 부정적인 시각으로 바라보는 환경에서 성장했기 때
문에 자신의 감정을 표현하는 적절한 단어를 찾지 못할 수도 있고, 표현에 대한
두려움과 죄책감을 가질 수도 있다.

그래서 지역사회복지사는 양육자가 자신의 감정을 분명히 인식하여 언어로
표현할 수 있도록 도와야 하며, 이런 과정 속에서 양육자 스스로 원하는 것을 찾
을 수 있다. 양육자의 감정표현은 가족이나 친구, 이웃에게 할 수 있지만 때로는
아동에게도 할 수 있다. 그럴 때 아동을 비난하거나 환경에 대한 좌절이 아니라
초점을 나로 맞추어서 '엄마의 기분은 그렇다.'라는 것에 대해 설명할 수 있어
야 한다. 동시에 양육자는 아동의 감정에도 민감하게 반응해야 하는데, 이때 부

모는 경청기술을 가지고 있어야 한다. 양육자가 이야기를 잘 들어 주고 감정을 읽어 준다는 것을 아동이 알면, 자신이 소중한 사람이라고 느끼게 되고, 양육자는 아동과 더 많은 이야기를 할 수 있는 기회를 가지게 되어, 아동의 긍정적 변화를 이끌어 내는 데 효과적일 수 있다.

> ▸ 양육자의 자기관리
>
> ① 심리 · 정서 측면의 자기관리
>   양육자는 아동과의 관계에서 스트레스를 받을 때 이를 해소할 수 있는 방법을 가지고 있어야 한다.
>
> - 자녀가 청소년인 경우 계속적이고 반복적인 잔소리는 소용없다. 적절한 시간을 정해서 '어떤 상황일 때 자신의 기분은 어떻다.' 라고 얘기하는 것이 좋다.
> - 평소에 산책이나 구경, 등산 등을 할 수 있고, 친구나 친척 등을 만나 수다를 떨거나 비슷한 경험이 있는 사람과 일상생활을 이야기하거나 취미생활을 할 수 있다.
> - 양육자의 화 식히기 방법
>   화가 나면 잠시 아동과 떨어져 있는다. 이외에 음식하기, 설거지하기, 옷 정리하기, 밖으로 나가기 등의 방법을 사용할 수 있다.
>
> ② 건강 측면의 자기관리
>
> - 양육자의 알코올중독
>   양육자의 건강에 있어 가장 심각한 부분은 알코올중독이다. 알코올중독은 가정폭력으로 이어지거나, 경제적으로 기능을 하지 못해 가족이 다양한 어려움에 놓이게 된다. 알코올중독을 인정하면 전문기관의 도움을 받을 수 있지만, 그렇지 않으면 가족은 항상 어려움에 대비해야 한다.
>   알코올중독이 의심되는 양육자에게는 알코올에 대해 일반화시켜서 이야기하거나, 건강을 염려하며 다가가야 한다. 건강검진 후 위험진단을 받고 객관적인 상황을 직접적으로 확인하게 되면 알코올 의존 수위를 낮출 수 있으며, 스트레스를 감소시킬 수 있는 자료나 방법을 지원할 수 있다.
>   아동과 비알코올 양육자에게는 알코올중독 현황과 증상, 알코올 가족이 가질 수 있는 특징을 설명해야 한다. 알코올중독 양육자의 폭력과 같은 부적절한 행동에 대한 안전계획을 세워야 한다.

④ **효과적인 양육기술 교육**

양육자는 누구나 아동을 건강하게 양육하길 원하지만, 기술의 부족으로 아동을 심각하게 체벌하거나 방임하는 경우가 있다. 지역사회복지사는 양육자가 이미 지니고 있는 긍정적인 기술에 더하여, 효과적으로 아동을 양육할 수 있도록 교육을 해야 한다. 이때 지역사회복지사는 훈계나 지시보다는 아동 양육의 가장 중요한 책임자로서 양육자를 존중하는 것에서 시작해야 한다. 지역사회복지사가 지원하는 참여자는 대부분이 학력 수준이 낮기 때문에 어렵거나 이론적인 교육보다는 실생활에서 아동을 효과적으로 지도할 수 있는 실천적인 기술, 즉 양육자가 바로 지금 사용할 수 있는 살아 있는 교육을 실시해야 한다. 예를 들면, 아동이 잘못된 행동을 계속적으로 할 때 체벌보다는 아동의 행동에 무관심하거나 타임아웃을 사용하도록 양육자가 연습하게 한다. 연습을 통해 기술을 습득하면 아동에게 직접 활용할 수 있도록 지원한다. 아동은 가장 가까운 사람, 즉 가족으로부터 영향을 가장 많이 받기 때문에 양육자가 긍정적인 모델이 되어 아동의 이야기를 들어 주고 격려해야 한다. 무엇보다 중요한 것은 일관성 있는 지도이며, 때로는 지역사회복지사가 양육자 가까이에서 조언자의 역할을 해야 한다.

⑤ **조부모의 양육에 대한 교육**

조부모가 아동을 양육할 때 세대 간의 차이로 인한 다양한 어려움을 경험한다. 지역사회복지사는 조부모의 살아온 삶의 연륜에 대해 존경하는 마음을 적절히 표현해야 하고, 이에 더하여 조부모가 자녀를 양육하던 시대와는 다른 현재 아동의 특성과 문화에 대해 설명해야 한다. 조부모를 가르치기보다는 조부모가 호소하는 양육의 어려움에 대한 정서적 지지가 더 중요하며, 작은 것 한 가지라도 실천할 수 있도록 간단하고 쉬운 교육을 실시해야 한다. 그리고 변화가 더디기 때문에 지역사회복지사가 인내심을 가지고 함께하는 것이 중요하다.

> • 연지는 2차 성징이 나타나기 시작한 여자 아동이다. 연지 할머니는 지역사회복
> 지사와 함께 연지에 대해서 이야기를 나누자마자, "브래지어가 하나만 있으면
> 되지, 무슨 낭비가 그리 심하냐."고 불만을 말씀하였다. 지역사회복지사는 할머
> 니에게 청소년 아이들의 상황에 대하여 자주 설명하였고, 연지에게 몇 벌의 속옷
> 을 사주었다.

아동에게는 조부모 세대의 문화와 노인의 신체적, 정신적 특징에 대해 설명하
여 조부모를 이해할 수 있는 기회를 갖도록 해야 한다.

> • 수연이는 항상 할머니의 건강에 대해 염려하였다. 학교에서 노인질환에 대한 교
> 육을 받은 후로 더욱 그러하다. 당뇨 및 관절염에 대한 교육이었는데, 그 내용을
> 지역사회복지사와 함께 나누면서 할머니의 건강과 죽음에 대한 평소 자신의 불
> 안을 털어놓기 시작하였다. 연지는 지역사회복지사와의 대화를 통해 노화가 자
> 연스러운 변화의 과정임을 알게 되었고, 당뇨와 관절염의 예방에 더욱 관심을 가
> 지게 되었다.
> • 할머니는 민수가 말을 듣지 않을 때마다 "내가 죽어야지…"라고 말하였다. 할머
> 니의 반복적인 말에 민수는 심한 스트레스를 받았다. 지역사회복지사는 할머니
> 의 말에 민수가 불안할 수 있다는 것을 전하였고, 민수에게 사람은 누구나 나이
> 가 들고, 나이가 들면 몸의 변화가 더 많다는 점과, 마지막에는 죽는다는 사실,
> 이것이 인생의 자연스러운 변화라는 것에 대해 교육하였다. 할머니에게 어떤 변
> 화가 있는지를 민수와 찾아보고, 할머니가 더욱 건강하게 사실 수 있도록 민수가
> 도움이 되는 방법을 찾아보았다.

(5) 복합적인 상황에 대한 교육

① 이혼을 앞둔 부모와 아동에 대한 교육

이혼은 모든 연령의 아동에게 분노, 슬픔, 자기비난, 자기애적 상처, 유기와
거부에 대한 공포, 안전감과 정체성의 흔들림을 가져온다. 이혼을 준비하는 부

모를 만났을 때 지역사회복지사는 부모로 하여금 아동의 인지 수준에 맞추어 이혼에 대해 자유스럽게 이야기할 수 있도록 지원해야 한다. 아동이 자기 탓으로 돌릴 수 있는 죄책감과 두려움을 아동과의 대화를 통해 부모가 그렇지 않음을 확인해 주어야 한다. 아동 앞에서 부부간에 비난하거나 비판하지 않도록 하는 일도 중요하다. 아동과 이혼 후에 예상할 수 있는 변화를 함께 찾아보고 대처할 수 있도록 준비해야 하며, 부모의 이혼이 두 사람의 문제이지, 아동의 탓이 아니라는 것을 다시 한 번 상기시켜야 한다.

이혼을 앞둔 부모에게는 다음과 같은 정보를 제공할 수 있다. 이혼절차, 이혼이 아동 정서에게 끼치는 영향, 자녀에 대한 법적인 문제, 함께 살고 싶은 부모를 선택하고 부모를 자유롭게 만날 수 있는 아동의 권리, 가정폭력이 있다면 도움받을 수 있는 기관들을 소개할 수 있다.

② 단주와 약물중단을 위한 교육상담

알코올과 약물남용은 만연된 사회문제로, 지역사회복지사가 이 부분을 지원할 때는 참여자의 알코올이 현재 어려움의 원인이 될 수도 있다는 생각을 가져야 한다. 알코올중독이 있는 참여자를 지원할 때 주의할 점은 참여자가 취한 상황에서는 직접 면접을 하지 말아야 하며, 참여자가 술을 먹지 않은 시간에 방문계획을 세워야 한다. 알코올중독이 만성단계로 접어들어 늘 만취상태에 있거나 사고력장애, 알코올성 치매 등으로 신체건강이 악화되면 대화보다는 입원치료가 선행되어야 한다.

대부분의 알코올 의존이나 중독인 참여자는 자신이 알코올중독이 아니며, 언제든지 원하면 단주를 할 수 있다고 자신하기 때문에 치료를 거부하는 것이 일반적인 반응이다. 실제로 단주는 참여자의 동기가 가장 중요하므로 지역사회복지사는 참여자에 대한 지지적 자세를 유지하면서 지속적으로 알코올과 약물에 대한 정보를 제공하여 참여자가 자기를 보호하는 방법의 일환으로 치료를 선택할 수 있도록 해야 한다. 또한 알코올중독 가족은 공동 의존증이 있기 때문에 아동과 비알코올 양육자에 대한 교육도 병행되어야 한다. 알코올과 약물은 전문분야이므로 알코올상담센터와 연계하고 AA, Al-Anon 모임에 참여하는 것도 방법이다.

③ 부모의 재혼으로 인한 가족변화에 대한 교육

이혼과 재혼이 빈번한 현대사회에서는 급격한 가족변화에 대한 적절한 지원이 요구된다. 아동은 부모의 이혼 혹은 재혼과 같은 가족변화에 가장 민감하며, 큰 스트레스를 경험한다. 그렇기 때문에 지역사회복지사는 부모가 재혼을 준비하는 과정에 아동을 가족의 일원으로 참여시키도록 해야 하고, 가족이 새로운 변화에 대해 미리 예상하여 대처할 수 있도록 교육해야 한다. 아동이 느낄 수 있는 박탈감, 상실, 두려움의 감정들을 인정하고, 부모와 이 부분에 대해 대화할 수 있도록 해야 한다.

- 영진이의 행동이 몇 주 동안 눈에 띄었다. 산만하고 목소리가 컸으며, 짜증이 잦았고, 간혹 욕설도 하였다. 그동안 활발하고 건강한 모습이었던 영진이어서 실무자도 걱정을 하였다. 이후 어머니가 재혼을 준비하고 있다는 것을 알게 되었다. 영진이는 자신의 감정이 혼란스러운데, 지금의 마음을 어떻게 엄마에게 전달해야 할지 모르겠다고 하였다. 영진이의 마음에 공감하고 지지한 후 지역사회복지사는 영진이의 감정을 전달하는 말하기를 연습하였다. 영진이는 지역사회복지사와의 대화에 만족스러워했고, 들떠 있거나 산만한 모습을 더 이상 보이지 않았다.
- 은미는 한부모가정의 아동인데, 아버지가 다른 문화권의 여성과 재혼을 하였다. 은미는 초기에는 아버지가 다른 문화권의 여자(고려인)와 재혼하는 것에 대해 스트레스를 받으며 불안해했으나, 새어머니와 시간을 함께 보내고 아버지가 은미와 함께 보내는 시간이 증가하면서 편안해졌다.

▶ 다문화가족

국제결혼, 이중문화가정, 서로 다른 인종 사이에서 태어난 자녀를 일컫는 혼혈인가족 등으로 불리던 국제결혼가족을 최근 들어 '다문화가족'이라 부르고 있다. 다문화가족이라는 용어는 국제결혼이라는 용어가 내포한 내국인 간의 결혼과 외국인과의 결혼으로 구분하는 국적에 따른 차별성 대신 한 가족 내에 다양한 문화가 공존하고 있다는 의미로 해석할 수 있어, 요즘에는 한국인 남성과 결혼한 이주여성 가족, 한국인 여성과 결혼한 이주남성 가족, 이주민가족(이주노동자, 유학생, 북한이탈주민 등)을 포함하여 그 범위를 확대하여 사용하고 있다.

1996년 안산외국인노동자센터에서 처음 사용한 용어인 코시안은 한국인(Korean)과 아시아인(Asian)의 합성어다. 코시안은 보통 외국인 노동자와 한국인 사이에서 태어난 국제결혼 2세, 한국에 거주하는 아시아 이주노동자의 자녀를 가리키며, 넓게는 코시안으로 이루어진 다문화가족과 다문화가정이 모여 사는 지역까지도 포함한다. 원래는 국제결혼 자녀와 이주아동들의 인권과 권익을 보호하기 위하여 만들어진 말이지만, 최근에는 한국인과 구별짓는 또 다른 차별적 용어로 잘못 사용되기도 한다.

안산지역과 같이 다문화가족이 많이 살고 있는 일부 지역에서는 유치원, 어린이집, 초등학교의 경우 외국인 부모를 가진 아동들을 볼 수 있다.

지역사회복지사가 지원하는 아동 중에도 다문화가족이 있었는데, 때로는 가정폭력이나 가정불화, 배우자와의 성격차이, 언어소통, 문화차이의 어려움을 겪고 있는 경우를 발견할 수 있다. 가족 내의 여러 가지 어려움으로 아동이 적절한 교육을 받지 못하는 경우도 있고, 외국인 사이에서 태어난 아동과 함께 생활하는 것에 대해 부정적 반응을 보이기 때문에 아동이 사회에 적응하지 못하고 성장할 가능성이 있다. 그래서 다문화가족과 그 가족에서 태어난 아동이 한국사회의 일원으로 잘 적응해 나갈 수 있도록 통합적인 지원이 이루어져야 한다.

• 성진이는 아버지가 외국인 어머니와 재혼하였다. 아버지는 일용직 노동자로 일하였고, 어머니는 노동자로 일하기 위해 입국했다가 일을 그만두었다. 어머니는 한국말이 서툴러 아버지와 의사소통이 잘 되지 않았고, 아버지는 일용직으로 생활비가 일정하지 않았으며, 알코올 의존이 있고 어머니에게 폭력을 행사하기도 하였다. 성진이는 외국인 어머니와 같이 생활할 때는 안정되어 보였으나 최근에 어머니가 경제적 어려움과 아버지의 폭력을 견디지 못하고 가출하자 다시 불안한 모습을 보이고 있다.

▶▶ 4. 옹호

참여자가 겪는 어려움 중 하나는 지역사회로부터의 편견, 낙인 그리고 고립이다. 지역사회는 흔히 나타나는 현상만으로 참여자에게 문제가 있다고 간주하고, 지역사회에 다양한 문제가 발생할 때마다 무조건 참여자의 탓을 하기도 한다. 그렇기 때문에 지역사회복지사는 겉으로 나타난 현상에 치중하기보다는 참여자가 가지고 있는 건강한 요인으로 참여자를 재해석하면서, 참여자가 지역사회 구성원으로서의 역할을 담당하고 권리를 인정받을 수 있도록 적극적인 옹호활동을 해야 한다.

■ 옹호활동이 필요한 경우

(1) 정보가 부족하고 조건이나 절차가 까다로워 서비스를 포기한 경우

참여자가 서비스를 찾아가기란 매우 어려운 일이다. 특히 서비스 절차와 지원 기준 등에 관한 정보가 해마다 조금씩 바뀌는 현실에서 참여자가 이를 정확히 알고 찾는 데는 어려움이 있다. 게다가 관련기관에서의 홍보와 설명과정이 있었음에도 불구하고 이를 알지 못했을 때는 참여자가 서비스를 제공받을 조건이 되어도 포기하는 경우가 종종 발생한다. 그러므로 지역사회복지사는 참여자의 눈높이에 맞추어 서비스의 절차와 내용을 설명하고 신청과정에 지원해야 하며, 관련기관에 충분한 설명을 요청할 수 있어야 한다.

> • 현호 어머니가 갑자기 쓰러져 응급실에 입원했을 때 아버지는 의사에게 어머니의 상태가 어떤지 물어보고 싶어하였다. 그러나 응급실의 긴급한 상황에서 누구에게 물어 보아야 할지 모르겠고, 의료진이 전혀 신경 쓰지 않아 며칠 동안 속병을 앓았다. 지역사회복지사는 주치의가 보호자에게 3일 동안 한 차례도 환자상태를 알리는 상담을 하지 않은 불합리에 대해 항의하였다. 이후 담당의는 보호자인 아버지에게 연락하였고, 어머니의 상황을 지속적으로 알려 주었다.

(2) 참여자의 의지가 있으나, 서비스 제공자의 편의에 따른 기준으로 서비스가 제한된 경우

서비스 제공자가 참여자를 단순한 수혜대상자로만 인식하고 있다면 서비스 지원과정이 참여자 중심이기보다는 서비스 제공자 편의에 따라 이루어지기 쉽다. 그래서 참여자의 의지가 충분히 반영되기 어렵다. 그러므로 지역사회복지사는 참여자의 선택에 의한 서비스가 이루어지도록 요청해야 하고, 서비스 제공자의 원조적 관점에 변화가 생기도록 협력해야 한다.

> • 지역사회복지사는 교사와 상담과정에서 진수를 도움반(특수반)에 편성하려는 계획을 알게 되었다. 지역사회복지사는 부모와 사전협의 없이 이러한 계획을 진행하던 교사와 도움반 교사에게 부모 사전고지 의무와 같은 참여자의 권리를 옹호하고, 절차상 문제가 있음을 제기하였다. 또한 진수의 학습부진은 오랜 방임에서 비롯된 것으로 적절한 교육과 관심이 제공된다면 충분히 가능할 수 있음을 설명하여, 진수가 일반학급에 편성되도록 하였다.

(3) 참여자가 권리 개념이 부족하여 서비스 이용을 꺼리는 경우

참여자 중 일부는 국가(사회)의 도움을 받는 것을 부끄럽게 여기거나, 지나치게 고마워하기도 한다. 이는 참여자 스스로도 권리가 아닌 시혜로 받아들이기 때문이다. 지역사회복지사는 참여자에게 지원되는 서비스가 사회구성원으로 가지는 정당한 권리이며, 서비스 제공자와 동등한 관계에서 도움을 요청할 수 있다는 것을 참여자가 인식하도록 해야 한다.

> • 영섭이 아버지는 경제적으로 매우 힘든 상황임에도 불구하고 국민기초생활수급권 신청을 한사코 거절하였다. 자신이 처한 경제적 상황을 드러내는 것이 부끄럽고, '남자'인데 도움을 받는 것이 자존심 상한다는 것이었다. 사회복지 전담공무원이 당연한 권리 측면에서 자세히 설명을 하자, 그때서야 신청을 하였고, 자활후견기관에서 일한다는 조건하에 수급을 받게 되었다.

(4) 서비스 제공자가 참여자에 대한 정보가 부족한 경우

관련기관의 서비스 제공자가 참여자의 상황과 심리 · 정서적 상태 등을 알지 못할 때, 지역사회복지사는 참여자와 협력하며 옹호활동을 해야 한다. 옹호활동을 위해 서비스 제공자와의 만남이 필요한지, 서비스 제공자에게 어느 정도까지 참여자의 상황을 알릴 것인지 등을 참여자와 사전에 충분히 협의한 후 이루어져야 한다.

> • 한부모가족인 아영이네는 어머니가 공장을 다니지만 경제적으로 어려운 상황이다. 어릴 때 아버지의 폭력으로 어머니의 가출이 빈번하여, 아영이는 항상 혼자 있었고 적절한 돌봄을 받지 못하였다. 학교에 들어간 아영이는 수업시간에 앉아 있지 못하고, 돌아다니거나, 자주 학교를 결석하였다. 지역사회복지사는 담임교사를 찾아가 아영이의 가족환경을 설명하고 학교에서 지원할 수 있는 부분에 대해 협력을 요청하였다. 이에 아영이는 학교에서 무료급식을 지원받게 되었으며, 아영이가 성장한 가족환경과 현재 상황을 이해한 담임교사가 교실에 계속 앉아 있는 것을 답답해하는 아영이에게 신발장 정리를 맡겨 복도를 수시로 출입할 수 있도록 배려를 하였다.

(5) 서비스 제공자가 참여자의 권리를 인식하지 못하는 경우

관련기관 서비스 제공자 가운데는 사회복지 서비스를 국가가 보장해 주어야 하는 정당한 '권리'라기보다는 국가가 베푸는 '시혜'라고 생각하는 사람도 있다. 그래서 참여자가 너무 의존적이고, 무조건 받으려고만 한다고 생각하며, 참여자 상황을 무시하고 낙인을 찍기도 한다. 이와 같은 태도나 생각이 변화하는 데는 시간이 오래 걸리지만, 참여자 권리를 위해서는 꼭 필요한 옹호활동이다. 경우에 따라서는 직접적인 대응도 필요하다. 하지만 감정에 치우친 순간적인 옹호는 감정싸움으로 흘러 오히려 참여자에게 부정적인 영향을 줄 수 있으므로, 관련기관 서비스 제공자의 견해를 듣고 참여자의 권리에 대해 객관적으로 표현하여 참여자의 정당한 권리임을 주장해야 한다. 결과적으로 서비스 제공자가 지역사회 내 협력적인 파트너가 될 수 있도록 해야 한다.

> • 영우형제는 개별수급과 위탁아동양육비 등의 신청이 가능한 상황이었다. 그래서 동사무소를 방문해 전담공무원에게 문의하자, 담당자는 실태파악보다 지역사회 복지사가 참여자를 오랫동안 만나면서 생긴 지나친 관심으로 공적부조를 신청하는 것이 아니냐고 하였다. 두 번째 방문에서는 빈곤문제연구소의 도움을 받아 개별수급권 인정과 전입 등의 조치로 빨리 학교에 다닐 수 있도록 해야 한다고 한 번 더 강조하였다. 전화와 방문을 통한 옹호활동이 반복되자, 동사무소 전담공무원은 가정방문을 하고 움직이기 시작하였다.

옹호활동과정

옹호는 참여자뿐만 아니라 교사, 관련 공무원, 사회복지기관 사회복지사 등 서비스 제공자가 시혜의식이나 의존성에 대한 편견에서 벗어나, 참여자의 권리를 인식하도록 돕는 과정이다. 즉, 서비스를 지원하는 것은 개인에게 시혜를 베푸는 것이 아니라 함께 살아가는 구성원에게 권리를 보장해 주는 것임을 분명히 해야 한다. 그렇기 때문에 지역사회복지사는 다양한 자원과 사람을 만나 참여자를 대변하고 참여자의 행동과 태도를 옹호해야 한다.

옹호과정은 참여자가 지역사회의 일원으로 자리매김할 수 있도록 돕고, 자원을 연결하여 안전망을 형성하기도 한다. 이처럼 옹호가 자원 연계로 귀결되는 경우가 많기 때문에 초기부터 이를 염두에 둔 옹호활동을 계획하는 것이 좋다. 옹호과정에서 지역사회복지사는 어떠한 방법이 참여자에게 가장 도움이 될 것인지를 먼저 고려해야 한다. 때로는 참여자의 권리를 위해 강력하게 항의하는 것도 필요하며, 지나치게 수긍하는 자세로만 있어서도 안 되고, 때로는 협력을 구해야 하기 때문에 무조건 권리라고 큰 소리로 주장만 해서도 안 된다. 옹호과정에서도 참여자의 비밀보장은 매우 중요하며, 개방수위를 참여자와 함께 결정해야 한다.

옹호활동의 내용

첫째, 양육자 또는 아동의 상황을 기관에서 오해하거나 잘못 알고 있을 때 인식의 전환이 요구된다. 예를 들어, 잦은 짜증, 공격성, 주의산만 등을 보이는 아동을 관련기관 담당자는 '난폭한 아이'라고 규정짓고, 아동이 잘못하지 않은 부분까지 아동의 탓으로 돌리거나 체벌을 하기도 한다. 이때 아동의 기질이 나쁘기 때문이 아니라 상황이나 환경에 결부되어 나타나는 결과로 도움이 더 필요하다는 신호임을 인식하도록 도와야 한다.

둘째, 적절한 자원이 없거나 정확한 정보를 몰라서 치료를 받지 못하는 장애나 질병에 대해서는 정확하고 구체적인 정보를 제공해야 한다.

셋째, 학습부진이나 학교생활 적응의 어려움은 아동 개인의 문제이기보다 오랜 방임의 결과이거나, 학교생활을 도와줄 자원의 부족해서 생긴 결과임을 설명하고 지원해야 한다. 특히, 참여자의 안전과 건강에 대한 옹호활동은 가장 활발하게 이루어져야 하며, 어느 순간에도 참여자가 권리를 빼앗기는 일이 없도록 해야 한다.

▶▶ 5. 자원 연계

참여자는 개인의 능력과 특성보다 사회적 환경과 관계 속에서 어려움이 생기고 심화되며 복잡해진다. 그렇기 때문에 지역사회복지사가 정서적 지지나 교육과 같은 직접 지원만으로는 참여자가 어려움이 해결하도록 지원하는 데 한계가 있다. 그러므로 지역사회복지사는 참여자가 어려움을 해결할 수 있도록 적절한 외부자원을 찾고 선택하여 연계해야 하며, 이후 참여자가 지역 내 자원을 적극적으로 활용할 수 있는 능력을 갖도록 지원해야 한다.

자원 확인하기

지역사회복지사가 참여자의 욕구에 따라 자원을 확인한다는 것은, 이전부터 있었지만 활용되지 않고 있거나 자원이라고 생각하지 못했던 것이 새로이 자원으로 확보되는 것을 의미한다. 기존 자원은 종류와 양, 질에 있어 참여자의 욕구를 충족시키기에 제한적이며, 변화하는 지역사회 특성과 상황에 즉각적으로 반응하는 것이 쉽지 않으므로 새로운 자원에 대한 발굴이 병행되어야 한다. 자원을 발굴하고 확보하는 것은 지역사회복지사가 직접 지역사회로 찾아가 본인을 소개하는 것부터 시작해야 한다. 이때 지역사회복지사는 공식적으로 이미 확인된 자원뿐 아니라 참여자를 둘러싼 비공식적 자원까지 보다 넓게 확보해야 한다. 참여자가 다니고 있는 종교기관, 학교 봉사동아리, 아파트 부녀회나 지역 친목모임, 참여자와 가장 가까이 살고 있는 이웃 등이 중요한 자원이 될 수 있다.

- 상민이는 조부모와 함께 살고 있다. 상민이와 누나는 조부모가 일하고 돌아오는 밤 늦은 시간까지 저녁을 먹지 못하는 경우가 많았다. 그런데 가까이에 할머니의 오랜 친구가 살고 있어, 조부모가 돌아오는 시간까지 상민이와 누나가 저녁을 먹고 보호받을 수 있도록 부탁하였다.
- 재영이는 또래에 비해 기초학습이 많이 떨어져 어려움을 겪고 있지만, 어머니가 지적 장애인이어서 재영이의 부족한 학습을 지도하기 어려웠다. 그래서 지역사회복지사가 담임교사를 만나 상담한 후 담임교사의 협조로 방과 후에 재영이의 기초학습을 이웃에 살고 있는 학부모에게 요청하였다.

자원 연결하기

자원을 연결할 때 중요한 것은 일회성으로 그치지 않도록 하는 것이다. 자원이 적절했는지, 원하는 지원이 효과적으로 이루어졌는지, 참여자나 혹은 자원 제공자가 서로에게 부담이 없었는지 확인하여 필요할 때 지속적으로 연결이 가능하도록 해야 한다.

자원을 연결할 때는 지역사회복지사의 판단에 의해서가 아니라 참여자가 주도적으로 원하는 것을 선택할 수 있도록 해야 한다. 만약 지역사회복지사와 자원 간의 협력만 이루어지고 참여자가 배제된다면, 참여자는 단지 서비스 수혜자로 혜택만 받는 것이다. 이후 참여자 스스로 자원을 요청할 수 없어 적절하게 지원을 받을 수 없거나, 지나치게 의존적이라고 낙인 찍힐 수 있다. 그렇기 때문에 자원 연결은 참여자가 선택하고 결정하는 과정을 거쳐야 한다.

Tips 연계기관에서 참여자에 대한 부정적 시각이 있을 때의 대처방안

- 우선 서비스 제공자의 의견을 잘 들어준다.
- 참여자의 힘든 상황에 대해 설명하고 서비스 제공자가 이해할 시간을 준다.
- 연계기관의 전문성을 인정한다.

(1) 비공식 자원

비공식 자원은 참여자가 낙인감에서 자유로울 수 있고, 접근성을 용이하여 좋은 자원이 될 수 있다. 다양한 비공식 자원을 가진 참여자가 어려움을 해결할 가능성이 더욱 높다. 이는 직접적인 심리적 안정과 정서적 지지를 받을 수 있으며, 할 수 있다는 가능성에 대한 인정뿐 아니라 일상적인 부분(아동 보호와 양육, 긴급한 경제적 지원, 집안청소 등)에 직접적인 도움을 받을 수 있기 때문이다. 효과적인 비공식 자원 연결은 지역사회복지사가 지역사회 속에서 활동한다는 특성을 최대한 살려 이루어질 수 있다. 친척, 이웃, 학부모, 직장동료, 종교기관 등이 대표적인 비공식 자원이다.

(2) 공식 자원

① 민간 자원

지역사회복지사는 기업이나 사회복지단체와 같은 공식 자원을 통해 다양한 서비스와 자원을 연결할 수 있다. 공공 자원은 자격조건을 충족하는 것이 까다롭거나 접근성이 떨어지는 경우가 많아, 참여자에게 연결되기 어려운 경우도 있지만, 민간 자원은 참여자의 욕구에 맞게 부분적인 연결이 가능하고, 신청자격도 상대적으로 유연하다.

기업 내 사회공헌 팀에서 자원봉사자와 물품지원을 받을 수 있다. 사회복지공동모금회에서는 지역공동모금회 공모사업 지원 이외의 긴급구호, 재난구호비 지급이 가능하다. 개인 또는 단체, 사회복지기관이 긴급지원사업(재해 및 재난 등 긴급한 지원이 필요한 사업)에 지역단위의 긴급지원 신청을 할 때는 해당지역 공동모금회로 신청할 수 있다.

사회복지공동모금회법 제25조(재원의 사용 등) 및 긴급지원시행세칙의 규정에 의하면, 재난 긴급구호 및 사회복지 영역의 긴급지원이 필요한 사업이 지원 가능하며, 재해·재난으로 인해 피해를 입은 개인 및 단체의 의식주를 포함한 의료, 구호 등 긴급한 사회복지 지원사업 및 재해 및 재난에 준하는 사회복지 지원이 필요한 개인에 대한 긴급지원 등이 가능하다. 각각의 구체적인 지원내용은 사회복지공동모금회 홈페이지에 실려 있다.

지역아동센터나 그룹홈은 국가나 지자체의 지원을 받고 있는 곳이 많으나, 민간에 위탁되어 운영비 일부를 지원하는 방식이다. 지역아동센터는 지역사회 안에서 아동·청소년을 안전하게 보호하여 신체적, 정서적, 문화적, 교육적으로 잘 성장하도록 지원하는 역할을 하고 있다. 특히 지역사회에서 안전한 보호가 요구되는 한부모가족, 장애인부모가족, 조부모가족, 빈곤가족의 아동을 위한 보호, 교육, 양육 등 가정의 역할을 보완하는 통합적인 서비스를 제공하고 있다. 현재 지역아동센터는 전국적으로 2,000여 개 이상이 운영되고 있으며, 지역사회복지사가 아동을 지역아동센터에 연계하려면 시·도 사회복지과, 부스러기사랑나눔회(http://www.busrugy.or.kr)나 전국공부방협의회(http://cafe.
daum.net/kgc 2003)와 전국지역아동센터협의회(http://www.jckh.org/
main.php)를 통해 정보를 얻을 수 있다.

> • 갑자기 다른 지역으로 이사 가게 된 현영이를 위해 지역사회복지사는 부스러기
> 사랑나눔회를 통해 이사간 지역의 지역아동센터의 연락처를 부모에게 알려 주었
> 다. 현영이의 부모는 지역아동센터를 직접 연락하고 찾아가 살펴보고 상담 후에
> 집에서 가깝고 현영이에게 적합한 지역아동센터를 선택하였다.

그룹홈은 소규모 시설 또는 장애인이 공동으로 생활하는 가정으로 가족 안에
서 생활하기 어려운 아동, 청소년, 노인을 각각 소수의 그룹으로 묶어 가족적인
보호를 통해 지역사회에 적응할 수 있도록 도와주는 프로그램이나 제도를 말한
다. 학교생활의 적응도가 낮아 어려움을 겪는 아동, 가정과 사회생활에 적응하
지 못하는 청소년, 정신적·신체적으로 장애가 있어 타인의 도움을 필요로 하는
노인, 실업 등으로 인해 발생하는 노숙자 등이 주요 대상이다. 각 그룹홈은 별개
의 시설로 운영되며, 최종 목적은 입주자들의 자립과 사회적인 통합이다. 전국
아동청소년그룹홈협의회(http://cafe.daum.net/grouphome2002)에 문의하면 지
역별로 참여자에게 적절한 정보를 얻을 수 있다.

> • 석준이 형제는 아버지가 야간일을 하시고, 밤시간 주위에 돌봐줄 어른이 전혀 없
> 어 위험에 심각하게 노출되어 있었다. 아동보호 전문기관과 협력하여 방학 중 머
> 무를 수 있는 단기쉼터를 소개받아 입소를 도왔다.

가정폭력·성폭력상담소는 참여자가 폭력으로부터 안전한 보호를 받을 수 있
는 위기지원기관이다. 쉼터를 통한 보호와 이혼 및 폭력에 대한 법적 대응, 피해
참여자에 대한 의료 및 상담 서비스가 지원되고 있다.

이 밖에도 다양한 사회복지관련 협의회, 예를 들면 장애인협의회나 노인관련 협의회가 자원이 될 수 있으며, 청소년의 건전한 성 발달을 지원하는 청소년 성문화센터도 자원에 포함된다. 아하성문화센터, 내일여성센터, 아우성 등이 성교육 프로그램, 상담활동, 성폭력상담을 실시하고 있다.

② 공공 자원

국가나 지방자치단체가 국민의 최저한도의 생활을 보장하기 위해 실시하는 소득보장과 의료보장 등의 제도와, 이를 보완하는 개별적이며 구체적인 생활보장제도. 공공 자원은 낙인에 대한 우려와 선정절차상 어려움이 있으나, 권리의 보장이라는 측면에서는 적극적으로 이용해야 한다. 또한 일정한 조건을 갖추면 안정성과 포괄성이 가장 잘 보장된다는 점에서 기본적으로 참여자의 이용가능성을 탐색해야 한다.

가) 국민기초생활보장수급권

보건복지부 국민기초생활보장법 사이트(http://blss.mohw.go.kr)에서 분야별 정보와 수급자격 진단을 받을 수 있으며, 동사무소 사회복지 전담공무원과 협력하여 수급신청을 할 수 있다.

- 수급자 신청은 본인 또는 대리인이 연중 언제든지 거주지 동사무소를 통해 할 수 있으며, 사회복지 전담공무원이 직권으로 신청할 수도 있다.
- 신청 시 구비서류는 급여신청서(동사무소 비치), 임대차계약서 사본(전·월세 거주자 경우), 근로능력평가, 소득 및 재산관련 등에 필요한 서류, 진단서(질병자의 경우), 기타 요구 서류 등이다.
- 신청자격 여부는 동사무소에서 부양의무자 및 생활실태를 조사하고 시·군·구에서 보장 여부를 결정한다.

이 밖에 각 시·군·구 사회복지과로 직접 상담이 가능하며, 각종 복지제도에 대한 상담, 중재, 구제에 관한 도움은 빈곤문제연구소 부설 빈민상담센터 빈곤상담전화 080-333-9413, 1588-9412를 이용할 수 있다.

> • 재성이 어머니는 주민등록이 말소되어 국민기초생활수급권과 의료보험 혜택을 전혀 받지 못하고 있었다. 지역사회복지사의 지원으로 주민등록을 복원하였으며, 동사무소 전담공무원의 협력으로 국민기초생활수급권자와 의료보호대상자로 선정되어 지원받게 되었다.

▶▶ 국민기초생활보장제도

국민기초생활보장제도는 가족이나 스스로의 힘으로 생계를 유지할 능력이 없는 최저생계비 이하의 절대빈곤층에게 생계, 교육, 의료, 주거 등의 급여를 통해 기본적 생활을 국가가 보장해 주고, 근로능력이 있는 자에게는 체계적인 자활지원 서비스를 제공하여 자활 · 자립을 지원해 주는 제도다.

① 생계급여
가장 기본적인 생활보호의 방법으로 수급자에게 의복, 음식물 및 연료비와 기타 일상생활에 필요한 금품을 지급하는 것이다. 지급대상자는 모든 수급권자, 단 근로능력이 있는 자에게는 자활에 필요한 사업에 참가할 것을 조건으로 하여 생계급여를 지급할 수 있다. 수급권자의 연령, 가구 수, 거주지역, 기타 생활여건 등을 고려하여 복지부 장관이 정하되, 최저생계비 이상이 되도록 정한다.

② 주거급여
수급자에게 주거안정에 필요한 임차료(전세자금), 주거의 유지수선비, 기타 대통령령이 정하는 수급품을 지급하는 보호다.

③ 의료급여
의료 요보호자에게 의료를 받게 하는 보호다.

④ 교육급여
대상가구의 중 · 고등학교 자녀에게 입학금, 수업료, 학용품비, 기타 수급품을 지원하는 것으로서, 국민기초생활보장수급자에 대하여 적정한 교육기회를 제공함으로써 자립능력을 배양함과 동시에 빈곤의 세대물림을 차단하기 위한 제도다.

⑤ 해산급여

의료보호대상자가 조산, 출산 전후를 통해 필요한 조치와 보호를 받는 급여로서 출산여성에게 영아 1인당 50만 원을 현금으로 지급하며, 추가 영아 1인당 25만 원을 지급한다.

⑥ 장제급여

수급자가 사망하였을 경우 사체의 검안, 운반, 화장 또는 매장, 기타 장제조치를 행하는 것으로서 실제로 장제를 행하는 자에게 필요한 비용이나 물품을 지급하는 것이다. 근로능력이 없는 자로만 구성된 가구는 구당 50만 원, 근로능력이 있는 가구원이 있는 경우는 구당 40만 원을 현금으로 지급하고, 금전지급이 적당하지 아니하다고 인정되는 경우 물품으로 지급 가능하다.

⑦ 자활급여

근로능력이 있는 대상자에게 자립·자활할 수 있는 기반을 조성할 수 있도록 하는 것이다. 자활에 필요한 금품을 지급 또는 대여하거나, 근로능력의 향상 및 기능 습득을 지원하거나, 취업알선 등 정보의 제공, 근로기회의 제공 등이 포함된다.

나) 저소득 모·부자가정

저소득 모·부자가정으로 고교 또는 동등한 학력이 인정되는 각종 학교, 평생교육시설의 학습에 참가하는 자녀에게 고교생 학비가 지원된다. 즉, 학교 소재지를 기준으로 연도별, 급지별로 고지된 입학금, 수업료를 지원받을 수 있다. 6세 미만 아동은 아동양육비로 아동 1인당 50,000원이 월 단위로 지원되며, 각종 보육료 감면, 급식비, 준비물비, 교복비용 등이 지급된다. 또 비정기적인 물품지원, 정부미 우선 판매, 농산물 상품권 등을 지급받을 수 있다.

• 은주 어머니는 공공 자원에 대한 정보부족으로 국민기초생활수급 신청을 못하다가, 지역사회복지사의 지원으로 동사무소를 방문하여 상담하였다. 은주네는 일정 정도의 소득이 있어 국민기초생활수급조건이 되지 않고, 모·부자가정 선정기준은 충족하여 양육비 지원을 받게 되었다.

➡ 저소득 모 · 부자가정

① 지원대상
- 배우자와 사별 또는 이혼하거나 배우자로부터 유기된 경우
- 정신 또는 신체장애로 인하여 장기간 근로능력을 상실한 배우자를 가진 경우
- 미혼인 경우(사실혼관계에 있는 경우는 제외)
- 배우자의 생사가 분명하지 않은 경우
- 배우자 또는 배우자 가족과의 불화 등으로 인하여 가출한 경우
- 배우자의 해외거주, 장기복역 등으로 인하여 부양을 받을 수 없는 경우
- 국내에 체류하는 외국인 중 대한민국 국민과 혼인하여 대한민국 국적의 아동을 양육하고 있는 경우
- ※ 세대주는 세대원을 사실상 부양하는 경우를 포함하고, 자녀는 취학한 20세 미만의 자녀가 포함된다.

② 지원내용
- 고등학생 수업료 및 입학금: 전액
- 6세 미만 아동 양육비 지원: 월 5만 원
- 복지자금 대여: 1인당 대여 한도액 2,000만 원 이내
- 영구임대주택 입주: 지방자치단체가 관리하는 영구임대주택 중 일정량을 무주택 저소득 모 · 부자가정에 우선 공급
- 한부모가족 자녀양육비 이행확보 무료법률구조사업: 자녀양육비 청구소송 지원, 친자관계 입증을 위한 법률상담, 유전자검사 및 소송 지원 등
- 한부모가족 생활안정지원사업: 취업, 자녀, 거주문제 등 맞춤 서비스 제공, 고용지원센터, 법률기관 등 지역의 물적, 인적 자원 연계 등

다) 소년소녀가장

지원대상은 부모의 사망, 질병, 가출, 이혼, 수형 등으로 인하여 생활이 어려운 만 18세 미만의 소년소녀가 가정생활을 이끌어 갈 때, 정부의 보호가 필요한 국민기초생활보장수급권자 선정기준에 적합한 경우다. 지원내용은 18세가 되는 해의 말까지 각종 보호비를 지원한다. 소년소녀가장 세대주의 연령이 15세 미만으로 보호자와 함께 생활하고 있지 않는 아동 단독 구성세대는 아동복지시설 입소방안이 강구된다.

위탁아동양육비는 부모가 행방불명, 가출, 실직 등 아이들을 양육할 수 없는

상황으로 인해 부양의무자인 조(외)부모나 다른 친척 또는 제3자가 양육할 때, 아동은 소년소녀가장으로 개별보호(국민기초생활수급)되고 양육자에게 위탁아동양육비가 주어진다.

③ 종합사회복지관

종합사회복지관은 지역사회 내에 일정한 시설과 전문인력을 갖추고 개인 및 가족과 지역사회를 대상으로 보호 서비스, 자립능력 배양을 위한 교육훈련, 가족기능 강화 및 주민 상호간 연대감 조성 사업을 하여 각종 지역사회문제를 예방, 치료하는 종합 서비스를 제공한다. 지역사회복지사는 종합사회복지관, 지역복지회관, 특화된 노인복지관이나 아동복지관, 장애인복지관 등에서 가사도우미 파견, 도시락·반찬배달, 심리검사 및 치료, 부모교육, 노인가정봉사원 파견 등의 연계를 실시한다.

> • 인호네는 정보의 부재로 종합사회복지관에서 지원되고 있는 자원을 이용하지 못하였다. 지역사회복지사는 담당 사회복지사와 상담을 통해 인호에게 방과후 특기적성 프로그램을 연계하고, 지역 내 지역아동센터에 대한 정보도 얻을 수 있었다.
> • 정연이네 집에는 바퀴벌레가 천장에서 쏟아질 정도로 많았고, 오래전 먹었던 과일껍질이 방과 주방에 뒤섞여 있고, 곰팡이가 피어 악취가 진동했지만, 아무도 이를 치울 엄두를 내지 못했다. 지역사회복지사와 지역아동센터 실무자는 집수리 및 가사도우미 파견사업을 하던 지역 내 주거복지센터에 청소 및 소독인력 지원을 받도록 연계하였다.

④ 의료

가) 정신보건센터

전국적으로 정신보건센터가 자치구 중심으로 운영되고 있다. 서울지역은 서울시 정신보건 네트워크(http://www.seoulmind.net)에 각 지자체별 정신보건센터가 자세히 소개되어 있으며, 근래에는 소아·청소년 정신보건센터가 운영되고 있다. 한국정신보건사회사업학회(http://www.kamhsw.net)에는 전국적인 센터와 사회복귀시설, 병원 등의 주소가 제시되어 있다.

정신보건센터는 대부분 저소득층 정신장애인의 사례관리나 자활 프로그램을 운영하고 있다. 약물복용이나 정신장애 증상이 악화되지 않도록 점검하기 위한 가정방문이 이루어지고, 재활을 돕기 위해 안내하는 사례관리와 치료에 도움이 될 만한 프로그램을 주간치료소에서 운영하고 있다. 일상생활과 기능 회복을 돕기 위한 규칙적 생활과 작업기능 회복을 위한 작업재활 프로그램을 실시하고 있다.

> • 한진이는 신경정신과를 통해 정신분열 초기라는 진단을 받았다. 지역 내 정신보건센터에서 약복용과 한진이의 정신건강 상태를 체크하기 위해 가정방문을 실시하고 있다.

나) 일반의료

대부분의 종합병원은 의료사회사업실을 갖추고 있다. 의료사회사업실에서는 질병으로 인해 발생하는 환자와 그 가족의 심리적·사회적·경제적·환경적 문제를 해결할 수 있도록 도와주며, 퇴원 후에도 정상적인 사회활동을 할 수 있도록 전문적인 서비스를 제공하고 있다. 상담절차는 종합의료정보시스템에 의한 의료진의 타과 의뢰서를 통하여 이루어지고, 상담내용은 비밀을 원칙으로 한다. 참여자에게 체계적인 진료가 요구될 때 먼저 의료사회사업실을 찾아가 의뢰하고 진료를 받으면, 이후 치료비 지원 등의 도움도 받을 수 있다. 의료사회사업실의 역할은 심리사회적 상담, 경제적 문제 상담, 사회복귀 및 재활상담, 지역사회 자원 연결 등의 상담업무와 말기암 환자와 가족을 위한 교육 및 상담, 정신과 집단 프로그램: 사회기술훈련(낮병원), 연극치료(낮병원), 가족교육(낮병원/소아), 만성신부전 환자와 가족교육, 이식인을 위한 자조집단 지도 및 교육, 성인 당뇨환자 자조집단 지도 및 교육, 소아당뇨 부모교육, 구순구개열 환아 부모교육 등의 집단 프로그램, 성인자원봉사(19세 이상) 활동 조직 및 관리, 불우환자 지원사업, 어린이병원 위문공연 등 진행, 학대아동보호팀 운영 등이 있다.

지역 내 보건소를 통해 보건의료의 혜택을 받을 수 있으며, 기본적인 건강진단 및 만성퇴행성 질환에 대한 지원을 받을 수 있다.

> • 진성이는 근육병 진단을 받았지만, 병에 대해 잘 모르고 어떤 치료를 받아야 하는지 몰라 치료를 받지 못하였다. 지역사회복지사가 의료사회사업실에 의뢰하여 어머니와 함께 근육병의 진단내용과 앞으로의 치료계획에 대해 설명을 듣는 기회를 마련하였다. 병원에서는 지역사회복지사가 무엇을 어떻게 도울지 정보를 제공하였고, 동사무소와 연결하여 난치성 희귀성 질환에 대한 의료보호 특례를 추진해 주었다.

⑤ 교육(학교사회사업, 교육상담창구, 학교폭력, 대안학교)

학교사회사업이란 학교에서 일어나는 학생의 문제를 개인뿐 아니라 환경의 영향이라고 판단하여 학생-학교-가정-지역사회의 연계를 통해 문제를 예방하고 해결하며, 최상의 교육환경과 공평한 교육기회를 제공하여 학생 복지를 실현할 수 있도록 도와주는 사회복지의 전문분야다. 학교사회사업가는 학생과 학교와 가정 그리고 지역사회의 관계를 증진시키고, 서로 보완·협력할 수 있도록 중재하고 연계하는 방법을 통해 학생의 다양한 욕구를 충족시키는 서비스를 제공하고 있다. 그리고 사회사업적 지식과 방법을 동원하여 다양한 프로그램 및 지원체계를 만드는 역할을 한다.

대안학교는 공교육제도의 문제점을 극복하고자 만들어진 종래의 학교교육과는 다른 교육 형태로, 대안교육연대(www.psae.or.kr)를 통해 자세한 현황을 알

> • 하진이는 담임교사와의 상담을 통해 지속적인 학교폭력의 피해자인 것이 알려지게 되었다. 학교에서는 가해자에 대한 조사와 교육, 상담에 이루어졌고, 하진이의 안전에 대해서 지역사회복지사와 지속적인 협력이 이루어졌다. 더 이상 하진이가 학교에서 폭력을 당하는 일은 발생하지 않았다.

수 있다. 교육청에도 교육문제에 대한 상담창구와 전용전화가 있다.

⑥ 안전

참여자의 안전과 관련한 hot-line을 기억해야 한다. 아동학대는 1577-1391, 청소년 긴급전화(학교폭력, 비행, 가출청소년 등)는 1388, 가정폭력 위기안내전화는 1366, 노인학대는 1389로 연락하면 가까운 관련기관의 연락처와 대처방법에 대한 자세한 안내를 받을 수 있고, 현재 복지콜 129가 시행되고 있다.

특히 아동보호전문기관은 아동에게 가해지는 모든 범주의 학대를 신고하는 기관으로, 아동의 안전에 심각한 위협이 있을 경우 보호격리 등 응급보호조치를 실시하고, 그렇지 않을 경우 가족보존을 원칙으로 하여 가족 서비스과 모니터링을 하고 있다.

- 민정이 어머니는 결혼 이후 지속적으로 아버지에게 폭력을 당하였다. 이러한 사실을 지역사회복지사에게 알리고 도움을 요청하여, 가정폭력상담소에서의 위기상담과 폭력 시 안전계획을 세워 긴급하게 대처할 수 있는 방법들을 습득하였다. 어머니는 다시 폭력이 발생했을 때 1366에 전화하여 쉼터에 입소하였다.

⑦ 직업재활, 자활후견기관

자활후견기관은 저소득층의 일자리를 창출하고, 주민의 경제적 자립 지원과 사회적 일자리 창출을 통한 지역사회연대 및 지역공동체를 건설하고자 설립되었다. 한국자활후견기관협회 홈페이지(www.jahwal.or.kr)를 참고하면 자세한 정보를 얻을 수 있다. 자활사업에 참여하기 위해서는 우선 동사무소 전담공무원을 찾아가 조건부 수급신청을 해야 하고, 구청에 수급신청 명단이 올라가면 해당 자활후견기관에 명단이 통보되어, 신청순서와 상담을 통해 파악된 적성 및 능력을 종합적으로 고려한 일자리가 배정된다.

> • 하늘이 아버지는 야간일을 하셨는데, 불안정한 일용직이고 야간에 아이들만 집에 두고 나가는 것이 마음에 걸려 주간에 일자리를 지속적으로 알아보셨지만 여의치 않았다. 지역사회복지사의 정보제공으로 동사무소를 찾아가 자활근로 신청을 하고, 자활후견기관의 상담을 받아 적합한 일자리를 알아본 후 대기신청을 하였다.

⑧ 경제

신용회복위원회(www.pcrs.or.kr)를 통해 무료법률상담, 제도 소개 및 각종 질의응답, 처리절차 등을 지원받을 수 있다. 개인회생제도는 2004년부터 시행된 제도로 재정적 어려움으로 인하여 파산에 직면하고 있는 개인채무자, 장래에 계속적으로 또는 반복하여 수입을 얻을 가능성이 있는 자에 대하여 채권자 등 이해관계인의 법률관계를 조정함으로써 채무자의 효율적 회생과 채권자의 이익을 도모하기 위해 마련된 절차다. 총 채무액이 무담보채무의 경우에는 5억 원, 담보부채무의 경우에는 10억 원 이하인 개인채무자로서 장래 계속적으로 또는 반복하여 수입을 얻을 가능성이 있는 자가 3년 내지 5년간 일정한 금액을 변제하면 나머지 채무의 면제를 받을 수 있는 제도다. 대법원(http://help. scourt.go.kr) 홈페이지에서 자세히 알아볼 수 있다.

이 밖에 물적 담보를 제공할 수 없는 저소득 빈곤층에게 무담보, 무보증으로 소규모 생업자금을 신용대출해 주는 신나는조합(http://www.joyfulunion. or.kr)과 사회연대은행(http://www.bss.or.kr)이 있다.

> • 선욱이 아버지는 신용불량자로 이를 해결하기 위한 도움을 요청하였다. 이에 지역사회복지사는 신용회복위원회와의 상담을 주선하여 가까운 곳에서 상담받을 수 있는 지역위원회를 소개하고 약도와 필요한 서류준비를 도왔다.

⑨ 기타

가) 청소년지원센터

위기 청소년이 상담전문가와의 일대일 면접을 통해 개인의 심리적 문제나 생활의 어려움을 해결할 수 있도록 도와주고 있다. 생활에의 적응과 자아성장에 도움을 주고 있으며 이외에 각종 심리검사와 또래집단 프로그램을 실시하여 문제해결 및 바람직한 행동양식을 습득하도록 돕고 있다.

나) 건강가정지원센터

건강가정지원센터(www.familynet.or.kr)는 요보호가족만이 아니라 모든 가족을 위한 서비스를 지향하며, 평등하고 민주적인 가족관계를 지향한다. 또한 가족 전체를 고려한 통합적 서비스, 예방과 돌봄 및 기능 강화를 위한 포괄적 서비스, 전문적인 서비스를 유관기관과의 네트워크를 통해 효과적으로 제공하고 있다.

구체적인 사업으로는 가족상담사업(부부상담, 자녀양육상담, 고부갈등상담, 이혼전후상담, 재혼상담 등), 생애주기별 가족교육사업(결혼준비교육, 부부관계증진교육, 아버지교육, 의사소통교육 등), 다양한 가족지원사업(결혼이민자가족, 장애아가족, 한부모가족, 조손가족 등), 가족돌봄지원사업(아이돌보미사업, 맞벌이가정 방과후 지원)이 있다.

이 밖에도 자원봉사센터, 법률구조공단, 가정법률상담소와 같은 무료법률을 받을 수 있는 기관과 대한주택공사가 자원으로 활용될 수 있다.

(3) 자원 네트워크

지역사회복지사는 공식·비공식 자원과 지원 협력의 상호교류 활동을 통해 효율적인 참여자 지원방안을 마련할 수 있다. 자원 간의 협력을 통해 기관별로 상호관심을 갖는 문제에 대해 공동 대처방안을 마련하거나, 참여자의 자활을 위해 공동모색하거나, 제공되는 자원을 조정할 수 있다.

지역사회 자원 간의 협력은 참여자의 욕구에 맞추어 실질적인 지원과 협력의 내용을 만들어 내는 사례관리과정에서 이루어지는 네트워크가 가장 바람직한 방식으로, 지역사회 연계모임을 통해 활성화될 수 있다. 지역사회 연계모임은 참여자가 가장 필요로 하는 부분을 효과적으로 시행하기 위해 자원 간의 역할을 분담하고 조정하여 보다 효율적이고 체계적인 지원이 이루어질 수 있도록 하는 것이다. 이때 참여자가 모임에 참여하여 필요한 지원을 요청하고 선택할 수 있으며, 참여자 역시 역할을 가짐으로써 지역사회 자원과 파트너로서 협력할 수 있도록 해야 한다.

[그림 21] 지역사회 연계모임

- 동진이네 가족은 오래전부터 교회가 도움을 주고 있었다. 지역사회복지사가 새롭게 지원하면서 종합사회복지관과 연계되어 동진이가 놀이치료를 받을 수 있게 되었고, 근처의 지역아동센터를 소개받을 수 있었다. 교회에서는 지속적으로 반찬 서비스, 가사도우미 자원봉사자를 지원하였고, 복지관을 통하여 부모교육을 받게 되었다. 동진이는 지역사회복지사와 지속적으로 만나고 있다.
  또한 동사무소를 방문하여 전담공무원, 목사, 종합사회복지관 담당사회복지사, 지역사회복지사, 동진이네 부모가 함께 공공부조를 통한 자원이나 민간위탁 지원방안에 대해 논의하고 협력하였다.
- 성진이의 상습절도문제로 파출소에 가게 된 지역사회복지사는 지금까지의 개입 내용을 설명하고 앞으로의 계획을 담당자와 나누었다. 파출소의 담당경찰관도 지금까지 진행한 성진이에 대한 여러 가지 조치들을 설명하였고 쉼터 입소, 상담명령 신청 등에 대해 상호협조할 것을 공유하였다. 그 후 담당경찰관의 소개를 받은 인근지역 경찰관이 또 다른 청소년을 소개하며, 협력 지원체계로 이어졌다.

꼭 기억하세요

① 더불어 함께 세우기는 참여자가 회복력(resiliency)이 있음을 믿고, 자신이 삶을 결정할 수 있도록 권한 혹은 힘을 부여하고자 하는 실천과정입니다.

② 더불어 함께 세우기에서는 참여자의 행동이 병적인 것이 아니라 생존하기 위해 선택한 삶의 방식으로, 그것이 바로 참여자가 가지고 있는 생존과 힘의 또 다른 증거임을 인식하는 관점을 유지해야 합니다.

③ 지역사회복지사는 접근성, 지속성, 안정성이 가장 높은 자원인 지역사회에 대한 분석과 이해에 기초하여 참여자에 대한 서비스 지원 계획을 세워야 합니다.

④ 참여자는 다양한 위기에 직면하기도 합니다. 참여자가 심각한 위험에 노출되었다면 즉각적이고 효과적인 위기개입이 이루어져야 합니다.

⑤ 정서적 지지는 참여자의 내적 힘을 북돋아 주어 문제상황을 극복하고 새로운 변화와 성장을 향해 나아가도록 도와주는 데 목적이 있습니다. 정서적 지지는 일상생활 속에서 참여자의 이야기를 경청하고 공감하며, 비밀보장이 지켜져야 합니다. 비밀보장의 예외는 참여자가 위험상황에 있을 때입니다.

⑥ 교육은 가치관, 신념체계, 생활에 대처하는 일상적인 방식 등 참여자가 가지고 있는 지식과 기술에서 출발해야 합니다.

⑦ 옹호는 서비스 지원이 참여자가 가질 수 있는 당연한 권리임을 참여자와 서비스 제공자에게 인식시키는 과정입니다. 이 과정에서 정보를 노출해야 한다면 참여자와 함께 결정해야 합니다.

⑧ 참여자의 어려움을 해결하기 위해서는 다양한 자원을 활용해야 합니다. 참여자가 이미 이용 중인 자원부터 새롭게 발견한 자원까지 참여자의 욕구에 따라 연계해야 하며, 특히 비공식적 자원은 참여자를 지원하는 데 있어 가장 효과적인

자원으로 활용될 수 있습니다.

⑨ 지역사회 연계모임은 참여자의 욕구에 맞추어 자원 간의 역할분담을 하는 효율적 지원을 위한 장이 될 수 있습니다. 이때 참여자도 모임에 초대해야 한다는 점을 기억해야 합니다. 모든 과정의 주체는 참여자이기 때문입니다.

제 · 7 · 장
참여자 뒤로 물러서기

하늘이 어머니는 지역사회복지사의 정서적 지지와 교육, 지속적인 병원치료 그리고 이웃과 지역사회 내 자원들의 격려와 협력으로 힘이 생기면서 아이들을 조금씩 돌보기 시작하였다. 아침이건 저녁이건 하루 종일 누워만 있던 어머니가 아침에 아이들을 깨우고, 씻는 것을 확인하며, 등교준비를 도와주었다. 그리고 간헐적으로 들어오는 아버지의 폭력 신호를 확인하고 안전한 곳으로 피신했다가, 아버지가 잠이 들면 집으로 들어오는 행동을 직접 하기 시작하였다.

또한 주위에 자신을 지지하고 격려하는 자원이 있다는 것을 경험하면서 다른 사람과의 관계 맺기에 보다 적극적인 모습을 보였고, 어려움이 생길 때 혼자 해결하기보다는 주변에 도움을 요청하였다. 하늘이도 지역아동센터에서 표현력이 많이 늘었고, 무조건 양보하던 모습에서 때로는 친구에게 자기도 필요하다는 말을 해서 갈등이 생기기도 했지만 원하는 것을 얻기도 하였다. 바다와 산이는 많이 깨끗해졌다. 바다는 프로그램에 5분 이상 앉아 있고, 때로는 프로그램에서 과업을 수행하기도 하였다. 산이는 화가 나면 식히는 방법을 습득하여 친구들과 건강한 관계 맺기를 시작하였다.

그래서 지역사회복지사는 어머니가 충분히 아이들과 함께 차후에 욕구를 해소할 수 있는 힘을 가졌다는 믿음을 가지고 관계전환을 계획하였다. 현재까지 주 1회 만나던 것에서 격주로 만나고, 참여자 뒤로 물러서는 것에 대해 논의하였다. 어머니는 지역사회복지사가 공감과 정서적 지지를 해 주어 힘이 많이 되었는데, 섭섭하다고 하였다. 그러면서도 이제는 아이들을 잘 키울 자신감이 생겼다고 표현하였다. 아이들과 관계전환을 모색할 때 하늘이는 지역사회복지사에게 계속 만나 줄 것으로 요구하였다. 어느 정도의 시간이 필요한지 물었더니 3개월은 더 만나고 싶다고 하였다. 지역사회복지사는 하늘이도 친구들과 더 사이좋게 지내고 있고, 동생들도 학교와 지역아동센터에 잘 나오고, 친구들과도 사이좋게 지내니까, 이제부터 3개월간 격주로 만나자고 제안하였다. 이에 하늘이도 고개를 끄덕이며 관계전환을 승낙하였다.

'참여자 뒤로 물러서기'는 사회복지 실천과정의 '종결'에 해당한다. 일반적으로 종결이란 사회복지사가 참여자를 지원하는 마지막 단계다. 지역사회복지사는 참여자가 '변화의 주체'라는 신념을 가지고, 지금까지의 실천과정에서 참여자가 문제해결능력과 결정력을 가지고 있음을 경험하였다. 참여자 뒤로 물러서기는 문제해결능력을 가진 참여자를 삶의 주체로 세우는 관계전환의 과정이다. 즉, '뒤로 물러서기'는 참여자가 욕구가 해결된 상태를 유지하며, 또 다른 욕구가 생겼을 때 스스로 해결할 수 있는 기회를 갖도록 지역사회복지사가 참여자로부터 한 발짝 물러나 느슨한 새로운 관계로 전환하는 과정을 말한다.

▶▶ 1. 참여자와 느슨한 관계로 전환: 관계전환의 시점을 언제로 볼 것인가

참여자와 지역사회복지사는 동반자관계를 맺은 후 긴밀한 관계를 유지하며 협력관계를 이루어 왔다. 긴밀한 관계에서 참여자가 욕구를 해결하고 역량강화가 되었다면, 지역사회복지사는 참여자가 심리적, 시간적, 공간 속에서 삶의 주체자로서 스스로 결정하고 해결할 수 있도록 느슨한 관계로의 전환을 시작해야 한다. 지역사회복지사와 참여자의 느슨한 관계로의 전환이 참여자 뒤로 물러서는 단계라 할 수 있다.

지역사회복지사와 참여자 모두 관계전환 시점을 결정하는 것은 쉽지 않다. 지역사회복지사는 참여자와 협력적 관계를 유지하면서 관계전환의 시점이 언제가 적절한지를 고려해야 한다. 참여자와 지역사회복지사 모두 관계전환을 원하기도 하고, 지역사회복지사는 아직 관계전환의 시점이라고 생각하지 않는데 참여자가 관계전환을 요구하기도 한다. 때로는 참여자는 준비가 안 되었는데 지역사회복지사가 관계전환을 생각하기도 한다.

관계전환의 이유가 다양하더라도 지역사회복지사가 관계전환을 서두르는 것은 바람직하지 않다. 지역사회복지사는 참여자와 실천과정에 대한 평가와 의견 (아동과 양육자와 지역사회복지사가 어느 정도 변화했다고 느끼는지, 아동과 양육자가 원하는 것이 충족되었는지 등)을 나누고 관계전환에 대한 충분한 논의를 해야 한다. 참여자와 지역사회복지사가 모두 동의했을 때 한 달여간의 준비과정을 거친 후 관계전환을 해야 한다.

때로는 욕구에 따른 목표를 달성하지 못하였더라도 양육자가 아동을 보호할 수 있는 힘이 생겼다면, 관계전환을 준비하며 양육자를 지지해야 한다. 지역사회복지사가 참여자와 관계전환을 해도 되는 시점이 되었다는 판단이 서면, 변화와 성장에 대한 의견을 교환하면서 자연스럽게 관계전환이 이루어지도록 해야한다.

▶▶ 2. 관계전환을 위한 과업

참여자가 지역사회복지사와 협력적 관계를 통해 성공적으로 어려움을 해결하는 능력을 갖게 되었다면, 참여자는 이전과는 다른 새로운 관계를 경험하였을 것이다. 지역사회복지사와 참여자의 협력적 관계는 관계전환에서도 지속적으로 이루어져야 한다.

관계전환의 신호

지역사회복지사가 참여자와 협력하다 보면 어느 시점에 참여자가 스스로 어려움을 해결하고 있다는 신호를 보내거나, 때로는 참여자를 지원하는 기관이나 학교 등에서 참여자의 변화 정도에 따라 관계전환의 신호를 보내기도 한다.

(1) 참여자가 직접 표현하는 신호
참여자가 스스로 필요한 정보와 해결과정에 대해 알아보거나, 지역사회복지사에게 '이제 내(혹은 '우리' '가족')가 할 수 있어요.' '이제는 괜찮아요.' 라고 직접적으로 표현할 수도 있고, '~한 방법으로 해결했으면 좋겠어요.' 라고 의견을 제시할 수 있다. 지역사회복지사가 참여자의 성장과 변화의 정도를 알고 있어야 긍정적 관계전환을 요구하는 신호를 판단할 수 있다.
참여자가 자기성장과 변화를 알고 직접 표현하기도 하지만, 변화를 인식하지 못하고 무의식적으로 표현하기도 한다. 참여자의 관계전환 신호를 포착하게 되면 지역사회복지사는 참여자에게 변화를 스스로 정리할 수 있는 시간을 주어야한다. 자신의 성장을 알고 새로운 변화를 시도하는 참여자의 노력에는 칭찬과지지가 도움이 될 것이며, 아직 자신의 성장을 인식하지 못한 참여자에게는 변화의 정도를 점검할 수 있는 기회를 제공해야 한다.

"더 이상 바랄게 없어요. 이 정도면 충분하고 살 만해요." (생활의 만족)

"나는 지금 행복하고 최선을 다하고 있어요. 이만큼만 살면 좋겠어요. 아이들을대하는 내 태도에 여유가 생겼어요. 다른 사람이 하는 얘기도 나를 걱정해서 해 주는구나… 하는 생각이 들어요."

관계전환에서 지역사회복지사가 유의해야 할 점은 관계전환 시에 참여자가같은 말을 사용한다고 해도 상황에 따라 다른 의미를 담고 있는 경우도 있다는점이다. 간혹 라포가 형성되지 않은 참여자가 지역사회복지사에게 '~게 좋아졌어요'라는 표현을 하기도 한다. 이는 참여자가 지역사회복지사와의 짧은 관계만으로도 충분한 변화를 느꼈다는 의사표현일 수도 있지만, 반대로 더 이상참여자와 가족의 일에 참견하지 말았으면 하는 거부의 신호일 수도 있다.

Tips

"장학금을 신청해 주시는 걸로 끝났으면 좋겠어요."

→ 충분한 라포가 형성되고 참여자와의 협력적 관계가 지속되었을 경우 이 표현은 긍정적 관계전환의 신호로 볼 수 있다.

→ 라포 형성이 되지 않은 상황에서는 지역사회복지사와의 만남을 거부하는 의사 표현일 수도 있다.

(2) 어려움을 해결하기보다 친밀한 만남으로 인식하게 되는 시점

지금까지 지역사회복지사와 협력해 왔던 부분이 참여자의 우선순위에서 밀린다거나, 어려움에 대한 호소가 줄어들어 참여자와의 만남이 어려움을 해결하기 위해서가 아니라 친밀한 만남의 기회로 활용되기도 한다. 또 참여자가 다른 약속을 중요시하여 지역사회복지사와 만나는 시간에 늦거나 약속을 미루고, 해결해야 할 일이 새롭게 생겼지만 지역사회복지사와 의논하기보다는 스스로 해결하고자 한다면 관계전환의 시점으로 볼 수 있다.

> • 영일이는 잘 씻을 수 없는 환경 때문에 친구들에게 냄새가 난다고 놀림을 받고 친구가 없었는데, 지역사회복지사가 어머니에게 영일이의 어려움을 알려 준 후 어머니가 영일이의 옷이나 일상생활에 좀 더 신경을 쓰게 되었고, 정기적으로 지역아동센터의 자원봉사자들과 목욕탕에 가고 있다. 또한 영일이 어머니는 지역아동센터에 자주 전화를 하여 친구들과 어떻게 지내는지 물어보곤 한다. 영일이는 요즘 지역사회복지사를 만나면 "오늘은 뭐해요…. 요즘 어려운 거 없는데."라는 이야기를 자주 하고, 지역사회복지사와 만날 시간에 친구들과 놀고 싶다고 하였다.

(3) 참여자 주변의 영향력이 커지게 된 시점

참여자의 직접적인 변화 외에 참여자 주변사람들의 역량강화로 지역사회복지사가 없더라도 안정적인 상황이 유지된다면, 관계전환의 신호로 파악할 수 있다. 참여자 주변사람들을 통해 참여자의 변화가 확인되기도 한다.

> "공장에서 내 일만 하고 주위 아줌마들처럼 수다를 떨거나 웃는 시간이 전혀 없었는데, 요즘은 공장에서 아줌마들과 자주 얘기하고 편안해졌어요. 아줌마들이 저보고 많이 달라졌다는 이야기를 해요."

• 동네에서 자신을 괴롭히던 형들과 관계를 끊고 싶어하던 성우는 지역사회복지사에게 도움을 요청하였다. 성우는 아버지와 할머니가 자신의 어려움을 해결해 줄 수 없다는 생각을 가지고 있었다. 지역사회복지사가 성우의 동의를 얻어 가족에게 상황을 알렸더니, 아버지와 할머니가 성우 주변을 파악하고 귀가지도 등에 적극적으로 협력하였다. 가족이 없을 때는 성우 큰아버지가 돌봐주셨다. 또다시 동네 형이 성우를 괴롭히는 일이 생기자, 할머니와 가족이 즉각적으로 파출소에 신고하였고, 동네 형들의 위협으로부터 안전하게 되었다.

관계전환을 위한 평가 및 실천

참여자와 지역사회복지사는 지금까지의 과정과 노력을 통해 목표가 어느 정도 달성되었는지, 참여자가 원했던 결과를 얻었는지, 변화가 100% 이루어지지 않았더라도 참여자의 변화에 대한 의지가 어느 정도였는지, 어떠한 전략으로 변화를 이루었는지에 대해 평가하는 과정이 필요하다. 그리고 목표가 달성되었더라도 참여자의 안전과 욕구를 충분히 고려한 재사정이 반드시 이루어져야 한다.

이와 같은 평가를 위한 논의의 장이 마련되지 않으면 관계전환을 어떻게 진행시킬지, 지지적 자원과의 관계는 어떻게 유지될지 등의 결정이 어려워진다. 가능하면 참여자와 참여자를 지원했던 지역자원이 논의과정에 참여하여 관계전환에 대한 실천방향을 구체화해야 한다.

지역사회복지사가 참여자의 뒤로 물러서는 느슨한 관계전환의 논의가 이루어지면 앞으로 어떻게 할 것인가에 대한 계획을 세워야 한다. 관계전환을 위해 지역사회복지사는 몇 회를, 어느 정도의 기간 동안, 어느 정도의 거리를 두고 접근할 것인지, 참여자와 지역사회와 지역사회복지사가 각각 어떤 역할을 담당할지에 대해 고려해야 한다. 만약 관계전환 의식(작은 행사, 다양한 세리머니 외)이 필요하면 어떤 내용과 방법으로 할 것인지 계획하고 결정해야 한다.

Tips 관계전환의 요령

- 주 1회 정기적으로 만나던 횟수를 점차 줄인다. 만나는 횟수를 줄일 때는 지금까지의 참여자의 노력과 성과에 대해 인정하고 참여자가 동의하는 과정을 거쳐야 한다.
- 참여자에게 힘든 일이 생기면 지원할 수 있다는 여지를 남겨둔다.
- 관계전환을 기념하는 작은 의식을 할 수 있다.
- 참여자와 함께 식사하기, 의미 있는 선물주기, 편지쓰기, 활동했던 사진을 정리해서 앨범에 넣어 주기, 참여자가 만든 작품들을 스크랩해 주기, 관계전환을 기념하는 간단한 파티 등 다양한 활동을 할 수 있다.

"유진이는 잘 지내는데, 이제 둘째가 말썽을 피우고 다니네요. 유진이는 성적도 많이 좋아졌는데, 보세요.… 둘째는 예전의 유진이랑 똑같아요."

"유진이 성적이 많이 올랐네요. 기쁘시겠어요.…"

"선생님 덕분이죠. 선생님이 자원봉사 선생님도 소개시켜 주시고, 아이에게 할 수 있다는 자신감도 불어넣어 주시고.… 선생님을 만날 때마다 부모인 나는 무엇을 하고 있나 생각하게 됐어요.… 그래서 그때부터 선생님처럼 아이에게 칭찬도 하고, 때리지도 않고, 잘못을 해도 화부터 내지 않으려고 노력했어요."

"어머님은 공장일도 하시고 아이들에게 신경 쓰시는 게 힘드실 텐데.… 정말 열심히 하고 계시는구나 하고 느껴져요."

"자식일인데 누구보다도 제가 더 열심이어야죠. 둘째도 예전의 유진이처럼 말썽을 피우긴 해도, 제가 관심을 가지고 노력하면 잘할 수 있을 거라 믿어요. 선생님을 통해 자식에 대한 믿음이란 걸 다시 되돌아볼 수 있었어요. 선생님이 앞으로 아이들 때문에 오시지 않더라도 손님으로라도 꼭 와 주셨으면 좋겠어요."

지역사회 네트워크와 관계전환 공유

관계전환에서는 참여자뿐만 아니라 참여자로 인해 연결되었던 자원과도 어떻게 할 것인지를 결정해야 한다. 이미 앞에서 언급했듯이, 관계전환의 시점에서 참여자를 지원하는 지역자원이 모임을 통해 향후 계획을 논의하는 것이 가장 바람직하다. 그러나 현실적으로 참여자와 지역자원 전체가 한자리에서 모인다는 것은 수월하지 않다. 그래서 전체자원은 아니더라도 함께 할 수 있는 지역자원과 지역사회복지사와 참여자는 지금 시점에서 참여자와의 관계전환이 왜 필요한지, 참여자가 지역사회자원에 지속적으로 기대하고 있는 바는 무엇인지, 참여자에게 지원되고 있는 서비스가 얼마나 지속가능하지, 향후 참여자에게 어떤 서비스가 지원될 수 있는지의 여부를 파악해야 한다. 지역사회모임에서 지역사회복지사는 관계전환 후 자신의 역할에 대해 명확히 정리하고, 이후 지역사회자원과 참여자의 의사소통 방향에 대해서도 논의해야 한다.

변화(변화노력)의 안정화

참여자가 선택한 '변화'는 참여자의 욕구를 기반으로 한 목표가 실천적 노력을 통해 얻은 결과다. 지역사회복지사는 변화가 관계전환 후에도 유지되고 있는지, 새로운 어려움이 발견되지는 않았는지, 지속적으로 지켜보아야 하며, 참여자에게 지원되었던 자원이 유지되고 있는지도 파악해야 한다.

> • 소영이 어머니와 동반자관계 맺기에서 지역사회복지사에게 호소했던 내용과 같은 상황이나 문제가 재발생했을 때 어떻게 할 것인가에 대한 논의하였다. 또한 활용할 수 있는 자원에 대해 정보를 제공하고, 지원받을 수 있는 사회복지사 및 전문가, 기관에 대해 이야기하였다.

▶▶ 3. 관계전환에서 겪는 감정과 반응

지역사회복지사의 감정과 반응

관계전환을 통해 지역사회복지사는 참여자의 노력, 성장 그리고 변화에 대해 자랑스럽기도 하고, 한편으로 감사의 마음과 가슴 벅찬 감동을 받기도 한다. '참여자의 힘'을 직접 경험하였기에 관계전환 이후의 상황에 대한 걱정은 그다지 필요하지 않다. 이와 같은 경험과 감정은 지역사회복지사 개인의 성장에도 긍정적 영향을 미치므로, 지역사회복지사는 참여자에게 '당신의 노력과 변화에 대해 정말 기쁘고 감사하다.'라는 표현을 직접 전해야 한다. 그러면 참여자가 스스로 인정받았다는 느낌을 가질 수 있고, 지역사회복지사가 함께 성장했음을 확인할 수도 있다.

반면 관계전환을 준비하면서 지역사회복지사는 '관계전환했을 때 참여자가 잘할 수 있을까?' 하는 불안한 생각이 들기도 한다. 또는 '저 어머니는 아직 준비되지 않았어.… 조금 더 시간이 필요해!'라는 생각으로 참여자들이 해 온 과정이나 능력에 대해 갑자기 신뢰하지 못하고, 낮게 평가하기도 하며, 아동이 언제부턴가 지역사회복지사보다 가족이나 학교교사 등 다른 사람과 더 가까워졌다고 느끼며 서운한 감정이 생기기도 한다. 때로는 참여자의 어려움을 해결하는데 충분히 지원하지 못한 개인의 성실성에 대해 반성하며 불안해할 수도 있다.

이처럼 지역사회복지사는 참여자에 대해 기쁘고 감사하다가, 불안해하고 걱정하는 등 복합적인 감정상태를 경험한다. 이와 같은 감정은 관계전환 초기에 일시적으로 생겼다가 관계전환을 진행하면서 자연스럽게 사라지기도 하고, 때로는 참여자와의 관계전환 내내 지역사회복지사의 마음을 혼란스럽게 하기도 한다. 감정은 감정 그 자체만으로는 문제가 아니지만, 감정이 관계전환에 부정적 영향을 준다면, 지역사회복지사는 감정의 원인이 무엇이고 어떻게 다루어야 하는지를 고려해야 한다.

　지역사회복지사는 참여자가 어려운 상황에서 여러 번의 실패를 경험하고도 좌절하지 않고 어려움을 해결하기 위해 노력하고, 아동과 가족이 긍정적인 변화를 통해 역량강화되어 문제해결의 주체가 되는 것에 감사해야 한다. 때로는 강점 관점으로 참여자에 대한 믿음을 가지고 있으면서도 참여자가 다시 예전으로 돌아갈 것이라는 불안감을 가지기도 한다. 이럴 때 지역사회복지사는 그동안 참여자와의 협력과정을 정리하면서 참여자를 통해 배웠던 것에 대해 감사를 말이나 편지 등으로 표현할 수 있다. 참여자와 지역사회복지사가 감정에 대해 이야기할 때 참여자가 어떠한 느낌을 가질 수 있는지, 어떠한 느낌으로 전달하면 좋은지를 미리 생각해야 한다. 지역사회복지사가 자신의 감정을 다룰 때 기억해야 할 점은 참여자와의 관계를 재평가하거나 재정리를 하기 위한 시간이 아니라, 참여자가 관계전환을 할 때 자신과 지역과 지역사회복지사에 대해 긍정적 관계를 유지할 수 있도록 참여자에게 도움이 되는 방향이 무엇인지를 고려한 감정 다루기가 되어야 한다.

▸ 지역사회복지사 여러분과도 나누고 싶어요.

"갑작스럽게 ○○이와 ○○이가 지방으로 전학을 가게 되었다며, 아빠가 전화를 하셨어요. 그래서 부랴부랴 종결상담을 하게 되었는데 처음에는 서비스 연결이 거의 다 진행된 상태에서 중단되는 게 서운하기도 했는데… 그래도 아빠가 데리고 살겠다고 하니 다행이다 싶었어요. 만나 보니 아빠는 지난번 편지에 이어 연신 고맙다고 하십니다. 그런데 고맙다의 내용이 제가 생각했던 게 아니더군요. 저는 그저 그동안 ○○이와 ○○이에게 연결해 준 후원금과 물품, 병원진료, 말소되었던 주민등록 복원 등의 서비스 제공과 제 노력에 대해서 고맙다고 하실 거라 생각했었는데…

○○이 아빠의 말은 '그동안 형제들에게도 이렇게 어려운 사정을 말하지 못하고 아무렇지도 않은 척했었다. 하지만 선생님의 도움을 받으면서 어려우면 어렵다고 말하고 도움을 청할 수도 있다는 것을 알게 되었다. 선생님 도움으로 내 마음을 열게 되어서 너무 고맙다.' 라고 하시더군요. (그런 일 종종 있지만 참여자의 말로 직접 들었을 때의 감동이란!) 그때 깨달음처럼 '내(지역사회복지사)가 한 일은 그리고 해야 할 일은 물리적인 어떤 것만이

아니었구나. (바로 이거야!~)' 라는 생각이 들었어요.
지역사회복지사인 우리는 서비스를 제공하면서도 '(참여자) 의존성' 에 대한 의구심을 쉽게 떨
쳐버리지 못합니다.(저 역시)
그러나 어리석은 이 사회복지사보다 참여자가 한수 위더군요.
임파워먼트 못하고 서비스만 쏟아부은 게 아닌가 걱정하던 저에게 한수 가르침을….
며칠 동안 마음을 따뜻하게 했던 기억입니다."

– 관계전환 후 참여자가 보낸 편지를 받고, 지역사회복지사의 감정을 적어 올린 글 –

참여자의 감정과 반응

대부분의 아동은 지역사회복지사를 '나만의 선생님' 이라고 생각한다. 아동과 관계전환을 할 때, 아동은 때로 지역사회복지사가 새롭게 만나는 아동을 시기하기도 하고, 이전에 지역사회복지사와 했던 경험을 새 아동에게 미리 가르쳐 준다거나, 관심을 끌기 위해 예전의 부정적인 행동을 반복하기도 한다.

조부모는 정기적으로 자신을 방문하여 이야기를 들어주는 상대가 사라진다는 불안감에 서운한 감정을 가지기도 한다. 부모는 지역사회복지사가 아동양육에 대한 지속적 지원과정이 느슨해지고 없어지는 것에 오히려 안도하며 편안함을 느끼기도 하고, 때로는 지지자를 잃어버린 것 같은 상실감을 경험하기도 한다. 다른 사람들과 관계가 많지 않으면 관계전환을 지역사회복지사와 분리되는 것으로 받아들이기도 한다.

관계전환에서 참여자가 갖는 감정과 반응은 참여자가 누구이고, 어떤 관계를 형성했으며, 개인적인 환경이 어떠한가에 따라 매우 다양하다. 지역사회복지사는 참여자의 감정을 추측하기보다는 관계전환에 대한 감정을 직접 묻고 어떻게 풀어 가면 좋은지를 함께 나누어야 한다. 참여자가 감정을 표현하고 해결하려는 노력 자체가 관계전환의 하나의 과정으로, 참여자가 스스로 감정을 확인하고 해결할 수 있도록 지역사회복지사는 물러서서 지원해야 한다.

선생님에게
선생님 잘 지내세요.
저는 선생님을 아직 사랑해요.
선생님 그동안 고마웠어요.
선생님 ○○이가 19살 때 만나요.
선생님 다음에 만나요.……

[그림 22] 관계전환 후 아동이 지역사회복지사에게 쓴 편지

▶ 고마우신 선생님

선생님 안녕하세요. 추운 날씨에 건강은 어떠하신지 궁금하지만 염치가 없어 문안인사조차 할 수가 없어 몇 자 글을 올립니다. 선생님 너무너무 고맙고 감사합니다.
○○이와 ○○이가 선생님의 도움으로 학교생활을 할 수 있게 되었다고 형님으로부터 이야기 들었습니다.
열심히 해서 선생님 은혜에 보답하겠습니다.
그리고 수일 내에 전화 드리고 찾아뵙겠습니다.
그럼 건강하세요.

○○아빠 올림

[그림 23] 관계전환 후 참여아동 아버지가 지역사회복지사에게 쓴 편지

꼭 **기억하세요**

① '참여자 뒤로 물러서기'는 참여자와 지역사회복지사가 서로를 위한 협력적 관계에서 점차 참여자가 자신의 어려움을 해결하는 주체로 나아가는 관계전환의 과정입니다.

② 관계전환이 필요한 경우, 참여자는 반드시 언어적이든 비언어적이든 신호를 보냅니다. 관계전환의 시점이 오면 참여자뿐 아니라 주변상황에도 어떤 변화가 있는지 확인하여 관계전환의 신호를 발견해야 합니다.

③ 참여자에게 제공되는 자원의 지속성과 필요성을 체크해 보세요. 이후 어떻게 제공될 수 있는지, 대체자원은 어떤 것이 있을지 등 참여자와 자원 제공자와 확인하는 과정을 가져야 합니다.

④ 참여자와 지역사회복지사 모두 감정을 가진 사람입니다. 관계전환에서 겪는 감정을 확인하고 참여자와 지역사회복지사가 함께 풀어 가야 합니다.

제 · 8 · 장
지지적 관계 유지하기

하늘이네 가족과 관계전환 이후에 지역사회복지사는 월 1회 가정방문을 하였다. 가정방문을 통해 가족의 안전을 확인하였다. 어머니는 이제 자신이 어느 정도 건강해졌기 때문에 새롭게 경제활동을 시작하고 싶다는 욕구를 표현하면서 일자리에 대한 정보를 요청하였다. 지역사회복지사는 저소득 여성의 경제활동을 지원하는 기관에 대한 정보를 제공하였고, 이후 어머니가 직접 문의하여 파트타임의 일자리를 구하였다. 어머니는 파트타임 일을 하면서 만난 동료의 사정이야기를 듣고, 지역사회복지사를 만나 동료 가족에 대한 지원을 요청하였다.

하늘이네 가족의 지지 자원인 학교와 병원, 지역아동센터 등과 지속적으로 연락하여 항상 하늘이네 가족에 관심을 가지고 있는 것에 감사하고, 현재 가족구성원의 상황에 대해 이야기를 나누었다. 하늘이네 가족은 어머니가 일을 시작하였고, 바다와 산이도 꾸준히 지역아동센터와 학교를 다니고 있으며, 친구를 사귀면서 함께 노는 시간도 점차 늘어나고 있다.

'지지적 관계 유지하기'는 사회복지 실천과정의 '사후관리' 단계에 해당한다. 일반적인 사후관리는 종결 이후 참여자가 변화를 어느 정도 유지하고 있는가를 사회복지사의 관점에서 살펴보는 것이다. 반면 지지적 관계 유지하기는 지역사회복지사의 일방적 관리가 아니라 참여자와 동등한 위치에서 지속되는 긍정적 관계를 의미한다. 이는 지역사회자원과 지역사회복지사와의 계속적인 관계를 가질 수 있다는 참여자의 시각이 반영된 것으로, 참여자 스스로 결정할 수 있어야 한다. 참여자가 건강한 지지적 관계를 경험할 수 있도록 지역사회복지사가 일상적으로 지원해야 한다.

▶▶ 1. 참여자와 지지적 관계 유지하기

'지지적 관계 유지'는 지역사회복지사가 동등한 위치에서 참여자와 건강한 관계를 지속하는 것으로, 참여자가 도움을 요청하면 언제든지 지원할 수 있는 적정의 근접성을 유지해야 한다. 이는 참여자가 관계전환 후 언제라도 지역사회복지사에게 자신의 욕구를 다시 표현할 수 있다는 것을 의미한다. 이때 지역사회복지사는 참여자가 어느 수준까지 욕구해결을 위한 협력을 원하는지 민감하게 파악해야 한다. 예를 들면, 참여자가 스스로 욕구를 해결할 수 있기 때문에 단지 할 수 있다는 격려와 지지만을 요청할 수도 있고, 정보만 제공해 줄 것을 요청할 수도 있다.

단, 참여자의 도움 요청에서 고려해야 할 점은 참여자의 안전에 관한 부분이다. 가정폭력이나 아동학대 등 참여자의 안전을 위협하는 위기상황이 재발되거나 혹은 새로운 위기상황이 발견되었을 때 지역사회복지사는 보다 적극적인 지원을 모색해야 한다.

지역사회복지사가 참여자와의 지지적 관계를 유지하기 위해서는 정기적인 방문이 필요하다. 만약 참여자와 월 1회 정기적인 방문을 약속했다면 지역사회복지사는 반드시 지켜야 하고, 부득이하게 지키지 못한다면 참여자에게 연락하여 양해를 구하고 참여자의 시간에 맞추어 방문일자를 변경해야 한다. 참여자가 여전히 존중받고 있다고 느낄 수 있어야 하며, 가까운 곳에 지역사회복지사가 있다는 사실을 기억할 수 있도록 한다.

> • 지역사회복지사는 동반자관계 맺기에서부터 영하와 영하의 어머니에게만 초점을 맞추어 지원하였다. 관계전환 후 영하 어머니는 영하 오빠의 학교 부적응으로 인해 대안학교라는 욕구를 새롭게 제시하였다. 어머니는 지역사회복지사에게 대안학교가 무엇이고, 아들의 상황에서 들어갈 수 있는 대안학교에 대한 정보를 요청하였다. 지역사회복지사는 영하 어머니에게 대안학교에 대한 정보를 알려 주었고, 이후 영하 어머니는 아들의 학교진학을 결정하는 데 도움이 되었다는 고마움을 표현하였다.

▶▶ 2. 지역사회 네트워크와 지지적 관계 유지하기

지역사회복지사가 참여자와 협력하는 과정에서 연계된 자원은 다른 참여자에게도 중요한 자원이 될 수 있다. 연계된 자원을 지속적으로 이용하면 자원과의 빈번한 접촉으로 새로운 정보교환이 쉽게 이루어지고 이용도 수월해진다. 그러나 단발적으로 연계된 자원은 지원 이후에는 단절되는 경우가 종종 있다. 그렇기 때문에 지역사회복지사는 더불어 함께 세우기부터 연계된 자원과 지속적인 관계를 유지시켜 나가야 하며, 자원 간에 형성된 네트워크가 강화되도록 노력해야 한다.

흥미로운 사실은 지역사회자원과 지지적 관계가 유지될 때, 때로는 자원을 통해 참여자의 어려움과 접할 수 있다는 점이다. 이 경우 지역사회복지사는 참여자가 안전과 관련된 위기상황에 있는지를 확인해야 한다. 그렇지 않으면 참여자가 어려움을 해결할 수 있는지를 확인하여, 참여자와 자원이 함께 어려움을 논의하고 해결방안을 참여자가 찾아 선택하여 실천할 수 있도록 해야 한다.

> • 승준이의 심리검사를 위해 지역 내 소아정신과에 연계하여 검사와 치료를 받도록 하였다. 승준이와 관계전환 후 승준이 부모가 정기적으로 병원 진료를 받고 있었다. 이후 지역사회복지사가 다른 아동과 함께 소아정신과를 찾았을 때 승준이의 근황도 알 수 있었다.

▶▶ 3. 지지적 관계를 유지하도록 돕는 요인

참여자 그리고 지역사회와 지지적 관계 유지는 지역사회복지사의 작은 정성과 세심한 배려로 가능하다. 아동의 생일이나 가족의 기념일에 축하카드를 보내 지역사회복지사가 참여자를 항상 기억하고 있다는 것을 표현할 수 있다. 지역자원도 참여자의 근황을 직접 안부전화로 알려 주거나, 편지 등으로 작성해서 전달해 줄 수 있다. 또한 비용이 많이 들었거나 전문적인 지원을 주었던 경우라면 감사패를 제작해서 전달하거나 관련 사이트에 감사의 글을 올리는 것도 방법이 될 수 있다. 지역사회복지사의 작은 노력이 지역 내 자원과 긴밀한 협력관계를 형성하고 지원의 폭을 넓힐 수 있다.

> • 호영이는 경제적 어려움으로 인해 장기보호시설에서 3년 정도 생활했고, 아버지가 경제적으로 안정되면서 호영이의 퇴소를 고려하게 되었다. 아버지와 시설교사, 학교교사 등과 논의하여 퇴소일을 정하였다. 퇴소로 인해 그동안 시설에서 함께 지내던 친구나 교사와의 관계가 단절되지 않고 새로운 관계로 전환된다는 사실을 아버지가 아시도록 아동의 퇴소의식에 함께 참여하도록 권유하였다. 아버지는 친구와 호영이가 선물교환도 하고 이야기하는 모습을 보면서, 그동안 시설에서의 또래관계가 어땠는지 알 수 있었다. 시설교사는 호영이의 그동안 생활과 앞으로의 기대 및 퇴소 후에도 언제든지 방문할 수 있음을 알리는 편지를 낭독하였다. 이를 통해 아버지와 호영이에게 퇴소 이후에도 지속적인 관계가 유지될 수 있음을 알려 주었다.

☆ **기억하세요**

1 참여자와의 지지적 관계 유지는 지역사회복지사와 참여자가 동등한 위치에서 건강한 관계를 유지하는 것을 말합니다. 그렇기 때문에 참여자가 도움을 요청한다면 참여자를 지원해야 합니다. 참여자 뒤로 물러서는 관계전환 이후에도 참여자와의 약속을 지키는 것이 가장 기본적인 신뢰입니다.

2 참여자가 새로운 욕구나 도움을 요청한다면 지역사회복지사는 원하는 것이 무엇인지 민감하게 살펴봐야 합니다. 참여자가 위기상황에 있다면 보다 적극적으로 지원해야 합니다.

3 지역사회가 바로 지역사회복지사의 일터입니다. 지역사회와 연계된 자원은 다른 참여자에게도 소중한 자원으로 활용되기 때문에 자원과의 긴밀한 연계가 이루어져야 합니다.

제·9·장
지역사회복지사의 자기관리하기

참여자를 직접 찾아가서 지원하는 지역사회복지사에게 무엇보다 중요한 것이 자기관리다. 지역사회복지사와 참여자는 함께 일을 하기 때문에 서로 영향을 주고받는다. 이로 인해서 지역사회복지사가 대리외상(다른 사람의 경험을 간접적으로 경험하게 되는 경우)과 스스로에 대한 한계를 경험하기도 하고, 누적되는 업무로 인해 과부하되기도 한다. 그렇기 때문에 지역사회복지사는 참여자를 건강하게 지원하기 위해 자신의 스트레스 관리와 시간관리에 시간을 할애해야 한다.

▶▶ 1. 스트레스 관리

지역사회복지사는 참여자를 지원하면서 참여자가 살아온 삶이나 현재의 상황에 대해 알게 된다. 이러한 사실이 때로는 지역사회복지사 개인의 삶에도 영향을 미친다. 특히 아동에게 가해진 학대나 방임, 가정폭력 등 위기상황에 관해 보거나 듣게 되면 지역사회복지사가 대리외상을 경험하기도 한다. 그리고 지역사회복지사의 지속적인 지원에도 불구하고 참여자의 변화의 정도가 경미하거나 혹은 참여자가 더 어려운 상황에 빠지게 될 때, 정책이나 제도의 벽에 부딪쳐 적절한 지원이 어려울 때 지역사회복지사는 심리적 긴장과 불안, 죄책감 등의 혼란을 경험하면서 사회복지사로서의 자신의 능력에 대해 의구심을 갖게 되고, 누적되는 업무의 과부하 등으로 스트레스가 유발된다. 스트레스가 장기화되면 지역사회복지사는 자신의 업무에 집중할 수 없어 업무수행능력이 떨어질 수밖에 없다. 그렇기 때문에 지역사회복지사는 자신을 보호하기 위한 대처방안을 개발하여 활용할 수 있어야 한다.

스트레스 관리는 자신의 스트레스 신호를 아는 것에서 시작한다. 일반적인 스트레스 신호는 만성적 소화장애, 체중 감소 혹은 증가, 불면증 등의 신체적 반응, 일에 집중할 수 없고, 건망증이 생길 수도 있다. 때로는 우울한 기분이 들고, 걱정이 많거나 불안하고, 참여자에 대한 감정이입이 감소되는 등 감정적 반응도 나타날 수 있다. 자신의 스트레스 신호를 알아차리면 지역사회복지사는 다음과 같은 자기관리를 해야 한다. 첫째, 균형 잡힌 식사를 해야 한다. 설탕이나 기름진 음식, 인스턴트 음식을 줄이고, 과일이나 야채 섭취를 늘려야 한다. 지역사회복지사의 업무특성상 불규칙하게 식사를 하기 때문에 끼니를 거르거나 혹은 아주 늦은 시간에 식사를 하게 되는 경우가 많다. 또한 외부에서 식사를 하는 경우가 많아 간단하게 먹을 수 있는 음식을 선호하여 인스턴트 음식을 많이 먹는다. 어렵더라도 제때에 식사를 해야 하며, 외부에서 식사를 하더라도 영양을 고려한 식사를 하도록 노력한다. 둘째, 꾸준하게 운동해야 한다. 가벼운 스트레칭으로부터 시작하여 자신의 특성과 건강에 맞는 운동을 선택하여 일관적으로 해야 한다. 셋째, 정기적으로 휴식을 가져야 한다. 자신을 돌아보고 편안하게 쉴 수 있는 나만의 시간을 가져야 한다. 독서, 명상, 산책, 음악듣기, 차 마시기, 목욕 등이 있으며, 주말에는 일을 잠시 내려놓고 여행, 영화 보기, 친구 만나기, 종교활동 등의 사적인 시간을 가져야 한다. 넷째, 지역사회복지사는 자신의 지지체계를 개발하고 강화해야 한다. 정서적 긴장과 외상을 경험하면 신뢰할 수 있는 동료나 슈퍼바이저와 정기적인 시간을 가져야 한다. 관심 있는 분야에 대한 교육이나 관련된 사람들과의 만남도 의도적으로 해야 한다. 때로는 지역사회복지사의 비공식 자원—가족, 친구, 친척과 시간을 보냄으로써 지지와 격려를 받아 에너지를 얻을 수 있다.

Tips   스트레스 대처하는 방법

- 무언가 시작하는 것이 가장 중요하다.
- 처음에는 작은 것부터 시작해야 한다.
- 한 번에 한 가지의 변화를 만들어야 한다.

- 쉽게 할 수 있는 것으로 시작해야 한다.
- 충분히 일한 것에 대해 스스로를 보상해야 한다. 예를 들면, 평소에 사고 싶었던 물건을 사서 정성스럽게 포장하여 자신이 받아보거나 스스로에게 편지를 쓸 수 있다.

▶▶ 2. 시간관리

지역사회복지사는 직접 참여자를 찾아가 지원하기 때문에 틀에 맞추어진 업무형태가 아니다. 그렇기 때문에 다른 사회복지사들에 비해 시간활용이 매우 자유롭다. 그래서 효율적으로 시간관리를 하지 않으면 일이 중복되거나, 갑자기 생긴 여유시간을 활용하지 못할 수도 있고, 때로는 시간이 부족하여 업무 과부하가 생길 수 있다.

효과적인 시간관리에서 반드시 해야 할 것은 자신이 근무시간을 어떻게 사용하는지를 알아야 한다. 그리고 시간의 우선순위를 정하여 참여자 지원을 위한 실천계획을 수행하고, 기록 등의 제반 업무를 해야 한다. 만약 업무가 쌓이면서 진행이 더디거나 이로 인한 심리적 압박이 있으면 동료나 슈퍼바이저에게 전문적인 조언을 받을 수 있다. 만약 물리적 시간에 비하여 업무가 과중하다면 슈퍼바이저와 의논하여 적절한 업무량을 유지하도록 해야 한다.

지역사회복지사는 계획된 일만 하는 것이 아니라 갑작스러운 일들, 예를 들면 참여자에게 위기상황이 발생했거나 혹은 참여자가 갑작스럽게 만나기를 요청하는 등 참여자의 상황에 따라 계획이 변경되기 때문에 한꺼번에 많은 일을 수행해야 한다는 압박을 느낀다. 이럴 때 모든 일을 한꺼번에 하려고 하면 오히려 산만해지고 업무 효율성이 떨어진다. 그래서 바로 지원해야 하는 경우를 제외하고는 메모를 해두고 하던 일을 먼저 처리하는 것이 좋다. 지역사회복지사는 자투리시간을 활용해야 한다. 참여자와의 약속시간이 남았거나 참여자를 갑자기

만날 수 없을 때 남은 시간을 잘 활용해야 한다. 초기 지역사회를 방문한 경우는 어떤 지역인가를 탐색하기 위한 지역순방을 하거나, 참여자 지원에 참고하기 위한 책을 보기 위해 서점에 갈 수 있다. 때로는 아동에게 편지를 쓰거나 프로그램을 준비하는 시간으로 활용할 수 있고, 참여자를 위한 자료 검색이나 혼자 차를 마시는 시간을 가져도 좋다. 반드시 주간 계획이나 다음 날을 위한 계획을 세워야 한다. 하루를 정리하며 평가하는 일기를 쓰는 것도 방법이고, 메모하는 습관이 중요하다. 시간계획을 할 때 시간을 현실적으로 구분하여 근무시간을 고려한 탄력적인 업무 수행을 할 수 있어야 한다.

> **꼭** **기억하세요**

① 지역사회복지사는 참여자를 지원하면서 대리외상, 한계, 긴장, 불안으로 인한 스트레스를 경험하게 됩니다. 지역사회복지사는 자신의 스트레스 신호를 기억하여 스트레스에 대처할 수 있는 방법들을 찾고 선택하여 실천해야 합니다.

② 지역사회복지사의 업무시간은 자유롭기 때문에 효율적인 시간활용이 무엇보다 중요합니다. 사전에 업무를 계획하고, 자투리시간을 활용할 수 있어야 합니다. 사전 계획 속에서 유연성 있는 시간활용을 할 수 있어야 업무부담과 과부하를 경험하지 않습니다.

제 • 10 • 장
슈퍼비전

    일반적으로 '슈퍼비전'은 '지도, 감독, 관리'의 의미를 담고 있다. 따라서 권위를 갖고 있는 슈퍼바이저(Supervisor)와 상대적으로 작은 권위를 갖고 있는 슈퍼바이지(Supervisee)의 위계적 관계를 떠올리게 한다. 그러나 슈퍼바이지의 슈퍼비전은 수직적 관계보다는 평등한 수평적 관계로 이루어진다.

    슈퍼바이지는 업무특성상 개별적으로 일하는 것에 대한 부담과 외로움, 참여자가 호소하는 다양하고 복잡한 어려움, 불규칙한 근무시간, 잦은 이동 등으로 기관에서 일하는 사회복지사보다 이중, 삼중의 어려움을 겪고 있다. 이를 극복하여 지역사회 중심의 '찾아가는 사례관리'의 의미를 구현하기 위해 필수적인 것이 바로 슈퍼비전이다. 슈퍼비전은 슈퍼바이지인 슈퍼바이지를 전문적 · 정서적으로 지원하여 그들의 능력을 극대화시켜 적재적소에서 발휘할 수 있도록 돕는 것을 목적으로 한다. 이 장에서는 슈퍼바이지를 슈퍼바이지로 지칭하도록 하겠다.

▶▶ 1. 슈퍼비전의 원칙

(1) 슈퍼바이저 자신에 대해 먼저 이해해야 한다.

    슈퍼바이저는 슈퍼바이지에게 슈퍼비전을 지원하는 사람이다. 보다 효과적인 슈퍼비전을 위해서는 먼저 슈퍼바이저가 스스로에 대해 잘 알고 있어야 한다.

    첫째, 슈퍼바이저는 자신의 개인적 특성에 대해 파악하고 있어야 한다. 즉, 성격, 말투, 일상언어 등과 같이 대인관계에 영향을 줄 수 있는 요인들을 성찰하고, 유지해야 할 것과 변화가 필요한 것이 무엇인지 파악해야 한다. 변화가 필요하다면 의도적인 노력이 이루어져야 한다.

둘째, 슈퍼바이저는 자신의 전문적 특성에 대해 파악하고 있어야 한다. 일반적으로 슈퍼비전은 교육적·지지적·행정적 슈퍼비전으로 구분하는데, 슈퍼바이저가 어떤 부분의 전문적 경험을 갖고 있는지에 따라 슈퍼비전의 내용이 어느 한쪽으로 치우칠 수 있기 때문이다. 슈퍼바이저는 자신의 어떤 측면을 강화하고 보완할지에 대하여 늘 민감하여야 한다.

셋째, 슈퍼바이저 역시 자기관리 방안을 가지고 있어야 한다. 그래야 건강하게 슈퍼바이지의 욕구에 맞는 슈퍼비전을 지원할 수 있고, 슈퍼바이지를 억지로 끌거나 긴장시키지 않고, 슈퍼바이지가 건강한 부분을 선택하여 실천할 수 있도록 여유를 가지고 기다릴 수 있다. 또한 일에 몰입하여 스트레스를 받고 있거나 업무과중으로 인해 혼란을 겪고 있는 슈퍼바이지가 자기관리를 할 수 있도록 조력할 수 있다.

(2) 슈퍼바이저는 이론과 실천에 대한 경험을 가지고 있어야 한다.

슈퍼바이저는 사회복지 실천가로서 자신의 관점을 확인해야 한다. 강점 관점을 실천하기 위해서는 기존의 병리적·문제중심적 관점과의 차이를 분명히 알고 인식을 전환해야 한다. 이 과정은 어느 한순간에 이루어지지 않기 때문에 지속적이고 의도적으로 이루어져야 한다. 또한 임파워먼트나 생태체계이론을 바탕으로 한 참여자와 지역사회와 협력했던 경험을 가지고 있어야 하며, 이것이 바탕이 될 때 좀 더 풍부한 슈퍼비전이 이루어질 수 있다.

(3) 슈퍼바이저와 슈퍼바이지는 협력적 동료관계다.

슈퍼바이저는 슈퍼바이지에 대한 관리, 감독, 교육, 훈련가 역할로 규정되는 것이 일반적이다. 반면 찾아가는 사례관리에서는 협력적인 슈퍼바이저와 슈퍼바이지의 관계를 구축한다. 만약 슈퍼바이저-슈퍼바이지의 관계가 상하의 위계적 관계로 규정된다면, 슈퍼비전은 지시적, 일방적, 폐쇄적일 가능성이 매우 높다. 슈퍼비전의 방법은 주로 의사소통을 통해 이루어지기 때문에 위계적 관계 속에서 의사소통은 자유롭지 못하고 경직되어 효과적인 슈퍼비전을 기대할 수 없다.

슈퍼바이저-슈퍼바이지의 관계를 협력하는 동료로 설정할 때 슈퍼바이저는 슈퍼바이지에 대한 '무거운 책임'에서 어느 정도 자유로워질 수 있게 된다. 예 컨대, 슈퍼바이저는 언제나 슈퍼바이지보다 더 많이, 더 깊이, 더 정확히 알고 있어야 하고, 슈퍼바이지에게 문제의 해법을 제시해야 한다는 부담을 갖게 마련 이다. 슈퍼바이저-슈퍼바이지 관계가 협력하는 동료가 된다는 것은 슈퍼바이 저는 적어도 슈퍼바이지가 자신이 지원하고 있는 참여자에 대해서는 더 전문가 임을 인정하는 것을 의미한다. 이러한 관계에서 슈퍼바이저는 자신의 의견을 일 방적으로 전달하기보다는 슈퍼비전의 이슈를 해결하기 위한 방안을 함께 모색 하는 위치에 있게 된다. 이때 슈퍼바이저는 여러 대안과 정보를 제공하고, 슈퍼 바이지가 현장에서 적용가능한 것을 선택할 수 있도록 돕는 역할을 하게 된다.

(4) 슈퍼바이저는 끊임없이 고민하고 연구해야 한다.

슈퍼비전을 통해 슈퍼바이저가 성장하면 슈퍼바이지도 함께 성장한다. 이를 위해 슈퍼바이저는 끊임없이 고민하고 연구해야 한다. 슈퍼바이저가 아무리 많 은 지식과 경험을 가졌다 하더라도, 독특한 참여자의 상황과 슈퍼바이지의 어려 움을 해소하는 데 충분하지 않을 수 있다.

먼저 슈퍼바이저는 강점 관점의 철학적 배경과 지식, 기술 등에 대해 정확히 인식하고, 일관적인 슈퍼비전을 주어야 한다. 특히 교육적 슈퍼비전에 있어서는 참여자를 공감하고 이해하기 위한 지식적 정보 제공, 참여자와 슈퍼바이지의 어 려움을 함께 해결할 수 있는 기술과 대안을 제공하는 것이 주요한 내용으로, 슈 퍼바이저도 역시 슈퍼비전을 받아야 한다.

슈퍼비전에서 지식과 실천은 서로 연결되어 있어야 한다. 많은 사람들이 '이 론과 현실은 너무 거리가 멀다.'고 한다. 하지만 이론적 기반 없이 실천만 이루 어지게 될 때 슈퍼바이지는 실천과정에 대한 불안이 증가하고 곧 소진하게 된다. 따라서 슈퍼비전은 슈퍼바이지가 적용하는 관점, 실천모델, 실천기술 등이 어떻게 이론적으로 지지되고 있는지를 확인하는 시간으로 활용될 수 있다.

> 슈퍼바이지 : 동건이 어머니는 참 이해하기 힘들어요. 지금 당장 아이들을 제대로 먹이지도 입히지도 않으면서 아이들 앞으로 몇 개씩 보험을 들으셨어요. 다른 사람들 같으면 그 돈으로 지금 아이들을 돌볼 텐데.…
>
> 슈퍼바이저 : 동건이 어머니는 왜 그랬을까요? 그 입장에서 보면 어떤 생각이 드세요?
>
> 슈퍼바이지 : 아이들을 잘 키우려면 미래를 준비해야 한다고 생각하셨던 것 같아요. 아이들이 커갈수록 돈이 더 많이 필요하니까요. 그런데 지금 자신은 혼자이고 수입도 많지 않아 걱정이 될 것 같아요. 혹시 예상하지 못했던 일이 생기면 어떨까 하는.…
>
> 슈퍼바이저 : 그럴 수 있었겠어요. 그런데 다른 사람들은 동건이 어머니와 입장이 많이 다르잖아요. 무조건 비난할 수 있는 일은 아니라는 거죠. 그 어머니의 행동은 나름대로의 이유가 있을 거라는 점을 놓치지 않으면 좋겠어요. 사람은 자신이 처한 상황을 어떻게 해석하고 받아들이는지에 따라 같은 조건하에서도 서로 다른 현실을 구성한다는 거죠(사회구성주의).

슈퍼바이저는 기관의 행정적 절차에 대해서도 알고 있어야 한다. 흔히 임상가들은 행정적 업무에 소홀하기 쉽다. 또는 행정은 조금만 경험하면 다 알 수 있다며, 중요하지 않게 생각하기도 한다. 하지만 슈퍼바이지는 기관 중심이기보다는 지역사회 속에서 일하기 때문에 기관 행정에 대한 슈퍼비전이 보다 체계적으로 이루어져야 한다. 지역사회에서 슈퍼바이지는 기관을 대표하며, 다양한 자원체계들과 관계를 맺게 된다. 이때 슈퍼바이지의 공신력을 확보해 주고, 실천과 관련된 책임을 분담하여 참여자 권리를 보호하기 위한 중요한 장치가 바로 행정적 형식과 절차. 기획안 작성, 결재과정 확인, 공문서 작성과 발송·접수, 예산 신청·집행과 결산보고 등에 대한 슈퍼비전이 필요하다.

(5) 실천현장 경험은 좋은 슈퍼비전의 기본 요소다.

일반적으로 사회복지기관에서 슈퍼바이저는 중간관리자 이상이 맡는 경향이 있다. 어느 기관이든 중간관리자가 되면 이때부터 현장과는 멀어지게 되고, 기관 내 관리자로서의 역할로 전환하게 된다. 따라서 슈퍼바이저들이 오히려 실천현장에 대한 감각이 더 떨어지게 된다. 과거의 실천경험만으로 슈퍼비전을 제공하는 것에는 분명 한계가 있다. 슈퍼비전의 생명은 '현장 적용가능성'에 있기 때문이다. 따라서 슈퍼바이저라 하더라도 가능한 한 직접 실천에 참여하도록 노력해야 한다. 만약 이것이 어렵다면 지역사회와 참여자를 정기적으로 방문(outreach)하는 것이 하나의 대안이 될 수 있다. 방문을 통해 슈퍼바이저는 실천감각을 유지할 수 있을 뿐 아니라, 참여자 목소리를 통해 우리가 하고 있는 일이 더욱 참여자 중심으로 이루어질 수 있도록 하는 데 큰 도움을 얻게 된다. 실천 현장과 동떨어진 슈퍼비전은 그 의미를 상실할 수밖에 없음을 기억해야 한다.

(6) 슈퍼바이지의 발달과정을 파악해야 한다.

모든 인간이 발전하고 성장하듯이 슈퍼바이지들도 성장하고 발달한다. 물론 슈퍼바이지의 교육 수준, 경험 정도, 그 밖에 개인적 특성에 따라 발달의 속도와 단계가 차이가 있을 수 있으나, 누구나 일정한 과정을 거치게 된다. 슈퍼바이저는 슈퍼바이지가 지금 어떤 단계에 있는지, 그 과정이 어떠한지에 대해 세심하게 관찰하고 반응해야 한다.

초기단계(약 6개월~1년 미만)의 슈퍼바이지는 슈퍼바이지로서 원칙을 인지할 수 있도록 지원해야 한다. 참여자의 안전을 가장 우선하고, 존중을 바탕으로 협력해야 한다는 점과, 강점에 기반하여 참여자 욕구를 토대로 세워진 목표와 목표를 이루기 위한 실천전략이 보다 논리적이고 일관적으로 지원될 수 있도록 조력해야 한다.

이 시기의 슈퍼바이지는 구체적인 정보와 기술에 대한 정답을 얻고 싶어한다. 특히 현재 어려움을 해결할 수 있는 방법은 무엇인지, 다음 단계에서 무엇을 해야 할지에 대해 슈퍼바이저가 제시해 주기를 원한다. 이때 슈퍼바이지가 스스로 생각하여·해결방안을 찾을 수 있도록 시간을 주어야 한다. 이 과정은 슈퍼바이지와의 적극적인 대화와 토론을 통해 이루어져야 하고, 일방적으로 대안을 제공하거나 가르치는 것은 슈퍼바이지 발전에 별 도움이 되지 않는다. 보다 중요한 것은 슈퍼바이지가 이미 알고 있는 지식을 실천으로 적용할 수 있도록 안내하는 것이다.

> 슈퍼바이지 : 지난주에 연진이 할머니를 처음 방문했어요. 손주를 위한 일이니 제가 정기적으로 방문해도 좋다고 허락하셨는데(계약이 이루어짐), 이제 다음 주에 방문하면 어떤 일을 해야 하나요? 좀 막연해요.
>
> 슈퍼바이저 : 연진이 할머니는 선생님께 어떤 도움을 받기 원하시나요?
>
> 슈퍼바이지 : 그냥 손주를 잘 키웠으면 좋겠다고만 하셨는데.…
>
> 슈퍼바이저 : 그래요. 그럼 연진이 할머니는 어떻게 하는 것이 손주를 잘 키우는 것이라고 생각하시나요?
>
> 슈퍼바이지 : 거기까지는 아직 물어보지 못했는데요.
>
> 슈퍼바이저 : 그럼 다음 주에는 연진이 할머니가 생각하시는 '손주를 잘 키우는 것'이란 무엇인지 알아보면 어떨까요? 그 속에서 변화 목표도 발견할 수 있을 것 같아요.

초기단계에 있는 슈퍼바이지의 경우 참여자에게 위기상황(예를 들면, 폭력, 이혼, 가출 등)이 발생하게 되면 매우 당황하고 조급해하며 두려움을 갖는다. 이때 슈퍼바이저는 슈퍼바이지를 진정시키고 마음의 평정심을 찾도록 하기 위해 참여자를 지지하는 것과, 보다 객관적인 시각으로 상황을 판단하도록 지원해야 한다. 슈퍼바이지의 입장에서 보면 위기라고 여겨지는 것이 참여자에게는 만성적인 이슈일 수 있으나, 그렇다고 해서 이를 간과해서는 안 되며, 위기상황의 여부가 어느 정도인지 슈퍼바이지가 확인하도록 도와야 한다. 그리고 슈퍼바이저는 슈퍼바이지가 참여자의 상황에 대해 사실을 확인하도록 해야 하며 추측하여 지원하지 않도록 해야 한다.

슈퍼바이지 : 어젯밤에 은수 아버지가 또 술 드시고 밤새도록 가족들을 때리고 물
건을 부수고 그러셨대요. 어머니가 이제는 더 이상 살 수가 없다고
쉼터나 가 있을 만한 곳을 알아봐달라고 아침 일찍 전화하셨는데, 어
떻게 하죠? 지금 당장 들어갈 수 있는 쉼터가 있으면 좀 알려 주세요.

슈퍼바이저 : 우선 가족이 안전한가를 확인하는 게 필요해요. 가족이 안전하다는
것이 확인한 후 어머니의 욕구를 다시 파악하여 이에 맞는 정보를 제
공하도록 해요.

슈퍼바이지가 1~2년 경험을 쌓게 되면 어느 정도 자신의 업무에 익숙해지면
서 질문이나 이슈에 변화가 생긴다. 슈퍼바이지는 이 시기에 가장 의욕이 넘치
고 활발하게 활동한다. 구체적 지식이나 방법의 제시를 원하던 초기단계에 비해
보다 효과적인 방법과 기술을 스스로 찾고 개발하며, 강점 관점 실천에 어느 정
도 익숙해지는 시기이기도 하다. 이때 슈퍼바이저는 이러한 노력과 성과에 대해
충분히 지지하고 격려하며 칭찬해야 한다.

슈퍼바이저가 특정 방법이나 지식을 제안하거나 지시하지 않도록 주의하면
서, 슈퍼바이지가 제안하는 새로운 기술이나 아이디어가 강점을 유지하고 참여
자의 권리를 보장할 수 있고, 참여자 상황에 부합되는지에 대해 논의해야 한다.
또한 슈퍼바이저는 슈퍼바이지의 특성과 능력에 따라 원하는 분야에 대한 전문
훈련이나 교육을 병행할 수 있도록 지원하여, 특정 분야의 전문가로서의 모습을
갖출 수 있도록 해야 한다. 예를 들면, 위기상황에 순발력 있는 지원능력이 있는
슈퍼바이지는 가정폭력이나 아동학대에 관한 교육과 훈련의 기회를 제공하고,
양육자와의 긍정적 관계 형성을 통한 교육능력이 있는 슈퍼바이지는 부모교육
과 관련된 훈련을 받을 수 있도록 지원할 수 있다.

슈퍼바이지 : 요즘 그림검사와 관련된 책을 읽고 있어요. 아이들과 상담할 때 그림이
많이 도움이 되거든요.

슈퍼바이저 : 그래요. 아이들에게 접근할 때 그림이 좋은 매체가 될 수 있지요. 그런

데 그림이 어떤 점에서 도움이 되는 것 같으세요?

슈퍼바이지 : 아이들을 이해하는 데 가장 도움이 많이 되요. 일단 그림은 말로 하는 것보다 아이들이 덜 부담스러워하고, 아이들이 그린 그림에 대해 질문하면서 아이 자신의 생각이나 느낌, 가족과의 관계 등에 대해 많은 정보를 얻을 수 있어요.

슈퍼바이저 : 그런데 그림검사를 공부하다 보면 그림으로 아이들의 심리상태를 진단하는 내용이 많이 있는데, 이 점에 대해서는 어떻게 생각하세요?

슈퍼바이지 : 그런 점이 없지 않지만, 그래도 가능한 한 진단하거나 아이를 분석하기 위한 활동이 되지 않으려고 노력해요. 아이들과 상담하기 위한 좋은 도구로 활용하는 데 초점을 맞추고 있어요.

슈퍼바이저 : 그림을 활용한 아동면접에 대한 선생님의 경험을 사례회의 때 한 번 발표해 주세요. 다른 선생님들께도 도움이 될 것 같아요.

3년 이상의 경력을 갖춘 슈퍼바이지는 사실상 준슈퍼바이저의 수준으로 발전하게 된다. 그동안 축적된 경험과 노하우를 통해 참여자를 지원하는 과정에서 직면하게 되는 다양한 어려움에 적절히 대응할 수 있게 된다. 따라서 이때 슈퍼비전은 일종의 논의과정이므로 교육적 기능은 상대적으로 약화될 수 있다. 반면에 이 시기에 슈퍼바이지는 업무과중과 잦은 장소 이동, 참여자의 만성적 어려움으로 인해 신체·정서적으로 소진되는 시점이므로, 소진 예방을 위한 지지적 슈퍼비전을 강화해야 할 필요가 있다.

(7) 슈퍼바이지의 능력을 신뢰해야 한다.

강점 관점에서는 참여자의 강점과 능력을 발견하고 이를 개발하는 것을 중요한 목표로 삼는다. 슈퍼비전에서도 이 원칙은 그대로 적용된다. 슈퍼바이저는 슈퍼바이지를 '감시' 하는 사람이 아니라 슈퍼바이지가 자신의 강점과 능력을 발견하고 발휘할 수 있도록 '안내' 하는 역할을 수행해야 한다. 모든 슈퍼바이지는 자신만의 독특한 강점과 능력을 가지고 있다. 강점과 능력은 매우 상대적이다. 어떠한 것도 개인에 따라, 처한 상황에 따라 강점으로 작용할 수 있기 때문이다. 따라서 슈퍼바이저는 절대적인 잣대를 적용하기보다는 슈퍼바이지 개인의 독특성을 인정하고 그들의 능력을 최대한 발휘할 수 있도록 지원해야 한다.

(8) 기본적인 지식과 기술을 습득할 수 있는 교육 · 훈련을 제공해야 한다.

슈퍼바이지는 빈곤지역의 아동과 가족을 직접 지원해야 하기 때문에 갖추어야 할 지식과 기술이 있다. 빈곤특성, 아동발달, 아동학대, 가정폭력, 정신건강, 관련법, 현행 제도, 지역사회 네트워크, 지역사회복지력 등에 관한 기본교육이 사전에 이루어져야 한다. 슈퍼바이지가 참여자와 협력하면서 수시로 어려움이 돌출되기 때문에 재교육도 병행되어야 한다. 이와 같은 교육 · 훈련을 통해 슈퍼바이지 자신이 능력 부여됨과 동시에 참여자에게 효과적인 지원을 할 수 있게 된다.

▶▶ 2. 슈퍼비전 시 고려할 점

(1) 슈퍼비전 일정과 장소

슈퍼비전은 정기적으로 이루어져야 한다. 슈퍼바이지의 경우 주 1회(90분) 개별 슈퍼비전에 참여하고 있다. 정기적인 슈퍼비전은 슈퍼바이지가 실천활동을 안정적이고 체계적으로 수행할 수 있도록 하는 토대가 된다. 개별 슈퍼비전의 장소는 가능한 한 조용하고 다른 사람들의 방해를 받지 않는 곳이 좋지만, 슈퍼바이지의 상황 등을 고려해 공원, 커피숍, 식당 등과 같은 곳을 활용할 수도 있다. 이러한 장소는 슈퍼바이저와 슈퍼바이지가 정서적으로 보다 개방할 수 있도록 도와주어 지지적 슈퍼비전이 이루어질 때 효과적일 수 있다. 때로는 슈퍼바이지가 일하고 있는 지역사회 현장을 방문하여 직접 슈퍼비전할 수 있다. 이 방법은 슈퍼바이저가 지역사회와 참여자 상황을 보다 잘 이해하면서 즉각적이며 현실 적용이 가능한 슈퍼비전을 제공할 수 있다.

(2) 슈퍼비전 구성요소: 슈퍼바이저, 슈퍼바이지, 기록

슈퍼비전은 통상 슈퍼바이저와 슈퍼바이지 간에 이루어진다고 본다. 여기에 한 가지 더 추가하면 슈퍼비전 매개체로서 기록이 있다. 이때 기록에는 문자화된 기록뿐만 아니라 사진, 그림, 활동 결과물, 병원 진단서, 동영상이나 녹음 내용 등이 모두 포함된다. 최근에는 디지털카메라, 카메라 폰 등이 보편화되면서 그 자리에서 다양한 방식으로 기록하는 것이 가능하다. 이러한 기록은 슈퍼바이저가 보다 정확하게 참여자와 지역사회를 이해하는 데 매우 중요한 자료로 활용할 수 있다.

슈퍼비전의 주제는 주로 슈퍼바이지의 욕구에 따라 결정되는 것이 일반적이다. 때문에 슈퍼비전 주제를 결정하는 데 슈퍼바이저의 관심이 상대적으로 적게 반영될 수 있다. 이를 보완할 수 있는 장치 또한 기록이다. 다시 말하면 슈퍼바이지가 관심 갖지 못했던 주제를 슈퍼바이저의 시각에서 발견할 수도 있어, 슈퍼비전에서 더 다양한 주제를 다룰 수 있게 해 준다.

(3) 동료 슈퍼비전 활용

슈퍼바이지는 월 1회 사례회의의 형태로 동료 슈퍼비전을 갖는다. 동료 슈퍼비전은 슈퍼바이저를 통한 개별 슈퍼비전에 비해 슈퍼바이지가 갖는 긴장의 강도가 낮고, 소수의 사례와 관련한 다양한 의견을 접할 수 있는 장점이 있다. 사례회의 시에 동료로부터 너무 많은 의견들이 제시되어 슈퍼비전을 요청한 슈퍼바이지가 혼란에 빠지지 않도록 슈퍼바이저가 조율해야 하지만, 직접적인 참여는 피해야 한다. 슈퍼바이저가 의견을 표현하면, 슈퍼바이지가 영향을 받아서 다양한 논의가 이루어지는 데 한계가 있기 때문이다. 이처럼 사례회의 형식의 동료 슈퍼비전은 구성원 전체가 슈퍼바이저와 슈퍼바이지의 역할을 동시에 수행하는 특성을 갖기 때문에, 다른 구성원들도 자신의 경험을 공유할 수 있어 서로를 통해 배우는 시간으로 활용된다.

(4) 전문가 슈퍼비전 활용

정기적인 슈퍼비전이 진행되고 있음에도 불구하고 특정 분야 전문가로부터의 슈퍼비전이 요구되기도 한다. 알코올, 성학대, 가정폭력, 정신건강 등이 다양하게 얽혀 있어 참여자를 지원함에 있어 어려움이 있다면, 그 분야의 전문가로부터 슈퍼비전이 이루어질 수 있다. 외부 슈퍼비전 역시 슈퍼비전을 요청한 슈퍼바이지의 사례에만 국한된 것이 아니라 유사한 참여자를 지원하고 있는 또 다른 슈퍼바이지도 적용가능한 부분을 슈퍼비전 받고, 관련분야 교육도 함께 이루어질 수 있다.

(5) 간결하고 의미 있는 내용의 기록

기록은 사회복지사라면 누구나 부담스러운 업무 중 하나다. 일반적으로 실제 면접시간의 1.5～2배 정도를 기록에 할애해야 하기 때문이다. 그럼에도 불구하고 기록은 사회복지활동의 사회적 책무 수행의 근거를 확보하고, 슈퍼바이지 교육과 훈련의 중요한 요소로 작용한다. 따라서 사회복지 실천과 기록은 별개의 작업이 아니며, 동시에 이루어지는 작업이 되어야 한다. 가능한 한 즉시 기록하되, 필요한 경우 참여자에게도 함께하는 활동이 기록되고 있음을 알려 주어야 한다.

기존의 기록에서는 많은 내용을 포함할수록 잘된 기록으로 평가하는 경향이 있었다. 그러나 전문직이라고 해서 참여자에 대한 모든 내용을 속속들이 다 알아야 할 필요는 없다. 참여자가 제기하거나 서로 합의한 목표와 관련된 의미 있는 정보만 포함시켜도 충분하다.

아무런 제한 없이 기록을 볼 수 있는 권리를 갖고 있는 유일한 사람은 참여자 자신이다. 언제라도 참여자가 그들과 관련된 기록을 보고자 한다면 예외 없이 공개해야 한다. 기록은 참여자에게 있어서는 일생 중 한 부분에 해당하는 역사이기도 하다. 그런데 이 기록에서 자신에 대한 시시콜콜한 내용은 물론, '아버지는 알코올 중독자다. 아동은 자존감이 낮고 지적 장애인인 것 같다.' 와 같이 병리적으로 진단하고 분석한 내용을 보았다고 가정해 보자. 이러한 기록이 참여

자 자신이나 가족에게 어떤 도움이 될 것인가를 생각해 보면 그리 낙관적이지만
은 않은 것이 사실이다. 따라서 기록할 때에도 참여자와 일하면서 가장 중요한
내용과 참여자 강점과 능력, 자원 등을 중심으로 객관적이고 간결하게 기록하는
것이 중요하다.

(6) 기록과 관련정보 보호

기록과 관련정보 보호에 대한 것은 사회복지 실천윤리에서 가장 기본적인 사
항이다. 대부분의 슈퍼바이지는 기록과 정보가 기관 외부로 공개되는 것은 매우
조심스럽게 다루고 있다. 하지만 기관 내부 또는 동료들 사이에서는 그리 잘 이
루어지지 않고 있다. 기록지나 서류철 등을 자신의 책상 위에 펼쳐 놓은 채 자리
를 떠나는 것, 누구나 접근할 수 있는 공개된 곳(공동서류함, 네트워크되어 있는 컴
퓨터 등)에 보관하는 것, 슈퍼비전이나 사례회의 시간이 아닌 때에 공개된 장소
(기관 로비나 복도, 엘리베이터 안 등)에서 동료들과 큰 목소리로 참여자에 대해 이
야기하는 것, 다른 참여자가 들을 수 있는 곳에서 이야기하는 것, 기관 외부의
사적인 장소(식당, 커피숍, 길거리 등)에서 이야기하는 것 등은 참여자의 정보 보
호에 소홀한 모습이다. 그렇기 때문에 기록지는 열쇠가 있는 서랍장에 보관해야
하며, 동료들과 외부에서 참여자에 대한 이야기를 삼가야 한다. 또한 기록과 정
보를 외부에 공개해야 하는 경우라면 참여자로부터 동의를 얻어야 하며, 반드시
공문발송 절차를 따라야 한다. 혹시라도 발생할 수 있는 윤리적 문제를 예방하
는 한 방법이다. 또 사례회의, 슈퍼비전과 같은 공식적인 시간 외에는 기록과 관
련정보가 다른 사람들에게 노출되지 않도록 세심한 주의가 필요하다. 슈퍼바이
지의 전문성을 인정받기 위한 첫 단계는 참여자의 인권을 적극적으로 보호하는
일부터 시작된다고 해도 과언이 아니다.

꼭 **기억하세요**

① 슈퍼비전을 제공하기 전 슈퍼바이저는 자기 자신에 대해 충분히 이해해야 합니다. 또 슈퍼바이저와 슈퍼바이지의 관계는 동료이며 협력자의 관계임을 전제해야 합니다.

② 슈퍼비전은 슈퍼바이지의 발달단계, 강점과 능력에 초점을 맞추어 제공합니다.

③ 슈퍼바이저는 이론과 실천이 유기적으로 연계될 수 있도록 노력해야 합니다.

④ 슈퍼비전은 정기적이며 체계적으로 계획되고 실행되어야 합니다.

지역사회복지사파견사업

1 사업배경

　(사)부스러기사랑나눔회의 모든 사업은 현장으로부터 시작된다. 지역사회복지사파견사업도 그러하다. 1998년 빈곤지역 현장 실무자들로부터 결식아동의 수가 급증하고 있으니 지원해 달라는 요청이 매우 많았다. 이에 1998년 초부터 공부방에 급식을 중요한 프로그램으로 하는 시범사업을 5개 지역에서 실시하였다. 전반적인 욕구조사가 실시되지는 않았으나, 급식 프로그램에 대한 각 지역의 요청이 급증하여 연말에는 전국적으로 확산되었다. 이러한 지원과정에서 만난 '공부방, 신나는 집'의 아동의 어려움은 단순한 식사지원만으로는 해결되지 않았다. 아동의 대부분은 심리ㆍ정서적, 인지적, 신체적인 어려움을 가지고 있었고, 이러한 개별아동의 상황을 적절히 지원하기에는 '공부방, 신나는 집'의 공간과 인력, 재원의 부족으로 여러 가지 한계가 있었다. 이에 (사)부스러기사랑나눔회에서는 각 공부방에 사회복지사를 채용할 수 있는 인건비를 지원하는 방안을 고려하였으나, 인건비가 지원되더라도 빈곤지역의 열악한 공부방에서 일하고자 하는 사회복지사를 구하기가 쉽지 않은 현실적 문제에 직면하였다. 이러한 상황의 대안으로 (사)부스러기사랑나눔회에서 직접 사회복지사를 채용 후 기관으로 파견하여, 어려움을 호소하는 개별아동을 지원하는 형태의 한시적 지역사회복지사파견사업을 실시하였다.

2 사업의 가치 및 신념

- 아동은 가족 안에서 안전하게 보호되고 건강하게 성장해야 한다.
- 아동과 가족은 변화의 주체로 자신의 힘을 회복하고 삶의 주체로 살아갈 수 있다.

3 사업목적

빈곤지역 아동의 가족 기능 강화 및 지역복지력 구축을 통하여 아동이 안전한 보호 속에서 건강하게 성장하도록 돕는다.

4 사업참여자

빈곤지역에 거주하는 아동 가운데 폭력에 노출되어 안전에 위협을 받는 아동·청소년과 가족을 참여자로 한다.

5 사업수행 현황

1) 사업내용

지역사회복지사는 참여자의 욕구에 따른 직접 지원을 실시한다.

아동에 있어서는 심리검사, 상담, 교육, 전문치료 서비스, 옹호 등을 지원하며, 가족은 가정방문, 상담, 교육, 옹호, 긴급지원 등을 지원한다. 아동과 가족을 지원함에 있어 지역사회와 협력하는 것이 바탕이 된다. 이를 위해 자원을 연계하고 자원 간의 협력체계를 구축하여 지역 네트워크를 형성한다.

지역사회복지사는 참여자에게 보다 효과적인 지원을 할 수 있는 간접 지원을 실시한다.

지역사회복지사의 전문성 향상을 위한 기초 및 보수교육, 사례회의, 슈퍼비전, 임상 슈퍼비전 등을 실시한다. 참여자 지원과 관련한 기록을 해야 한다.

매해 평가회를 실시하고 사례보고집과 관련자료집을 발간해야 한다.

2) 사업수행과정(1998년 12월 ~ 2008년 현재까지)

(1) 1차 사업(1998년 12월 ~ 1999년 2월)

- 목적: 아동무료밥집인 '신나는 집'의 공간적 · 인력의 어려움으로 개별아동의 어려움을 해결하기 위해 사회복지사를 파견한다.
- 파견지역: 서울, 인천, 경기(부천, 안양, 안산, 성남, 곤지암) 17개 지역에 파견되었다.
- 수행방법: 4명의 사회복지사가 주 1회 신나는 집으로 파견, 업무일지, 가정방문일지, 상담기록지, 집단 프로그램 계획서 및 평가서를 제출하고, 매주 토요일 사례회의 실시하였다.
- 평가: 시범적으로 실시하였음에도 불구하고 파견되지 않은 기관에서 사회복지사 파견 확대를 요청하였고, 지역사회복지사가 파견된 기관에서는 보다 다양하고 질적인 사회복지사의 개입을 필요로 하였다.

(2) 2차 사업(1999년 4월 ~ 12월)

- 실업극복국민운동본부의 3차 지원사업으로 지원받아 확대 · 실시하였다.
- 파견지역: 서울, 경기, 인천, 대전 4지역의 신나는 집 25개소에 파견되었다.
- 수행방법: 총 12명의 사회복지사가 주 1회 신나는 집을 방문하여 개별상담, 가정방문, 집단상담 프로그램, 자원 연계가 이루어졌다. 아동과 기관을 위하여 중개하고, 그들의 기능을 최대화할 수 있도록 촉진자의 역할을 수행하였다. 격주 토요일 평가회의를 실시하였으며, 보고서, 업무일지, 가정방문일지, 상담기록일지, 집단 프로그램 계획서 및 평가서를 작성하였다. 빈곤 · 결손 · 위기가정 아동을 위한 개별상담, 집단상담사례집을 발간하였다.

• 평가: 사회복지사의 업무 추진과 소진방지를 위한 슈퍼바이저의 필요성이 대두되었고, 파견된 사회복지사를 위한 재교육이 요구되었다. 서비스 욕구를 조사한 결과 아동 및 기관지원과 지역사회 연계요청이 많아, 파견형식을 유지하여 사업을 지속하였다.

(3) 3차 사업(2000년 1~12월)

• 파견지역: 서울, 인천, 경기(부천, 안양, 안산, 평택, 송탄), 대전 8지역 18개 신나는 집에 파견되었다.

• 수행방법: 7명의 사회복지사가 기관의 아동 수와 아동의 어려움을 고려하여 주 1~2회 기관으로 파견되어 개별아동과 가족에 대한 지원이 이루어졌다. 슈퍼바이저의 개별 슈퍼비전, 사례회의, 임상 슈퍼비전이 실시되었고, 빈곤·위기·결손아동의 위기사례집, 결식아동자료집을 발간하였다.

(4) 4차 사업(2001년 1~12월)

• 사회복지공동모금회사업으로 실시하였다.

• 파견지역: 2000년 사업평가를 통해 사회복지사 지속 개입이 필요한 기관 추천, 사회복지사 요청기관, 신규기관으로 사회복지 프로그램 지원 필요성이 있는 기관을 중심으로 서울, 인천, 경기 7개 지역(서울, 안양, 시흥, 인천, 성남, 안산, 오산) 15개 신나는 집에 파견하였다.

• 수행인력: 7명의 사회복지사, 1명의 임상심리사, 1명의 슈퍼바이저

• 수행방법: 사회복지사 파견 이전에 기초교육을 실시하였고, 격주 업무사례 회의와 워크숍을 실시하였다. 사회복지사는 기관과 아동의 상황에 따라 개별상담, 집단 프로그램 진행, 가정방문, 학습지도, 아동에 대한 조언, 정보, 자료제공, 자원 연계 등의 지원을 하였으며, 전문적 개입이 요청되는 아동의 경우 임상심리사가 직접 방문하여 심리검사를 실시하였다.

• 평가: 사업평가를 통해 아동에 대한 관리, 좋은 프로그램 공유, 자원 연결, 부족한 인력 보충, 기관의 전문성 확립 등에 영향을 미친 것으로 나타났다.

그러나 프로그램을 실시할 장소가 부족하고 빈곤지역, 아동과 가족에 대한 이해 부족으로, 지속적인 교육 · 훈련이 요구되었다.

(5) 5~6차 사업(2002년 1~12월, 2003년 3~12월)

- 사업명: 빈곤지역 지역아동센터를 이용하는 빈곤해체가정 아동지지와 가족 임파워먼트를 위한 지역사회복지사사업
- 목적: 지역아동센터를 이용하는 빈곤해체가정 아동과 가족이 직면하는 다양한 문제에 대하여 스스로 대처하는 데 필요한 사회복지 서비스를 제공하며, 이를 위해 지역사회복지사를 교육 · 훈련하여 파견하고, 아동과 가족을 위한 복지를 지역사회 안에서 통합적으로 실천하여, 빈곤해체가정 아동들이 건강하게 성장할 수 있도록 한다.
- 수행인력: 7명의 사회복지사, 1명의 임상심리사, 1명의 슈퍼바이저
- 수행방법: '아동과 가족'을 중심으로 사회복지사가 그 가족을 직접 찾아가 통합적인 서비스를 지원하여 보다 실질적인 도움을 주고자 서울 · 경인지역에 거주하는 빈곤아동과 가족을 개별적으로 접근하였다. 참여자의 발견은 지역아동센터 실무자의 의뢰로 이루어졌으며, 사회복지사 개입이 결정되면 초기조사 이후에 적극적 사례지원이 이루어졌다. 해당 지역아동센터는 아동과 가족 개입을 위한 지역협력체계로 기능할 수 있도록 하였다.
- 참여자: 아동 498명
- 지원현황: 아동과 둘러싼 체계에 대한 개입을 실시하고, 가장 중요한 체계인 가족에 대한 적극적 지원이 이루어졌다. 아동과 부모, 가족에 대한 직접 서비스가 2,242회 제공되었으며, 아동을 위한 직접 서비스는 상담을 중심으로 이루어졌고, 부모와 가족을 위한 직접 서비스는 복합적이고 만성화된 어려움으로 갖게 된 무기력감, 부모의 정서적 문제, 가정폭력, 양육기술 등에 대한 상담과 교육이 이루어졌다. 특히 부모와 가족의 참여를 이끌기 위해 가족의 시간에 맞추어 가정이나 직장으로 직접 방문하였고, 필요한 경우 심리검사를 실시하였다. 아동, 가족과 관련된 환경에 대한 개입과 자원 연계

에 중점을 두었다.

(6) 7차 사업(2004년 4월~2005년 3월)

- 사업명: 빈곤지역 지역아동센터를 이용하는 빈곤해체가정 아동지지와 가족 역량 강화를 위한 지역사회복지사파견사업
- 목표: 빈곤지역의 지역아동센터를 이용하는 아동 중 정서, 적응, 교육, 건강, 경제 등 사회복지적 지원이 필요한 아동과 가족을 발견하여, 생태체계적 관점에서 개인-가족-지역사회 차원의 사회복지 서비스를 제공하여 빈곤해체가정의 아동과 가족이 스스로 문제해결의 주체가 되며, 그들이 거주하고 있는 지역사회가 사회안전망의 역할을 수행할 수 있도록 지원함을 목적으로 한다.
- 수행방법: 지역아동센터 실무자의 의뢰로 이루어지며, 의뢰된 아동은 1년 동안 '지원장학생'으로 선정되어 기관 차원에서 사례관리가 될 수 있도록 시스템을 마련하였다. 해를 거듭함에 따라 장기적으로 개입하는 아동들이 증가하고 있다.
- 참여자: 100가족 아동 100명
- 인력현황: 6명의 지역사회복지사, 1명의 임상심리사, 1명의 슈퍼바이저
- 지원현황: out-reach 서비스를 원칙으로 하였다. 지역사회복지사가 참여자를 직접 방문하여 지원하였고, 부모와 가족을 만나기 위해 가정방문이 주로 이루어졌다. 아동 중 지역사회복지사의 개별적인 만남을 꺼리거나 적응하지 못하는 경우 센터 내 또래집단과의 놀이 등을 통해 자연스럽게 접근을 시도하였고, 양육자가 만남을 회피하거나 생계 때문에 야간에도 만나지 못하는 경우 전화, 편지 등의 매체를 이용하여 지역사회복지사의 활동을 알리고, 아동이 참여하고 있는 서비스, 변화 등의 정보를 제공하여 가족을 협력자로 초대하였다. 아동과 가족의 욕구에 따라 지역사회 내 자원 연계가 이루어져 자원 간의 협력을 이끌어 냈다.

(7) 8차 사업(2006년 1월~2007년 현재)

- SK에서 후원하는 행복한일자리지원사업으로 실시하였다.
- 목표: 빈곤지역의 가정폭력과 아동학대, 방임에 노출된 아동·청소년을 중심으로 가족 기능 강화 및 지역복지력 회복을 통하여 아동의 안전한 보호를 돕는다.
- 수행방법: 행복한일자리지원사업에 참여하는 지역아동센터로부터 아동이 의뢰되거나, out-reach를 통해 참여자가 결정되었으며, 1318세대전용 지역아동센터의 청소년까지 참여자의 폭이 확대되었다.
- 참여자: 207가족 아동 231명
- 인력현황: 20명의 지역사회복지사, 3명의 슈퍼바이저
- 지원현황: 참여자 직접 방문을 통한 서비스 제공을 적극적으로 실시하였고, 가족을 만나기 위한 방문이 주로 이루어졌다. 아동 중 지역사회복지사의 개별적인 만남을 꺼리거나 적응하지 못하는 경우 센터 내 또래집단과의 놀이 등을 통해 자연스럽게 접근을 시도하였고, 양육자가 만남을 회피하거나 생계 때문에 야간에도 만나지 못하는 경우 전화, 편지 등의 매체를 이용하여 지역사회복지사의 활동을 알리고, 아동이 참여하고 있는 서비스, 변화 등의 정보를 제공하였다.

3) 사업수행체계

본 사업의 수행체계는 다음과 같다.

먼저 지역아동센터 및 관련기관에서 아동·청소년을 의뢰, 파견결정이 이루어진다.

지역사회복지사가 초기조사 이후 참여자의 욕구 파악, 목표를 설정하고 사례지원을 실시한다. 사례지원은 참여자의 직접 지원과 지역사회 자원 연계를 통한 지역 네트워크를 수행한다. 평가 이후 종결한다. 종결 이후 사후관리가 지속된다.

지역사회/ 지역아동센터	지역사회 내에는 평소 아동을 관찰하고 아동에 대한 염려를 하고 있는 사람이 실질적으로 더 많다.

소개받기
찾아가기 — 지역적 특징이 있으므로 놀이터나 학교 주변 문방구 등 아동이 밀집되어 있는 곳을 보면 보호를 요하는 아동은 반드시 있다.

아동 의뢰서 접수 — 아동을 의뢰하는 기관이 작성하여 접수

파견 결정 심의 — 의뢰서 접수 후 10일 이내 결정 — 지역사회복지사의 사정상 위기사례를 제외하고 즉시 개입이 안 될 경우도 있다.

파견 — 파견 결정 이후 15일 이내 방문 — 위기사례인 경우 다른 기관과 협력하여 개입시기가 결정될 수 있다.

참여자 상황 함께 보기 — 방문 후 3주 이내에 작성 — 가정방문을 통해 현재 상황을 파악, 참여자를 통해 직접 정보를 수집한다.

강점 및 자원 발견하기
목표 세우기 — 사정 기준 참조 — 수집한 정보와 참여자의 want와 need를 가지고 개입계획을 세운다.

더불어 함께 세우기 ← ⇒ 위험요소 발견
(긴급사례로 전환) — 사례에서 위험요인은 예측할 수 없이 발생하게 된다. 아동의 폭로나 특정 현상으로 인해 위험요인이 드러났을 때 위기사례로 전환하여 위기 개입을 하게 된다.

재사정
목표수정 및 전략 변경 — 위험사정:
신고 여부 결정 — 아동의 안전보장을 위해 전문기관의 신고 또는 도움을 받아 진행한다.

평가 ↗ 전문기관 신고:
1577-1391, 112, 1388, 1366, 129

아동학대, 성학대 사건 발생 신고
- 경찰
- 1577-1391, 119, 성폭력상담소, 129, 경찰병원, 해바라기
- 가정폭력신고: 1366, 가정폭력상담소
- 위기청소년신고: 1388

```
        ↓                              ↓
                              ┌──────────────────┐
                              │   타기관과 협조    │
                              └──────────────────┘
  ┌──────────────────┐                ↓
  │   참여자 뒤로      │        ┌──────────────────┐
  │   물러서기        │        │  타기관의 종결 후   │
  └──────────────────┘        │  재개입(모니터링)   │
        ↓                      └──────────────────┘
  ┌──────────────────┐
  │   지지적          │
  │   관계 유지하기    │
  └──────────────────┘
```

전문기관의 위기개입이 종료된 후 아동의 안전이 유지되고 있는지를 모니터하게 된다.

사례 종결 이후 참여자가 건강한 모습으로 생활하고 있는지 모니터하는 기간이다. 사후관리는 6개월 정도 지속된다.

6 평가

- 아동의 권리가 보호되었는가?
- 아동의 안전이 확보되었는가?
- 양육자 및 아동과 함께 일하였는가?
- 빈곤가족과 지역사회의 역량이 강화되었는가?
- 유연성 있는 협력이 이루어졌는가?
- 지역사회 자원을 잘 활용하였는가?
- 참여자, 지역사회 자원, 지역사회복지사가 파트너가 되어 보다 나은 결과를 산출했는가?

7 사업수행인력

1) '지역사회복지사' 의 개념

2003년 사회복지공동모금회에 제출한 프로포절에 다음과 같이 정의하였다.

"Community Organization Social Worker를 칭하는 것으로, 지역사회를 기반

으로 아동·가정·지역사회기관·단체의 여러 자원을 연계하고 조정하며, 역량을 강화시켜 주는 역할을 하는 사회복지사를 본 사업수행과정 속에서 지역사회복지사라고 칭한다."

2) 지역사회복지사의 가치와 윤리

미국사회복지사협회(NASW)의 윤리강령에 제시된 윤리의 원칙은 인간존엄성과 가치존중의 원칙, 사회정의(social justice)의 원칙, 봉사의 원칙, 인간관계의 원칙, 정직과 성실의 원칙, 능력의 원칙이다. 특히 사회정의의 원칙은 사회복지사가 빈곤, 실업, 차별과 사회적인 불의의 문제에 초점을 두며, 사회적인 약자와 함께 활동하고, 사회적인 변화를 추구한다고 명시되어 있다. 사회정의는 사람들이 합리적으로 처우되는가, 비슷한 상황에서 대등하게 대우받고 있는가 하는 공정성과, 사람 및 상황이 똑같은 방식으로 평등하게 취급되고 있는가 하는 것이다.

한국사회복지사협회(KASW)에서 제시한 사회복지사 윤리강령에도 사회정의에 관하여 명시하고 있다. "사회복지사는 인본주의, 평등주의 사상에 기초하여 모든 인간의 존엄성과 가치를 존중하고, 천부의 자유권과 생존권의 보장활동에 헌신한다. 특히 사회적, 경제적인 약자 편에 서서 사회정의와 평등, 자유와 민주주의 가치를 실현하는 데 앞장선다. 또한 도움을 필요로 하는 사람들의 사회적 지위와 기능을 향상시키기 위해 참여자와 함께 일하며, 사회제도 개선에 관련된 제반 활동에 주도적으로 참여해야 한다."

3) 지역사회복지사의 역할

(1) 개인은 물론 환경의 변화를 위해 적극적으로 실천한다.

사회복지실천은 '환경 속의 인간' 이라고 하는 이중 초점을 강조한다. 즉, 도움을 필요로 하는 개인과 그가 처한 가족, 집단, 지역사회, 문화 등의 환경을 지원해야 한다. 그럼에도 불구하고 지금까지 우리 사회에서의 사회복지실천은 개인 차원의 실천에 치중한 것이었음을 부인할 수 없다. 이러한 실천의 불균형은 참여자가 어려움을 해결하기 위해 가족구성원, 친구, 이웃, 지역사회 혹은 조직 그리고 사회복지 서비스 기관과 같은 사회적 자원을 이용할 수 있게 사람들을 돕는 사회복지 실천목표를(김만두, 2004에서 재인용; Hardcastle, Wenocur, & Powers, 1997) 달성하는 데 근본적인 한계를 가지게 한다. 지역사회복지사는 이러한 한계에 도전하고, 빈곤아동과 그 가족들의 어려움을 그들만의 것으로 보지 않고 우리의 어려움으로 인식하고, 가족, 이웃, 지역사회가 함께 해결할 수 있도록 지원하는 데 그 목적이 있다. 특별히 사회복지사라는 명칭 대신 '지역사회복지사'라고 한 이유는 개인은 물론 그들의 환경 속에서 더욱 적극적으로 실천하고자 함을 강조하기 위해서다.

(2) 참여자의 삶의 현장 속에서 실천한다.

지역사회복지사의 실천목표를 이루기 위해 가장 중요한 점은 기관 안에서 일하는 전문가인 사회복지사 중심의 실천에서 참여자의 삶의 현장인 가정, 학교, 직장, 지역사회로 찾아가 그 속에서 참여자와 그들의 환경을 이해하고 실천하는 것으로의 전환이다. 이러한 전환은 몇 가지 중요한 의미를 갖는다. 첫째, 지역사회복지사의 실천현장은 지역사회 그 자체라고 할 수 있다. 지역사회는 변화를 위한 지원대상이 되는 동시에, 변화를 위한 자원의 원천이며 협력자로 간주된다. 또한 참여자의 비공식적·자연적 환경체계로서 참여자 자신 또한 영향을 서로 주고받을 수 있는 자원이다. 따라서 외부로부터 도움을 받게 됨으로써 참여자가 가질 수 있는 낙인감을 최소화할 수 있는 효과적인 지지망이 될 수 있도록 의도적이며 적극적인 노력을 할 수 있다. 둘째, 참여자가 중심이 되는 환경 속에 사회복지사가 찾아감으로써 참여자가 중심이 되어 주도성을 가질 때 실천이 보다 가능해질 수 있다. 셋째, 참여자가 지역사회 내 자원에 직접 도움을 요청하는 것이 어렵거나 사회복지 지원망에서 소외되기도 한다. 빈곤가족에 있어서는 공적 지원은 어느 정도 이루어지고 있으나, 참여자 중심의 체계적인 접근이 제대로 이루어지지 않기도 한다. 참여자를 찾아가는 실천은 이러한 한계를 극복하는 하나의 대안이 될 수 있다.

이를 위해 지역사회복지사는

첫째, 사례관리자로서의 역할을 한다.

- 아동의 가족을 중요한 체계로 인식하고 포함시킨다.
- 아동의 욕구와 이를 위한 지역사회 내의 서비스와 자원을 확인하여 연계한다.
- 지역사회 자원에게 참여자의 초기정보를 제공하여 서비스 제공자를 준비시킨다.
- 참여자에게 필요한 서비스가 무엇인지 끊임없이 평가하기 위해 팀 단위의 접근법을 활용하고, 서비스의 진행내용을 주고받으며, 지역사회 내 자원과 의사소통한다.
- 사례계획의 목표를 이루기 위해 서비스를 조정한다.

둘째, 직접적인 서비스 제공자로서의 역할을 한다.

- 문제해결을 위해 도움이 되는 상담을 한다.
- 가정방문을 정기적으로 하며, 양육자가 활용할 수 있는 양육기술이나 정보를 제공하고 교육한다.
- 학교나 병원, 동사무소와 같은 지역 자원에 필요한 서비스를 요청할 시 옹호자로서의 역할을 한다.
- 참여자와 관련기관들 사이에서 공통의 기반을 확인시키고 공통의 목표를 활성화시킨다.
- 사례의 정보를 문서화하고 서비스 제공이 확인되면 필요한 문서를 작성한다.

4) 지역사회복지사의 과거와 현재

지역사회를 중심으로, 아동이 안전한 보호 속에 건강하게 성장하도록 체계변화를 위해 일하는 것이 당연함에도 불구하고 일반적으로 사회복지사가 찾아가서 가족을 중심으로 일하는 사례관리가 보편화되는 데는 어려움이 있다. 찾아오는 서비스가 아니라 찾아가는 서비스라는 것, 기다리는 것이 아니라 발견하고 찾아가서 만난다는 것이 아직 낯선 일이라는 것을 10년 동안 지역사회복지사사업을 통해 경험하였다. 빈곤지역은 교통이 좋지 않고 지역사회복지사가 생활하는 거주지와 먼 지역으로 매일 참여자를 지원하기 위해 가는 것은 고된 일이라 체력적으로 소진되고, 특히 수도권 이외의 지역으로 확대되면서 지역에서는 지역사회복지사 본인의 차가 없으면 사례지원이 어려운 상황이다.

그리고 만성적이고 복합적인 어려움을 가진 아동과 가족을 만나 일한다는 것이 참여자의 강점을 바탕으로 하여 욕구를 발견하고, 참여자가 선택하여 지원할 때 참여자가 삶의 주체가 될 수 있다는 것을 많은 시간과 기다림을 통해 경험하였다.

85명의 사회복지사가 지역사회복지사라는 이름으로 함께하였다. 지금도 과중한 업무와 낮은 급여에도 불구하고 2~3년 계속적으로 사업에 참여하는 지역사회복지사들이 있다. 10년간 지속되고 있는 지역사회복지사사업은 완성된 것은 아니지만 유연성을 가지고 해마다 새로운 요구와 이해를 기반으로 변화·발전하고 있으며, 지역의 한계를 넘어 지역사회에서 함께 살고 있는 아동이 건강하게 성장할 수 있도록 지지대 역할을 지속적으로 이루어 가고자 한다.

실제 행복한일자리사업을 시작하면서 수도권 중심의 사업에서 충청, 전라, 울산지역으로 사업이 확대·실시되었고, 2007년도에는 아동복지교사지원사업을 통해 또 다른 형태의 지역사회복지사사업이 실시되고 있다.

처음 이 사업이 시작되었을 때, 열악한 환경 속에 있는 공부방·지역아동센터에서 때로는 보조교사처럼, 자원봉사처럼 실무자를 지지하고 협력하며 함께하였다. 이제는 지역아동센터가 일반적인 운영과 행정, 기본적인 사회복지업무에서는 틀을 잡아 가지만, 여전히 다양한 어려움에 노출되어 있는 아동은 우리 주변에 너무나 많다. 그렇기 때문에 지역사회복지사는 지역아동센터 이용아동뿐 아니라 지역에 방치되어 있는 도움을 필요로 하는 아동이 안전한 보호 속에서 자신에게 좋은 것을 생각하여 선택하고 책임질 수 있는 성인으로 성장할 수 있도록 조력자 역할을 해야 할 것이다.

2005년도 참여자 중심의 지역사회복지사사업의 내용을 토대로 『찾아가는 사례관리』 1차 매뉴얼이 발간되었고, 2007년도 1차 매뉴얼을 기반으로 하여 수정·보완하였다.

2007년 현재 여전히 지역사회복지사 업무가 힘겹지만, 아동과 가족이 스스로의 삶의 주체로 어려움을 해결할 수 있다는 믿음을 가지고, 참여자 존중을 기반으로 동등한 파트너로서 협력할 것이며, 지역사회가 아동보호의 중심이 되도록 지역복지력 구축을 위한 노력을 지속적으로 할 것이다.

[부록 2] 아동학대 및 가정폭력 위험사정 매뉴얼

아동학대 위험사정 매뉴얼

1. 아동이 신체적 장애를 가지고 있다.

2. 아동이 정신적 장애를 가지고 있다.

3. 아동이 작은 병치레, 건강에 문제가 있다.

   • 병원 가는 횟수나 약을 먹는 횟수가 얼마나 잦은지, 얼마나 자주 감기에 걸리는지 확인한다.

4. 아동이 언어영역 등에서 발달지연 증세를 보인다.

   • 언어 사용이 어눌하며, 운동발달, 사회성발달 등 모든 영역에서 뒤떨어진 정도를 파악한다.

5. 아동이 신경질적이거나 까다롭다.

   • 활동적이며, 작은 일에도 크게 반응을 보이고, 쉽게 주의가 산만해지는 특징이 있다.

   • 고집이 세고 예민하며 낮잠, 배변, 식사 등이 불규칙하고 기분이 변덕스러운 특징이 있다.

6. 아동이 숙면을 취하지 못하거나 악몽을 꾼다.

   • 잠을 잘 때 깊은 잠에 빠져들지 못하고, 악몽을 꾸거나 가위에 눌린다.

7. 아동에게 도벽이 있다.

   • 다른 사람의 물건 등을 훔치거나 갈취하는 경우다.

8. 아동이 가출을 한다.

   • 집에 살기 싫다고 말하며, 집에 들어오지 않는다.

9. 아동이 이유 없이 거짓말을 한다.
- 아동이 하는 말에 일관성이 있는지, 앞뒤 논리가 맞는지, 임기응변식으로 그 상황을 모면하려 하는지를 파악한다.

10. 아동이 알코올, 담배, 약물, 본드 등을 사용한다.
- 아동이 알코올, 진정제, 흥분제, 담배, 환각제를 등을 사용한다.

11. 아동이 부모, 친척, 이웃에 대하여 버릇이 없거나 반항적이다.
- 버릇이 없는 것은 불러도 대답도 하지 않고, 인사도 하지 않으며, 어른들이 말할 때 말대꾸를 하는 것 등을 말하며, 반항적인 행위란 어른들에게 순순히 대하지 않고 맞서거나 대드는 행동을 말한다.

12. 아동의 말과 행동이 난폭하다.
- 타인이나 자신에게 갑작스럽게 적대적인 태도를 보이고, 언어사용이나 행동이 거칠고 난폭하다.
- 사물이나 자기의 소유물, 동물에 대해 파괴적이고 위협하는 공격적인 행동을 보인다.

13. 아동이 자해행위를 한다.
- 아동 스스로 신체에 해를 입히는 행동을 한다.
- 자살에 대한 생각이나 시도를 한다.

14. 아동이 성과 관련된 단어를 사용하거나, 다른 아동의 성기를 보려고 한다.
- 성을 연상하게 하는 단어를 사용한다.
- 다른 아동들을 포함한 타인에게 자신의 성기를 내놓거나, 남의 것을 보려고 한다.

15. 아동이 성행위를 흉내 내거나, 타인에게 자신의 성기를 접촉하려고 시도하거나, 구강성교와 성행동을 하려고 한다.
- 타인의 항문이나 질에 손가락이나 이물질을 집어넣으려고 한다.
- 타인의 몸을 애무하거나, 프렌치 키스 등의 성행동을 하려고 한다.
- 다른 사람들이 보기에 성인이나 타인을 유혹하는 것처럼 보이는 부적절한 행동을 한다.

- 성인의 성행위에 대해 구체적인 단어로 설명한다.
- 모르는 성인들에게 처음부터 안기거나 매달리고, 무릎에 앉는 등 쉽게 몸을 접촉한다.

16. 아동이 자위행위를 한다.
    - 자위행위는 학대 형태 중 성기접촉을 경험하였거나 드라이 섹스의 피해를 경험한 아동에게 유난히 많이 나타나고, 남자아동에게도 많이 나타난다.
    - 발달연령에 적합하지 않는 자위행위를 지나치게 자주 하고 몰두한다.
    - 유아기(3~5세)의 아동과 청소년기의 남자 청소년의 경우 발달상 자위행위를 할 수 있는 시기이며, 이때의 일시적 자위행위를 하는 것은 정상범주에 속하나, 그 정도가 지나치면 심각하게 그 원인을 고려해야 한다.
    - 그외의 연령대 아동이나 여아가 자위행위에 몰입을 하는 것도 그 원인과 심각성 정도를 파악해야 한다.

17. 또래아동과 비교하여 신장이 작거나 체중이 적다.
    - 아동의 경우 태아 알코올 증후군에 대해 고려할 필요가 있다.
    - 태아 알코올 증후군은 여성이 임신 중에 술을 과량 복용하여 태아에 기형이 초래하는 것이다. 주로 안면기형과 성장지연, 그 외 두뇌발달, 구조, 기능에 이상을 가져온다. 태아에 대한 영향은 이와 같은 심각한 기형은 아니더라도 지능발달 이상, 선천기형, 출생체중의 저하 등을 유발하기도 한다.

18. 사고에 의하지 않고 신체적 손상이 있다.
    - 뜻밖에 일어난 불행한 일이나 아이들과 놀거나 장난을 치다가 우발적으로 일어난 일로 인해 상처가 났는지 등의 고의성 여부를 파악한다.
    - 대부분의 우발적인 상황의 상처는 신체의 가장자리에 상처가 나는 경향이 있지만, 고의적인 상처는 눈에 바로 보이지 않거나 숨겨진 부분(허벅지, 겨드랑이, 배 등)에 생긴다.

19. 아동 성기에 상처가 있다.
    - 성학대 피해아동의 경우 성인 피해자들과는 달리 성기접촉, 손가락 삽입

과 같은 성학대만으로도 심각한 신체적 상해를 입을 수 있고, 그에 따른 후유증을 겪게 된다.

20. 아동이 성병에 걸렸거나 임신을 했다.
- 아동이 산부인과에서 성병이나 임신으로 진단된 적이 있는지 확인한다.
- 아동의 성기가 가렵다고 호소하거나 염증이 있는지 확인한다.

21. 아동이 이유 없이 보호자를 두려워하거나 눈치를 많이 본다.
- 아동이 보호자와 눈을 마주치지 못하거나 고개를 들지 못한다.
- 아동이 보호자의 말 한 마디에 얼어붙는 듯한 표정이나 행동을 보인다.

22. 아동이 무표정하고 경직되거나 위축되어 있고 자신감이 없다.
- 아동의 표정과 관련된 내용은 다음과 같다.
  - 아동의 표정이 굳어 있다.
  - 표정이 없고 긴장한 듯하며, 대화 시 자신의 의견이나 감정을 전혀 표현하지 못하고, 목소리의 톤이 작다.
  - 아동이 슬프고 우울해 보이며, 모든 일에 의욕이 없고, 죄책감을 호소한다.
- 연령별 증상은 다음과 같다.
  - 영유아기: 슬프게 보임, 잘 움, 자극에 대한 반응 및 행동이 느림, 수면에 어려움, 식사장애가 있음.
  - 학령전기: 슬프게 보임, 무표정함, 말을 잘 안 함, 축 처져 있음, 눈동자가 반짝반짝하지 못함.
  - 학령기: 기분이 가라앉지 않음, 집중이 안 됨, 학업성적이 좋지 않음, 죽고 싶다는 생각을 하거나 잘 움.
  - 청소년기: 우울한 기분 혹은 짜증, 흥미나 활동 감소, 체중변화(식욕부진이나 항진), 수면변화, 안절부절 혹은 저하, 피로감과 무기력감.

23. 아동이 틱 장애를 보인다.
- 틱은 DSM-Ⅳ 분류에서 뚜렛장애에 해당하며, 흔히 강박적 사고와 강박적 행동이 흔히 동반된다.
- 눈을 찡긋거리는 행위, 어깨를 들썩거리는 행위, 코를 실룩거리는 행위

나 목이나 고개 돌리는 행위를 보이는 운동 틱과, 코나 목에서 킁킁거리는 소리를 내는 음성 틱이 가장 흔한 증상이다.

- 사회적 불편감, 수치감, 자기의식, 우울한 기분이 빈번하며 타인의 배척, 사회적 상황에서 틱 행위가 나타난다. 이 불안 때문에 사회적, 학업적, 직업적 기능장애가 온다. 또한 심한 경우 일상적 행동(읽기, 쓰기 등)에 방해가 된다.

24. 아동이 신체화 증상(두통, 복통)을 호소한다.

- 아무런 내과적 이상이 없는데도 불구하고 신체의 일부가 아프다고 반복적으로 호소한다.
- 운동마비, 실명과 같은 신경과적인 증상을 비롯하여 복통과 같은 위장증상, 현기증 및 통증 등이 나타나고, 여기에 수반하여 불안장애, 우울증, 약물남용 등의 증상도 나타난다.
- 손발이 움직이지 않는다, 눈이 잘 안 보인다 등의 신경과적인 증상을 비롯하여 복통과 같은 위장증상, 현기증 및 통증 등이 나타나고, 여기에 덧붙여 불안해하거나 우울해하기도 한다.

25. 아동이 주의력결핍 과잉행동을 보인다.

- 주의력결핍 및 과잉행동장애(ADHD)는 DSM-IV 진단 기준에 의하면, 7세 이전의 아동이 동등한 발달 수준에 있어 보통의 아동들에게서 관찰되는 것보다 더 빈번하고 더 심하고 더 지속적인 부주의나 과잉행동이 나타나는 것이다.
- 충동을 보일 때 의심될 수 있다.
- 이러한 특징으로 인해 발달에 적절한 사회적, 학업적, 기능이 손상되었다는 분명한 증거가 있으며, 다른 장애나 원인으로 설명이 되지 않을 때 진단될 수 있다.
- ADHD로 진단할 수 없지만 아동이 얼마나 충동적이고 과잉행동을 보이는지 관찰한다.
- 분노통제가 안 되고 충동적으로 행동, 부산스럽고 가만있지 못하는 모습

을 얼마나 자주 보이는지 관찰한다.

26. 아동의 친구관계가 원만하지 않다.
   • 친구들과 사이좋게 지내는 것이 어려우며, 잦은 싸움을 일으키고 집단따돌림을 받거나 주동한다.

27. 아동이 이유 없이 대인관계를 기피한다.
   • 새로운 사람이 나타났을 때 자신의 공간에서 절대 나오지 않으며, 인사를 하거나 묻는 말에도 대답하지 못하고 눈도 마주치지 않는다.

28. 아동이 신체, 의복 등의 청결상태가 계절, 날씨에 부적절하다.
   • 머리, 손톱, 발톱 등 청결상태를 확인한다.
   • 몸이나 옷이 더럽고, 머리모양이 단정하지 못하며, 계절이나 날씨에 맞지 않는 옷을 입고 다닌다.

29. 필요한 경우 의료적 처치가 잘 이루어지지 않는다.
   • 아플 때나 예방접종, 심각한 손상이 있을 때 얼마나 빠르게 처치가 이루어지고 있는지 확인한다.

30. 아동이 밤늦도록 보호자 없이 집을 지킨다.
   • 초등학생(만 13세 이하) 아동이 저녁 9시가 넘어서도 혼자 집에 있거나 아이들끼리만 집에 있다.

31. 아동의 부모가 친부모가 아니다.
   • 아동의 부모가 친부모인지, 계부모인지 확인한다.

32. 아동이 부모가 원하지 않는 임신으로 출생하였거나, 부모가 원하지 않는 성별이었다.
   • 친자식이 아닌 아동, 계획하지 않은 임신, 원하지 않은 성별로 태어난 경우를 말한다.

33. 부모가 아동 출생 후 되는 일이 없다고 생각한다.
   • 아동이 출생한 후 집안에 되는 일이 없다고 생각하거나, 그렇게 이야기를 한다.

34. 보호자가 신체장애를 가지고 있다.

- 신체장애 여부와 심각성에 대해 확인한다.
- 장애수첩, 장애수당 수령 여부 등의 신체장애관련 서류를 참조한다.

35. 보호자가 정신지체를 갖고 있다.

- 정신지체 여부와 수준에 대해 확인한다.
- 평균 수준 이하의 지적 기능을 가지고 있는 경우는 개별적으로 실시된 지능검사에서 70 이하의 지능지수로 평가된 것이다.
- 개인의 연령이나 문화집단에서 기대되는 기준을 만족시키는 개인이 효율성 결함이나 장애를 동반한다.
- 의사소통, 자기돌봄, 가정생활, 사회적 기술과 대인관계기술, 지역사회 자원의 활용, 자기관리, 기능적 학업기술, 여가, 직업, 건강 및 안전 및 종합적으로 문제가 있는 경우도 포함될 수 있다.

36. 보호자가 만성적인 신체적 질환을 가지고 있다.

- 당뇨, 고혈압 등 만성적 질환이 있는지 확인한다.
- 보호자의 만성질환으로 아동양육에 문제가 있는지를 확인한다.

37. 보호자가 알코올 혹은 약물을 남용한다.

- 보호자가 알코올, 진정제, 담배, 환각제, 마약 등을 얼마나 자주 그리고 얼마나 많이 먹는지 확인한다.
- 알코올이나 약물 등 물질중독으로 진단받고 서비스, 도움 등을 받고 있는지의 여부를 확인한다.

38. 보호자가 정신질환(정신분열증, 우울증 및 자살기도 등)을 가지고 있다.

- 정신질환을 가지고 있는지, 그 정도가 얼마나 심각한지를 확인한다.
- 정신질환의 정도를 상담원이 직접 판단하기는 힘들므로 관련된 전문가들의 협조와 확인이 필요하다.
- 정신질환의 진단을 받고도 약을 복용하지 않고 있거나, 만성정신질환의 진단을 받고도 서비스·원조 등을 받지 않고 있는지 확인한다.
- 가족, 아동에게 기이하고 망상적 생각을 나타낸다.
- 기이한 행동에 아동을 연루시킨다(예를 들면, 자해행위, 음식을 숨기는

것 등).

- 정신이 불안정하여 아동이 원하는 욕구나 상호작용에 반응하지 않는다.
- 보호자의 증세 정도와 이로 인해 아동양육에 어느 정도 지장을 초래하는지 평가한다.

39. 보호자가 자신의 분노를 통제하지 못한다.

- 보호자가 분노와 화를 어떻게 얼마나 자주 표출하는지 확인한다.
- 아동에게 고함지르며 물건 던짐, 물건을 부수거나 폭언, 폭설 또는 거친 행동을 보이는지 관찰한다.

40. 보호자가 폭력행위를 한 적이 있다.

- 경범죄나 폭력사건 등의 범죄행위 등 법에 저촉되는 폭력행위를 한 적이 있는지 확인한다.
- 다른 범죄보다 폭력행위에 관련된 부분을 확인한다.
- 경찰이나 동사무소 등을 통한 공식적인 증거자료 외에 이웃이나 친인척 등을 통한 비공식적인 자료도 수집한다.

41. 보호자가 성과 관련된 범죄를 저지른 적이 있거나 구속된 적이 있다.

- (미성년자) 성추행, 강간 등의 성과 관련된 범죄행위 등 법에 저촉되는 성 행위를 한 적이 있는지 확인한다.
- 다른 범죄보다는 성범죄에 관련된 부분을 확인한다(이때 경찰이나 동사무소 등을 통한 공식적인 증거자료 외에 이웃이나 친인척 등을 통한 비공식적인 자료도 수집).

42. 보호자가 어린 시절 학대받고 자랐다.

- 보호자의 어린 시절 학대의 경험 정도와 후유증 정도를 파악한다.

43. 보호자가 과거에 자신 혹은 타인의 아동을 학대한 경험이 있다.

- 이전에 아동을 학대한 경험이 있는지 확인한다(이때 '아동의 범주'는 피해 아동을 비롯하여 그 형제 혹은 학대행위자 주변의 모든 아동을 말함).
- '시간적으로 과거'란 기억나는 과거사건 모두가 해당된다.

44. 보호자가 자녀에 대해 비현실적 기대를 갖고 있다.

- 부모가 아이에게 갖고 있는 기대를 파악한다.
- 기대에 대한 결과를 어떤 식으로 처리하는지 확인한다(아동의 발달단계, 능력 및 수준에 맞지 않는 것을 기대하는지, 부모가 아동이 자신의 어린 시절 꿈을 이룰 수 있으리라는 비현실적 기대를 갖고 있는지 등을 확인).

45. 보호자가 아동양육에 무관심하다.
- 아동을 양육하는 것이 무엇인지, 아이에게 필요한 것이 무엇인지에 관심이 없거나 아동의 욕구를 충족시키고자 하는 동기가 없다.

46. 보호자가 아동을 귀찮고 성가신 존재로 여긴다.
- 아동을 애물단지라고 생각하고, 심지어 곁에 오는 것조차 싫어한다.
- 아동으로 인해 자신의 생활에 지장이나 불편이 초래된다고 여기고 아동에게 적대적이다.

47. 보호자가 아이들은 매를 맞고(강하게) 자라야 성공한다는 생각을 갖고 있고, 체벌을 사용한다.
- 아이들이 문제행동이나 잘못을 했을 때 양육자는 매가 가장 효과적인 방법이라고 여기고 있다.
- 매의 사용이나 체벌에 허용적이다.

48. 아동 양육기술(양육능력)이 부족하다.
- 부모 및 보호자의 나이, 교육 수준, 정신적 성숙 정도를 파악한다.

49. 보호자가 아동학대관련 기초조사에 응하지 않는다.
- 아동학대 전문상담원이 학대가정 초기방문 시 호응 정도를 분석한다.

50. 아동의 상처에 대한 보호자의 설명이 이치에 맞지 않거나 일관성이 없다.
- 아동의 상처에 대해 보호자의 설명이 얼마나 일관성이 있고, 얼마나 자세히 설명하는지 확인한다.

51. 아동보호 전문기관의 서비스 받기를 거부한다.
- 센터의 서비스를 얼마나 협조적으로 받아들이는지 분석한다.

52. 해체경험이 있는 가족이다.
- 원가정이 별거, 이혼, 사별 등의 이유로 해체된 경우다.

• 해체의 결과 재혼을 하였거나, 동거상태이거나, 한부모가정을 이루고 있다.

53. 가족구성원이 이웃, 친척, 친구 등과 교류가 없다.

　　• 놀러오는 사람, 전화하고 수다 떨 수 있는 사람, 확대가족, 친구, 이웃 등 지지해 주는 사람들이 있는지 확인한다.

54. 가족구성원이 전반적으로 스트레스를 받을 만한 심각한 사건이 있었다.

　　• 가족구성원의 죽음, 이혼, 실직, 사기 등 스트레스를 받을 수 있는 사건이 최근에 있었는지 확인한다(최근 1년 이내).

　　• 보호자에게 극심한 우울증세나 무기력감과 같은 문제를 유발하는 스트레스가 있는지 알아본다.

　　• 경제적 요인을 제외한 스트레스 요인은 다음과 같은 것을 포함하나, 이 것에 국한되는 것은 아니다. 임신이나 출산, 배우자나 가족구성원의 죽음, 이사, 갈등관계의 변화, 장기적인 질병이나 심각한 부상, 모순된 아동양육 행동, 거들먹거림, 혼합가족, 문란한 생활 스타일이나 지속적인 갈등, 심각한 정신병으로 인한 사건 또는 주거지의 상실. 또한 이상에서 열거되지 않은 사건을 포함하고 이 중에서 가족이 주요 스트레스 요인으로 인식하고 있는 사건 등

55. 가족구성원의 실직이 있거나 재정상태가 불안정하다.

　　• 최근 주 양육자의 실직이 있었는지, 정기적인 급여나 생활비 명목의 수입이 있는지 확인한다.

56. 가족구성원의 스트레스 대처능력이 부족하다.

　　• 스트레스 사건에 어떻게 대처하고 있는지 확인한다.

　　• 대처능력이 없거나 건설적인 대처를 할 수 있는지 여부를 확인한다.

57. 가족구성원 간에 필요한 대화가 적절히 이루어지지 않는다.

　　• 가족원 수를 파악하고, 이들 간의 대화가 이루어지고 있는지를 살펴본다.

　　• 이상적 대화뿐만 아니라 자신의 고민이나 갈등을 서로 이야기나눌 수 있고 상호지지적인 관계인지 살펴본다.

58. 가정생활에 부부갈등 및 고부갈등과 같은 가족원 간의 갈등이 존재한다.

- 성격차이 등 부부생활에서 오는 갈등으로 이혼을 생각할 정도의 갈등이 존재하는지 확인한다.

59. 가정폭력이 발생하고 있다.
- 아내학대, 존속학대가 일어나고 있는지 확인한다.

60. 가족 간에 역할이 전도되고 있다.
- 딸이 엄마 역할 등을 하고 있으며, 일반적인 부모 역할, 아이들 역할 경계가 모호하다.
- 보호자가 아동에게 의지하고 있다.

61. 학대행위자의 아동에 대한 접근가능성이 있다.
- 피해아동과 학대행위자가 한 집에 살고 있을 때 접근가능성이 가장 크다.
- 피해아동과 학대행위자가 한 집에 살고 있지 않더라도 쉽게 접근할 수 있는지를 살펴본다.
- 특히 자주 방문하는 친인척인지 여부를 유심히 관찰하여야 한다.

62. 지역사회에 학대위험성이 있다.
- 보수적인 이웃이나 동네 분위기는 아동학대에 대한 인식이 낮아, 단지 아동학대를 훈육이나 체벌의 일종으로 보고, 이를 묵인할 가능성이 많으므로 이에 대한 파악이 요구된다.

63. 지역사회에 폭력성이 있다.
- 지역사회 가까이 우범지역이 있고, 지역사회 내에 폭력이 빈번히 발생하고, 아동들이 얼마나 자주 그런 장면이 목격하는지 확인한다.

64. 지역사회에 학대 발견 및 신고를 위한 모니터링의 자원이 부족하다.
- 이웃, 복지관, 센터 등이 가까이 있어서 학대가 발견되면 즉시 신고가 이루어질 수 있는 환경인지 확인한다.

65. 주거환경(집 안과 밖)이 비위생적이다.
- 외관상 보기에도 불결하고, 바퀴벌레나 파리 등이 많고, 아이들이 생활하기에 부적절한 환경인지 파악한다.

66. 주거환경(집 안과 밖)에 아동의 안전에 반하는 위험이 있다.

- 위험상황의 사례는 다음과 같으나, 이보다 많은 경우도 있을 수 있다.
  - 난로나 난방장치로부터의 가스 누출
  - 최근 주거공간이나 건물에서의 화재
  - 잠겨 있지 않은 낮은 선반, 캐비닛, 싱크대 아래, 야외에 저장된 위험한 약물이나 물건
  - 물이나 상·하수도 설비의 부족
  - 납성분이 있는 페인트가 벗겨짐
  - 라디에이터에서 뜨거운 물이나 스팀 누출
  - 열린 창문, 깨진 창문, 유리가 없는 창문에 대한 안전지침이 없음
  - 적절하지 않은 난방, 가스, 전기
  - 해충
  - 적절하게 놓여 있지 않은 쓰레기들
  - 적절하게 저장되지 않아서 상한 음식들
  - 사람이나 동물을 황폐하게 만드는 것
  - 주변에 아동의 안전을 해치는 도로 등

* 아동학대 위험사정척도, 한국보건사회연구원, 2003.

아동학대 스크리닝 척도의 매뉴얼

[지표 1] 즉각적인 신체적 혹은 정신적 의료조치가 필요하다.

• 외상과 동통 호소와 즉각적인 의료적 조치가 필요하다고 판단된다.
  - 현재 아동에게 외상으로 두개골, 코, 얼굴 위의 골절 및 복부상해, 고막파열, 화상, 성기파열, 시력상실, 치아·사지골절, 담뱃불이나 다리미로 지진 상처, 할퀴거나 깨문 상처, 심한 타박상, 열상

• 찢어진 상처 등이 보이며, 이에 따른 즉각적인 의료적 조치가 요구된다.

• 복부통증, 구토, 요도관감염, 외음부의 출혈 및 상처, 인두감염, 성병 등이 나타나 즉각적인 의료적 조치가 요구된다.

• 극심한 정신적, 정서적 장애(망상, 환각포함)를 가지고 있거나, 정상적인 기능을 수행하기 어려운 발달지체문제가 있다.

• 의사소통에 있어 심각한 문제(비일관성, 무반응, 만성적인 우울)를 가지고 있으며, 상황에 맞는 행동을 하지 못한다.

• 정신질환(자폐증, 정신분열, 행동장애 등)이나 정서적 불안정을 가지고 있는 것으로 진단된다.

[지표 2] 아동의 행동과 말이 난폭하거나 가출의 경험이 있다.

• 자신이나 타인에게 위협적이며 공격적인 행동과 말을 한다.
  - 자살에 대한 생각이나 시도 등을 해 본 적이 있다.

• 비행행동을 한 적이 있다.

-절도, 방화, 상습적인 거짓말, 동물에 대한 파괴적인 행동을 한다.
• 최근 6개월 이내에 가출한 경험이 1번 이상 있다.

[지표 3] 아동이 심하게 눈치를 보거나 위축되어 있다.
• 아동의 표정이 굳어 있다.
• 보호자의 눈치를 살피거나 시선을 맞추지 않으려고 한다.
• 보호자와 살기를 거부한다.

[지표 4] 신체·체중이 평균치와 현저히 차이가 나거나, 의복·청결상태 등이 불량
하다.
• 정상적인 체력의 결핍 등 신체·체중에 대한 평균치 비교는 한국소아발육
표준치를 참고해야 한다.
• 아동의 몸이나 옷이 더럽고, 머리모양이 단정하지 못하며, 계절이나 날씨에
맞지 않는 옷을 입고 다닌다.

[지표 5] 신체학대 혹은 성학대로 인한 신체적 손상의 흔적이 있다.
• 아동에게 가한 체벌 또는 성폭행으로 심각한 신체적 상처를 남겨서 멍, 파
열상 등의 흔적이 남아 있다.
-화상, 담뱃불이나 다리미로 지진 상처, 할퀴거나 깨문 상처, 심한 타박상,
열상 등이 남아 있다.
• 찢어진 상처 등의 흔적이 남아 있다.
• Sucking[1]을 의심케 하는 것으로, 아동의 입 주변이 심하게 짓무르거나 헐
어 있다.

[지표 6] 연령에 맞지 않는 성적인 관심 및 행동을 보인다.
• 노출증 또는 관음증을 보인다.

---

1) Sucking은 학대행위자의 성기를 피해아동에게 빨도록 시키거나 그 반대의 행동을 하는 행위, 구강성교
행위를 말한다.

-다른 사람들 앞에서 옷을 벗거나 다른 사람들이 옷을 벗거나 목욕하는 것, 소변·대변을 보는 것을 지켜본다.
• 아동의 성장발달 측면에서 고려할 때 연령에 적합하지 않은 성적 행동을 보인다.
-이성에게 지나친 신체적 접촉을 시도한다.
-다른 사람에게 성행위를 보이는 행동을 하거나 하도록 시킨다(애무, 성교, 성적 체위 등).
-유아기(3~5세)의 아동과 청소년기의 남자 청소년의 경우 발달상 일시적으로 자위행위를 하는 것은 정상이나, 그 정도가 너무 지나치면 심각하게 그 원인을 고려해야 하고, 그 외 연령의 아동, 특히 여아가 습관적으로 자위행위를 하는지를 파악한다.

[지표 7] 학령기 아동이 정당한 이유 없이 장기간 혹은 자주 학교를 결석한다.
• 결석을 자주 하는 편이다.
-한 달에 1회 이상 결석하거나 5일 이상 무단 장기결석을 한다.
• 지각을 자주 한다.
-일주일에 3회 이상 지각을 한다.

[지표 8] 정신건강(알코올, 마약, 약물, 정신질환 경험) 등에 문제가 있다.
-보호자가 심각한 약물남용, 알코올중독 및 정신과적 문제로 인해 아동을 보호할 능력이 없다.
-보호자가 보호할 의사는 있으나, 정신건강 등의 문제로 인해 아동을 양육할 능력이 없다.
-특히 약물이나 음주로 인해 부부간에 심각한 문제가 발생하고, 직장생활이나 사회생활을 적절히 수행할 수 없다.
-약물이나 음주로 인해 폭력적 행동이나 언어, 상황판단능력의 저하, 미래에 대한 극도의 암울함 등의 문제를 수반하거나, 의식불명 상태까지도 경험한다.

[지표 9] 자녀에 대해 부적절한 양육태도를 가지고 있다 (비현실적 기대, 양육기술 및
지식 부족).

• 비현실적 기대를 하고, 자녀양육에 대한 기술 및 지식 등이 부족하다.

• 아동의 능력에 맞지 않는 기대를 한다.

 -학업능력이 뒤떨어지는 아동에게 우수한 성적을 유지할 것을 요구한다든지,
만 3세 이하 아동에게 스스로 옷을 입을 수 있어야 한다고 한다든지 하는 것이
며, 아동의 전반적인 발달에 대한 이해가 부족한 것을 말한다.

• 자녀훈육 방법으로 주로 소리를 지르거나 체벌 등을 사용한다.

• 장애아동의 경우, 장애아동의 한계를 이해하지 못하고 정상인처럼 행동할
것을 기대하며, 그렇지 못할 경우 학대가 발생한다.

[지표 10] 아동을 학대한 적이 있다.

• 학대 및 방임으로 인해 관련기관으로부터 주의를 받은 적이 있거나, 이에
대한 진술을 주변사람이나 학대행위자, 피해아동으로부터 들을 수 있다.

• '아동의 범주' 는 피해아동을 비롯하여 그 형제 혹은 학대행위자 주변의 모
든 아동을 말한다.

• '시간적 범주' 는 기억나는 과거사진 모두를 의미한다.

[지표 11] 아동의 외상이나 상황에 대한 보호자의 설명이 이치에 맞지 않고 일관되지
않는다.

• 아동이 가지고 있는 외상에 대해 부모의 설명에 일관성이 없고, 횡설수설하
고 거짓말하는 것으로 보인다.

• 부모의 설명이 '잘 모르겠다' '내 탓이 아니다' 로 일관한다.

[지표 12] 학대행위자가 아동에게 쉽게 접근할 수 있다.

• 학대행위자와 피해아동이 다른 성인의 보호 감독 없이 함께 살거나, 학대행
위자와 피해아동만 남겨두는 때가 종종 있다.

- 학대행위자가 쉽게 접근하여 학대의 재발가능성이 높다.
- 학대행위자가 보호자인 경우 가족 내 다른 성인이 아동을 보호할 수 있는지 여부가 확실하지 않다.

[지표 13] 가족원 간의 폭력 및 갈등이 발생한다.
- 가족구성원 간에 신체적인 폭력이 있거나 폭언, 폭설 등을 자주 행한다.
- 가족구성원 간에 위협(죽이거나 심각하게 상처를 입히겠다는 위협)을 하거나, 무기를 사용하여 경찰의 도움을 요청한 적이 있다.
- 아동이 보는 앞에서 폭력을 행사하는 경우가 있다.

[지표 14] 가족이 사회적으로 고립되어 있다.
- 이웃, 친척, 친구 등의 사회적 지지망이 없다.
- 지리적으로나 사회적으로 지역사회의 지지체계(사회복지서비스 기관, 관공서 등)로부터 고립되어 있다.

[지표 15] 스트레스가 높다.
- 스트레스 상황이 과거부터 지속되고 있거나, 최근 갑작스럽게 발생한 것인지, 만성 혹은 급성의 여부를 불문한다.
- 가정 내 스트레스가 있어 아동양육능력에 부정적인 영향을 준다.
  - 이때 고려되는 스트레스 요인은 경제적인 요소를 제외한 것으로 배우자나 가족구성원의 죽음, 이혼, 별거, 가출, 갈등관계, 장기적인 질병이나 심각한 부상, 잦은 이사, 주거지의 상실 등이 있다.

[지표 16] 가족원의 실직상태에 있거나 가족 경제가 불안정하다.
- 주 부양자가 실직상태에 있고, 정기적으로 생활비를 버는 사람이 없어 가구 경제가 매우 어렵다.
- 가정 내 잦은 실직과 안정적인(공식적 혹은 비공식적인) 외부의 경제적 지원이 없어 가구 경제가 불안정하다.

• 정기적인 급여나 생활비 명목의 수입이 없다.

[지표 17] 주거환경이 비위생적이고 위험요인이 있다.

• 집안의 전반적인 물리적 상황에 위험요인이 있는 것으로, 집안의 청결상태가 지저분하고, 냄새가 나며, 전반적으로 정리가 안 되어 있다.

• 임시가옥이거나, 집안에 비가 새거나, 벽에 금이 가 있고, 전깃줄이 벗겨져 있는지 등 주택안전도에 문제가 있다.

[지표 18] 아동양육에 필요한 경제적 자원을 동원할 수 없다.

• 물질적 자원을 지원해 줄 수 있는 친척 혹은 이웃으로부터 돈이나 기타 물질적 자원을 빌리거나 얻을 수 없다.

• 지역사회의 물질적 자원(국민기초생활보호, 의료보호 등)에 관련된 정보를 모르거나 이용할 수 없다.

[지표 19] 아동학대에 대한 모니터링이 쉽지 않다.

• 지역사회 내에 폭력이 빈번히 발생하여 아동들이 지속적으로 위험에 노출되어 있으며, 폭력현장을 보고 자랄 수 있는 환경에 있다.

 -유흥가, 우범지역 등이 존재한다.

[지표 20] 아동학대에 대한 모니터링이 쉽지 않다.

• 지역적으로 고립되어 있거나 타인의 접근이 어려워, 아동학대를 발견하여 보호하기가 어렵다.

• 아동학대에 대한 인식이 낮아, 단지 아동학대를 훈육이나 체벌의 일종으로 보고 이를 묵인할 가능성이 있다.

* 아동학대 위험사정척도, 한국보건사회연구원, 2003.

가정폭력 사정척도

단계		1단계	2단계	3단계	4단계	5단계
폭력정도	신체적학대	신체적 학대, 강요 또는 협박에 대한 확실한 증거가 없다.	잡기, 밀기, 때리기 또는 당기기의 행위	임신중 학대, 강제적 성관계, 위협적인 밀기, 끌기, 잡기로 인해 치료가 필요한 상처 생김.	심한 구타, 임신한 배우자와 태아에 피해를 입힘. 폭행으로 인한 골절, 심한 열상, 내과적 상처 발생	배우자 사망 또는 4단계 사건의 반복
	비신체적학대	정서적 학대, 고립, 경제 또는 다른 속박을 통한 통제의 증거가 없다.	구두로 협박(공포감이 들게). 경제적 속박(피해자의 자율성을 통제함). 정서적, 심리적 모욕	전화통화 제한, 교통편, 탁아유형, 경제권 통제, 자주 멸시, 비난, 무시함. 도움 요청하고 신고하면 보복함. 피해자, 피해자 가족 또는 동물을 해치겠다고 협박. 의도적으로 위협하려고 기물을 파괴하고 손상시킨다.	심한 형태의 고립, 경제적 구속, 심한 정도의 정서적, 언어적 학대. 협박이나 스토킹, 반복적으로 피해자, 가족원 또는 애완동물 살해, 부상, 불구로 만들겠다고 협박. 자녀를 못 만나게 할 것이라고 암시 또는 협박	습관화된 심한 경제적, 심리적 학대
	가해자	사건을 축소하지도 부정하지도 않는다.	이전에 더 심한 학대는 없었고, 자신의 행동에 대해 어느 정도 책임을 진다.	예전에 1단계 또는 2단계의 학대가 있었음이 확인된다.	3단계 경험 있다. 책임의식이 없다.	3단계 또는 4단계 폭력의 반복, 책임의식이 없다.
	위험정도	우발적인 사고로 보이며 폭력 재발의 우려가 없다.	개입이 없다면 약간의 위험이 피해자에게 따른다.	개입 없이는 피해자가 위험에 계속 처하게 될 것이다.	만성적 학대의 위험이 있다.	피해자와 가족에게 치명적 학대의 위험성이 매우 높다. 살인이나 자살 발생가능성이 높다.

*「가정폭력피해자를 위한 사례관리 매뉴얼」(보건복지부 여성정책담당관실, 2000) 가정폭력 단계 참조.

[부록 3] 청소년사례관리지침

청소년사례관리지침

▨ 찾아가는 사례관리가 필요한 청소년의 특성

청소년에게 나타나는 많은 정서적, 행동적 어려움은 단지 청소년기의 발달단계에서 나타나는 특징이라고 보기는 어렵고, 청소년 개인의 문제로 국한할 수 없다. 지역사회복지사가 만나는 대부분의 청소년은 어릴 때부터 학대, 방임, 가정폭력 등에 노출되어 가족으로부터 적절한 돌봄이 이루어지지 않은 경우가 많았다. 어릴 때부터 지속적으로 심각한 폭력에 노출된 청소년일수록 더 많은 정서적, 행동상의 어려움을 겪게 된다. 따라서 청소년 개인의 문제가 아니라 어려움을 표현하는 증상으로 인식해야 한다.

1) 청소년의 욕구

(1) 미래에 대한 희망과 기대
매사에 의욕이 없고, 하고 싶은 것이 없어 원하는 것을 찾기 어려움

(2) 학교 적응
학업에 흥미가 없고, 지각 및 무단결석이 잦음, 학업중단

(3) 집이 안전하고 가족과 잘 지내는 것
단순가출에서부터 반복적 장기가출

(4) 건강한 대인관계

집에만 있고 집 밖으로 나오려고 하지 않음. 또래관계 어려움, 인터넷 사용과다

(5) 유해환경으로부터 보호

위험한 아르바이트, 도벽, 성행동

2 청소년과 함께하기

1) 청소년기의 발달적인 특성 이해하기

(1) 또래집단의 영향을 많이 받음

또래들과 어울리는 것을 좋아하기 때문에 지금 해야 할 것보다는 당장 즐길 수 있는 것을 하기도 함. 예를 들어, 지역사회복지사와의 약속시간을 잊어버리거나, 어떤 행동의 결과에 대해 생각하지 않고 행동함

(2) 성인처럼 대해 주기를 기대함
- 스킨십을 싫어하고, 어린애처럼 대하는 것을 싫어함
- 인터넷 메신저, 핸드폰 문자로 연락하는 것을 좋아함

(3) 감정변화가 심함

(4) 성 또는 이성교제에 대한 관심이 많음

청소년의 관심에서 출발한 성교육이 이루어지는 것도 좋음

(5) 자율성을 존중받기 원함

2) 원하는 것을 찾을 수 있도록 지원하기

(1) 원하는 것 찾기의 중요성을 알기

청소년이 자신의 인생에 주인이 되어 살아가기 위해서는 현재 할 수 있는 작은 것에서부터 자신의 욕구, 의견, 좋아하는 것이 무엇인지 알고 표현하는 훈련이 필요함.

(2) 관심을 표현하고 지지하기

"미니홈피 배경음악이 뭐야?" "걱정 있어 보이는데? 무슨 일 있니?"

(3) 청소년이 보여 준 말이나 행동을 잘 관찰하여 구체적인 칭찬하기

"친구에게 화내지 않으려고 노력하는 모습을 보니 대견하구나."

(4) 원하는 것 찾아가기

① 청소년이 정말 원하는 것을 찾기까지 시간이 걸리므로 잘 기다리기

② 지역사회복지사와 만남을 즐거운 시간으로 준비하기

• 좋아하는 활동하기(예 보드게임, 영화관람, 나들이 등)

• 관심 있어 하는 것을 대화주제로 삼아 이야기하면서 원하는 것을 찾아보기
  (예 연예인, 이성친구, 가요 등)

③ 원하는 것을 모른다고 할 경우 자신의 생각이나 감정부터 표현해 보기

• "글쎄요." "모르겠는데요."라는 말을 해도 당황하거나 정말 모른다고 단정하지 않기

④ 글, 그림, 게임을 활용하여 표현 늘리기

• "이제부터 선생님과 열 글자로 대답하기 게임을 해 보자."

• "이 문장을 함께 완성해 볼까?"

(5) 청소년이 표현하는 것을 잘 관찰하며 욕구에 다가가기

3) 만남을 거부하는 청소년과 가까워지기

(1) 가족의 변화를 통해 다가가기
청소년이 지역사회복지사와의 만남을 거부하지만 가족을 만나는 것에 동의한 경우

(2) 가족과 먼저 접촉하기
① 가족이 할 수 있는 작은 것부터 시도해 보기–비난, 비판하는 말보다는 칭찬, 격려부터 시도할 수 있도록 지지
② 자연스럽게 안부문자나 쪽지, 편지 등을 통해 관심을 보이며, 청소년의 참여를 기다리기

❸ 청소년 가족과 함께하기

1) 가족이 겪는 어려움을 인정하며 지지하기

"청소년 자녀를 양육한다는 것이 많이 힘들지요."

2) 일반화하여 반응하기

"청소년 자녀를 둔 많은 부모들이 힘들어하지요."

3) 청소년이 보이는 문제행동을 청소년 개인의 문제로 보지 않고 가족의 영향력 안에서 겪는 어려움으로 볼 수 있도록 안내하기

"너만 잘하면 아무 문제없다."라고 비난하는 가정에서 자녀가 성장하며 가족 안에서 겪었던 어려움으로 청소년기에 문제행동이 나타나는 것처럼 보이지만,

사실은 자녀가 많이 힘들고 도움이 필요하다는 호소임을 안내하기

4) 자녀에 대한 긍정적인 이해를 가질 수 있도록 지원하기

자녀가 잘하는 것, 만나는 동안 보이는 좋은 것들을 자주 가족들에게 알려 주기

5) 청소년기의 발달단계에 따른 특성을 알 수 있도록 지원하기

"어릴 때는 안 그랬는데, 지금은 왜 그런지 모르겠어요."라고 할 때, 청소년기에는 자기만의 시간과 공간이 어릴 때보다 더 많이 필요함을 알려 주기

6) 가족이 만남이나 가정방문을 원하지 않는 경우가 있다는 것 예상하기

7) 청소년기 자녀를 둔 부모들은 자녀의 성적, 학업, 진로에 대해 관심이 많으므로 이를 연결고리로 활용하기

4 지역사회와 함께하기

1) 청소년에 대한 인식 변화를 위해 옹호하기

청소년이 과거에 보인 행동으로 인해 편견을 갖는 경우가 많다. 이럴 경우 청소년에 대한 긍정적인 이해를 가질 수 있도록 관련기관에 청소년의 강점, 노력하는 점 또한 적절한 돌봄이 이루어지지 않았던 가족환경으로 인해 받은 영향력 등을 알려 주며, 청소년에게 칭찬과 격려를 요청하기

2) 청소년이 이용할 수 있는 지역사회 자원 파악하고 필요한 자원 개발하기

3) 자원과 협력하기

- 기관이 추구하는 방향, 특성 등을 인정하기
- 청소년이 원하는 욕구에 바탕을 두고 만나기
- 청소년에 대한 정보 공유하기
- 비밀보장에 대해 협력하기
- 서비스가 중복될 경우 조정하기
- 기관이 할 수 있는 역할 분담하기
- 합의된 상황에 대해 일관된 태도 유지하기
- 사례진행과정을 공유하기

4) 청소년이 자주 이용하고 있는 곳을 파악하기

PC방, 편의점, 오락실, 노래방, 인근 공원, 아지트

5 청소년과 함께할 때 중요한 주제

1) 청소년과 학습, 진로

⑴ 청소년의 연령보다 현재 상황에 초점 맞추기
- 학습능력, 학교중단 여부, 무엇을 원하고 그에 따른 기대, 물리적 환경 등에 관해 파악하기
- 청소년의 경우 자신의 학습 수준을 보여 주는 것에 거부감이 있을 수 있으므로 충분한 라포 형성이 중요함

⑵ 학습에만 초점을 맞추기보다는 학습과 진로를 연결하여 동기부여하기
- 관심 있는 진로에 초점을 맞춰 진로에 필요한 학업으로 시작하기
- 학습과 진로준비에 따른 불안을 줄이고, 자신감 향상을 위해 작은 것부터

시작할 수 있도록 지원하기

(3) 자기를 이해하고 진로에 대해 충분히 탐색하기

① 직업 및 진로에 대한 다양한 정보탐색 이전에 충분한 자기이해가 있어야 자신에게 맞는 진로의 선택이 가능함
- 자신이 원하는 것, 잘하는 것, 성격, 대인관계 패턴, 행동특징 등

② 충분한 진로탐색 없이 갑자기 많은 진로에 대한 경험은 혼란을 초래할 수 있음
- 그 직업이 가지고 있는 좋은 점, 성공한 사람들에게만 초점이 맞추기보다는 성취하기까지의 과정이 중요함을 알 수 있도록 안내하기

(4) 탐색 후 실행을 위한 첫 단계에서 우선순위 정하기
- 지금 할 수 있는 것부터 하기
- 가장 중요한 것부터 시작하기
- 작은 것부터 시작하기

(5) 실행과정에서 있을 수 있는 어려움 예상하기
- 한 번의 경험으로 진로를 결정하는 것이 어려우므로, 진로에 대해 다시 재탐색하는 과정이 필요할 수 있음을 예상하기
- 결정 후 있을 수 있는 어려움에 대해 생각해 보고 대안을 세워 보기
- 실행을 하는 중에 청소년이 힘들어할 때 이들이 느끼는 감정을 인정하고, 누구나 힘든 과정을 겪는다는 것을 알려 주고 지지하기
- 과정이 중요하므로 끝까지 경험해 볼 수 있도록 지원하기

2) 청소년과 학교생활

(1) 학교 적응을 어려워할 경우 나타나는 신호에 민감하게 반응하기
- 잦은 지각, 결석, 양호실에 자주 가는 것, 조퇴, 학교에서 점심을 먹지 않는 것 등

(2) 학업중단이나 전학을 할 경우 이전 학교경험에 대해 잘 파악하기
- 학업을 중단한 이유, 학업을 중단한 기간이 얼마 동안인지, 학교로 돌아가는 것에 대한 생각이 어떤지, 학업 유지가 가능한 환경인지, 중간에 학교로 돌아가기 위해 시도한 경험이 있는지, 시도한 경험이 청소년에게 어땠는지 등에 대해 알기
- 전학을 할 경우에는 이전 학교경험, 또래관계, 전학한 학교에 대한 기대 등에 대해 알기
- 학교를 안 가는 동안 청소년의 생활경험에 대해 알기

(3) 학교에 복학을 할 경우 학교에서 겪게 될 어려움에 대해 예상하기
"친구들과 잘 지낼 수 있을까?"
"수업을 잘 따라갈 수 있을까?"
"규칙적으로 생활할 수 있을까?"
"친구들과 선생님이 날 이상하게 보지 않을까?"
"중간에 또 그만두게 되면 어쩌지?"

(4) 학업중단 기간이 장기적일 경우 일반학교 이외의 대안 찾기
- 대안학교, 검정고시, 직업훈련 등 다양한 대안 제시하기

(5) 가족, 학교와 함께 협력하기
- 청소년이 학교에 잘 적응하기를 위한 공통된 목표를 공유하고 협력하기

- 담임교사, 가족 등과 전화를 할 때 받을 수 있는 시간 고려하여 연락하기
- 지역사회복지사에 대한 정확한 소개하기
- 청소년이 겪고 있는 어려움을 공유하기
- 역할분담하기
- 진행상황 나누기

3) 청소년과 성

(1) 부모, 지역사회복지사가 알아야 할 것

- 성에 대한 생각, 태도 등에 대한 가치관을 청소년과 함께 나누는 것이 중요함. 성이 비밀스러운 것이 아니고 자연스러운 삶의 한 부분이라고 인식할 수 있도록 돕기
- 청소년이 자신의 성에 대해 생각해 보고 자연스럽게 이야기할 수 있는 신뢰관계 만들어 가기
- 성에 관한 개인의 가치와 전문가로서의 가치 정립하기. 개인의 가치로 청소년을 만나게 될 경우 편견에 치우칠 위험이 큼
- 청소년 성 발달에 대한 지식 알기
- 청소년의 연령과 발달단계 고려하기. 지나치게 많은 정보보다는 정보의 질이 중요, 이들의 수준에 맞게 지원
- 어떤 성지식보다도 다른 사람과의 관계에서 존중하는 법 배우기. 자신이 소중하고 존중받아야 할 사람인 동시에, 다른 사람도 존중하는 것이 중요하다는 것을 알기
- 성학대 등의 위험으로부터 자신을 안전하게 보호하고 대처할 수 있도록 하기

(2) 청소년과 준비된 만남을 위한 Tips

청소년기 성발달 이런 모습은 자연스러워요	지나친 관심과 노출을 보일 때 조금 더 관찰해 주세요
• 성적인 용어를 사용하거나 대화를 하는 것 • 정상적인 성행위가 궁금하여 포르노에 관심 갖는 것 • 성정체성에 대한 고민	• 포르노에 집중 • 성적인 언어, 대화를 많이 하고 깊이 있게 하는 것 • 성관계에 대한 욕구표현 • 지나친 노출의상 • 이성에 대한 지나친 관심 • 여장, 남장행동

(3) 청소년의 성행동과 관련된 어려움 돕기

① 청소년 관찰하기

• 청소년이 성발달에 맞는 지식을 알고 있는지

• 가정폭력 및 방임, 성학대의 피해로부터 오는 증상인지

• 자연스러운 성적 호기심이 건강하고 적절하게 해소되지 못한 경우인지

• 잘못된 유해문화(성문화)에 노출된 경우인지

• 성과 관련하여 보이는 언어적 표현, 행동 등을 전체적으로 관찰하기

• 아이가 보이는 성행동을 성급하게 판단하지 않기

② 청소년의 성지식 및 태도에 대한 가치관 알아보기

• 학교, 친구, 인터넷 등을 통해서 다 알고 있다고 하지만 정확하게 알고 있는지

• 이성교제를 할 때 상대방과 스킨십을 어느 정도까지 할 수 있다고 생각하는지

• 자신이 임신을 할 수 있다고 생각하는지

• 상대방은 성행동을 원하지만 나는 원치 않을 때 어떻게 할 것인지

③ 청소년 특성에 맞게 지원하기
- 청소년의 성가치관을 고려하여 이들의 수준에 맞게 지원하기
- 청소년이 알고 싶어하는 내용부터 다루기
- 청소년과 만날 때 자연스러운 태도 보이기
- 성과 관련된 내용의 질문을 받았을 때 당황하지 말고 자연스러운 태도를 보여 주기
- 정확하게 설명해 주기
- 청소년의 안전한 성행동이 우선 고려되기
- 청소년이 위험해질 수 있는 요인에 대해 함께 이야기하기

④ 건강하고 안전한 성행동 고려하기
- 성행동을 하는 청소년도 있음을 인정하기
- 성적 자기결정권을 주장하기. 단순한 성행동이 아닌 책임감 있는 성행동을 준비하기
- 성행동이 건강, 생명과 연결된다는 것을 알기. 청소년은 때로는 준비되지 않는 상태에서 임신, 출산, 낙태, AIDS, 성병 등의 어려움을 겪을 수 있음을 예상하기
- 성행동을 하는 데 있어 남녀의 차이를 알기
- 성관계를 원치 않을 때 자기주장을 분명히 할 수 있도록 돕기
- 실제적인 피임지식 알기

4) 청소년과 안전한 거처

(1) 가출한 청소년과 최초로 접촉할 때
① 현재 어떤 상황에 있는지 확인하기
- 안전한 거처에 있는지, 식사는 어떻게 해결하는지, 어떤 아르바이트를 하고 있는지 등을 살펴보기
- 가출을 하게 된 이유에 대해 파악하기

② 가정이 더 이상 안전하지 않다고 생각되어 자기보호를 위해 나온 경우인지

③ 가족과의 감정충돌로 인해 우발적으로 뛰쳐나온 경우인지

④ 또래들과 어울리다가 귀가시간을 놓쳐 혼날 것이 두려워서 장기외박으로 이어진 경우인지

(2) 가출한 청소년과 만날 때

① 일반적인 이야기부터 대화 시작하기

② 상황 파악하기

• 집을 나오기 전에 무슨 일이 있었는지

• 가출신호(말, 행동, 일어난 사건)가 있는지

• 가출경험이 있었는지

• 가족의 현재 상황 및 가족과의 연락 여부에 대한 생각하는지

• 연락가능한 연락처가 있는지

③ 안전 확인

• 집으로 들어가는 것이 안전한지 여부 확인하기

 −안전하지 않을 경우 쉼터, 친구 집, 임시거처 등을 연결하기

• 부모님과 협력하기(대안 찾아보기/합의하기/기다려 주기)

• 가족과 접촉에 동의한 경우 청소년의 안전상황(거처, 연락처 등)에 대해서 가족에게 알리기, 귀가 여부에 대해 청소년, 가족들과 협력하기

• 가족과의 접촉에 동의하지 않는 경우 성급하게 가족에게 알리는 것을 보류하고 좀 더 생각할 수 있는 시간을 주기. 지역사회복지사는 가족들에게 청소년이 안전하게 있고, 지역사회복지사와 계속 연락이 되고 있다는 사실을 알리는 것에 대해 청소년의 동의를 얻기, 가족들이 안심할 수 있도록 지지하고 이후 해결방안에 대해 협력하기

• 위험할 수 있는 부분에 대해서 청소년에게 알려 주기

 −유해환경, 성매매, 노숙 등

④ 청소년이 집으로 귀가한 이후 청소년, 가족과 함께하기
- 집에 잘 들어갔는지
- 가출 전후 집에서의 생활이 어떤지
- 자녀가 느끼는 어려움에 대해서 가족과 협력, 자원 연결하기
- 가족이 청소년을 돕는 데 도움이 되는 정보, 자녀 이해를 돕는 정보 전달하기

(3) 가족–친구–지역사회복지사와 관계망 열어 두기

TipS   청소년이 가출하면 어떻게 알아봐야 하죠?

- 친한 친구, 선생님 연락처(휴대폰, 집, 인터넷 메신저)
- 자녀가 자주 이용하는 장소(pc방, 공원, 동네 등)
- 자녀가 평소 자주 어울리던 친구, 성인, 온라인 커뮤니티
- 자녀가 자주 사용하는 이메일, 홈페이지, 메신저
- 가출하기 전에 자녀가 보이던 감정, 행동 및 일어난 사건
- 협력기관 연락처(경찰서(여성청소년계), 학교 등)

(4) 가족이 돌아온 청소년을 맞이하기

> **· 돌아온 자녀를 맞이할 때 이렇게 해 보세요 ·**
>
> · 흥분을 가라앉히세요.
>   화를 내거나, 다그치면 아이가 솔직하게 이야기하지 못합니다.
> · 안전과 건강을 파악하세요.
>   아픈 곳은 없는지, 힘든 일은 없었는지?
> · 위로(공감)해 주세요.
>   "많이 힘들었지?"
> · 양육자의 입장을 전해 주세요.
>   "네가 가출을 해서 우리는 당황하고 걱정됐었단다. 마음이 복잡하더라. 네가 집
>   에 돌아와서 안심되고 기쁘다."
> · 서로 안정을 취하세요.
>   "우리 모두 많이 긴장하고 힘들었던 것 같다. 일단 몸과 마음을 안정시키고 나서
>   이야기하도록 하자."
> · 함께 해결책을 찾아보세요.
>   "네가 가출할 정도로 힘들었던 점이 무엇이었는지 궁금하구나. 우리 함께 해결
>   책을 찾아보도록 하자. 분명히 방법이 있을 거야."
> · 대처방법을 발견해서 합의하세요.
>   "그런 점이 어려워서 집을 나갔구나. 앞으로는 집을 나가는 것보다는 다른 방법
>   으로 해 보면 좋겠구나. 서로 원하는 것을 이야기하고 조율해서 지키기 위해 약
>   속하고 지켜보자. 한순간에 변하기는 힘들 수 있겠지만, 서로 노력할 수 있도록
>   응원하고 지켜봐 주면 좋겠다."

5) 청소년과 인터넷

(1) 인터넷 사용 조절이 필요한 청소년과 함께하기

① 인터넷이 본인에게 미치는 영향에 대해 함께 이야기하기
- 현재 인터넷 사용 정도 파악하기: 시간, 횟수, 간격 등
- 주로 어떤 사이트에 접속하여 무엇을 하는지 알아보기: 미니홈피 관리, 게임, 채팅, 영화 보기, 음란사이트 접속 등
- 인터넷 사용에 대해 자기인식에 대해 알아보기
- 일상생활에 미치는 영향에 대해 스스로 생각해 보도록 하기

② 인터넷 사용금지가 아니라 조절하기
- 무조건 금지시킬 경우 저항으로 인한 부작용 발생 가능함
- 스스로 조절하고 통제하는 것이 중요함
- 자신이 줄일 수 있는 양 결정하기
- 협력자원 찾기

③ 인터넷 사용을 대신할 수 있는 활동을 찾기
- 인터넷 사용이 긍정적으로 활용될 수 있도록 하기: 학습, 취미 등
- 해 보고 싶었던 활동 해 보기
- 규칙적인 활동 늘리기

[부록 4] 관련양식

아동의뢰서

지역사회복지사 신청

※ 아래 아동의뢰서를 신청아동 개인별로 기재해 제출해 주세요.

1. 기본사항

아동사항	아동명	(_ 남 _ 여)	생년월일			년　월 (만　세)			
	학교		학년, 반						
	연락처		지역아동센터						
	지역아동센터 실무자	(tel:　　　)	아동의 센터 이용기간			년　개월			
가족사항	가정형태	___ 양부모　___ 학부모(부)　___ 학부모(모)　___ 조부모　___ 아동세대 ___ 친척　___시설입소　___기타 (　　　)							
	관 계	이름	관계	나이	직업	학력	종교	동거 여부	건강 상태	비고
경제사항	경제상황	월수입(　　　　원) 기　타(　　　　원)			빚의 유무	무 유 (　　　원)			
	공적부조	국민기초생활보장수급(　)종 수 급 액 (　　　　원)			민간 후원	후원내역 (　　원)			
	기타사항								
주거사항	소유형태	___ 자가 ___ 전세 ___ 월세 (보증금　만 원 , 월　만 원) ___ 영구임대 ___ 복지시설(쉼터) ___ 기타 (　)							
	주거형태	___ 거실(마루) ___ 방 1 ___ 방 2 ___ 방 3 ___입식부엌 ___ 재래식 부엌 ___ 재래식 화장실___ 수세식 화장실 ___ 마당							
	기타 사항								

2. 가정폭력 사항

유형	___ 아동학대 ___ 가정폭력 (부부폭력) ___ 성학대 ___ 중복학대 (아동학대＋가정폭력 등) ___ 기타 학대 ( )
위급성	___ 과거의 일이지만 후유증이 남아 있다. ___ 최근에도 간혹 발생한다. ___ 현재도 자주 일어나고 있다.

3. 해결하기 원하는 내용(아동 · 가족이 겪고 있는 어려움)

	※인지 · 학습, 심리 · 정서, 건강 · 장애, 학교적응, 또래 및 대인관계, 가족갈등, 경제적 어려움 등 해당사항이 있는 항목에 대해서 아동과 가족으로 나누어 구체적으로 서술해 주세요.
아동	
가족	
기타	

초기조사기록지 Intake Sheet	사례번호	
	조 사 일	
	정보제공자	
	사회복지사	

I. 기본사항

1. 기초사항

개입경로				
아동명	(__남 __여)	생년월일		(세)
학교	학교 학년 반	종교		
보호자 연락처	(☎)			
지역사회복지사 개입 여부	__있다 __없다	개입기간	년 월 ~ 년 월 (개월)	
아동보호 전문기관 개입 여부	__있다 __없다	개입기간	년 월 ~ 년 월 (개월)	
타기관 개입 여부	__있다 __없다	개입기간	년 월 ~ 년 월 (개월)	

II. 아동 및 가족사항

1. 아동사항

신체·건강		
인지		
대인관계		
정서·행동		
성장배경	아동	
	부	
	모	

2. 가족사항

1) 가계도 및 가족구성원

	이 름	관계	나이	동거 여부	직 업	고용상태	월평균 수입	장애/질병
1								
2								
3								
4								

2) 경제사항

수급현황	___ 없음　　___ 국민기초생활보장수급권자　　___ 조건부 수급권자 ___ 모부자가정　___ 보육료 감면 또는 면제　　___ 기타 (　　　　)
의료보험/보호	___ 의료보호 1종　　　___ 의료보호 2종　　　___ 의료보험　　　___ 없음
총수입	총　　　　만 원 (가계수입　　만 원 + 지원금　　만 원 + 기타　　만 원)
부채현황	총　　　　만 원

3) 주거사항

주거형태	___ 단독주택　　___ 다세대주택(연립, 빌라)　　___ 일반아파트　　___ 임대아파트 ___ 비거주용 주택(고시원, 점포, 여관 등)　　___ 기타 (　　　　　　　　　)
소유형태	___ 자가　　　___ 전세 (　　만 원)　　　___ 월세 (보증금　　만 원, 월　　만 원) ___ 기타 (　　　　　　　　　　　　　　　　　)
주거시설	사용하는 방 (　개) 주방 (___ 외부 ___ 내부) 욕실 (___ 없음 ___ 외부 ___ 내부) 화장실 (___ 외부 ___ 내부 ___ 재래식 ___ 수세식 ___ 공동)

3. 가정폭력 · 아동학대 · 방임 노출 정도

구분	내용
신체적	
정서적	
경제적	
성적	
방임	

III. 환경사항

1. 생태도

2. 지역사회와의 교류

거주기간	년 월부터 (년 개월)	
거주지역 특성	___ 주택 · 아파트지역 ___ 상업지역 ___ 유흥지역 ___ 기타 ( )	
주로 이용하는 공식 자원과 서비스 내용	___ 행정기관(동사무소, 구청, 보건소, 경찰서 등) ( ) ___ 복지기관(복지관, 상담실, 정신보건, 가정폭력관련 기관 등) ( ) ___ 교육기관(학교, 어린이집 등) ( ) ___ 기타 ( )	
주로 이용하는 비공식 자원과 서비스 내용	___ 종교기관(교회, 사찰 등) ( ) ___ 친인척 ( ) ___ 이웃 ( ) ___ 기타 ( )	

IV. 사정

1. 참여자 강점(잘하는 것)

구분	욕구와 관련된 참여자의 강점
아동	
가족	
지역사회	

2. 해결하기 원하는 내용(욕구)

구분	참여자 욕구
아동	
가족	
실무자	
지역사회복지사	

3. 어려운 점

구분	내 용
내부 장애물 (참여자 감정)	
외부 장애물 (환경, 자원…)	

V. 개입내용 및 성과

1. 개입목적

2. 변화목표

3. 개입전략

구분		날짜	내용
개입내용	아동개입		
	가족개입		
	지역개입		
개입성과	아동개입		
	가족개입		
	지역개입		
향후계획			

서비스 제공 일지	사례번호	
	사회복지사	
	일 자	
	회 수	회차

1. 기본사항

참 여 자	
개입목적	
개입목표	
제공 방법	직접 가정방문 ① 지역아동센터 ② 전화 ③ 타기관 ④ 외부 ⑤ 기타
서비스 내용 코드	상담(개별/집단상담) a 심리검사 b 교육 c 자원연계 d 옹호 e 지원 · 협력 f 기타 g

2. 사회복지사가 제공한 서비스 내용과 참여자가 다루기 원한 내용

	아동	가족	지역사회		
			협력자 1	협력자 2	협력자3
제공방법					
서비스 코드					
시간 및 장소					
내용					

3. 지난 회기 이후 일어난 의미 있는 변화와 사건 또는 이번 회기에 있었던 일

   1) 아동

   2) 가족

   3) 지역사회

4. 평가

5. 다음 회기 계획

종결 평가서	사례번호	
	사회복지사	
	일 시	
	장 소	

1. 아동에 대한 정보

아동명	(___남 ___여)	생년월일	(세)
학교	학교 학년 반	종교	
보호자 연락처			(세)
개입기간	년 월 ~ 년 월 (개월)		

2. 아동의 가족구성원

	이 름	관계	나이	동거여부	고용상태	장애/질병	개입이후 변경된 사항
1							
2							
3							
4							

3. 목표달성도 평가

	목표	목표달성도	변화내용
아동			
가족			

4. 서비스 제공의 효과성 평가(서비스 제공 과정에서의 지역사회복지사 수행평가)

1) 참여자와 적절한 관계를 형성하고 유지했는가?
  라포 형성, 건강한 거리 유지, 비자발적 참여자에 대한 적절한 접근이나 대처, 특별히 어려운 관계에 대한 관리 등

2) 원조과정에서의 지식과 기술은 적당했는가?
  자료수집과 사정, 계획과 개입, 면접과 의사소통, 작업의 문서화와 기록유지 등

3) 지역사회복지사는 효율적인 서비스를 제공했는가?
  서비스의 비용, 프로그램비와 시간, 지역사회복지사의 에너지 등

5. 참여자 만족도 평가(참여 아동과 가족이 하는 평가표를 요약하여 기술)

지역사회복지사 서비스 평가표

그동안 지역사회복지사와 함께하시고 좋은 노력을 보여 주서서 감사합니다. 아래 질문에 성실히 응답하여 주시면 응답을 참조하여 지역사회복지사의 서비스를 향상시키는 데 활용할 것입니다.

1. 지역사회복지사를 처음 만났을 때 기대하셨던 바를 이루었나요?
___ 완전히 이루었다.　___ 어느 정도 이루었다.　___ 이루지 못했다.
___ 전보다 더 나빠졌다.

2. 지역사회복지사와 함께 노력한 이후에 생긴 변화에 대해 어떻게 생각하나요?
___ 매우 나아졌다.　___ 조금 나아졌다.　___ 변화 없다.
___ 약간 나빠졌다.　___ 더욱 나빠졌다.

3. 당신이 겪는 어려움에 대해서 지역사회복지사가 어느 정도 도움이 되었나요?
___ 매우 도움이 되었다.　___ 도움이 되었다.　___ 그저 그렇다.
___ 별로 도움이 안 됐다.　___ 전혀 도움이 안 됐다.

4. 당신의 어려움을 도운 지역사회복지사에 대해서 어떻게 느끼셨나요?
___ 매우 만족한다.　___ 약간 만족한다.　___ 그저 그렇다.
___ 약간 불만족스럽다.　___ 매우 불만족스럽다.

5. 당신의 이웃이 비슷한 어려움을 겪는다면 지역사회복지사에게 소개해 주시겠습니까?
___ 반드시 그렇게 할 것이다.　___ 아마 그렇게 할 것이다.　___ 아마도 안 할 것이다.
___ 절대로 아니다.

기타 _____

＊기타 하고 싶은 말 :

참고문헌

강명순(2000). 빈곤해체가정 아동의 변화 및 사회복지통합적인 접근 연구. 강남대학교 사회복지대학원 석사학위논문.

강명순(2005). 지역아동센터의 과제와 전망. 지역아동센터 운영 및 프로그램 교육. 보건복지부 지역아동정보센터.

강명순(2007). 지역아동센터의 질적 향상을 위한 조사 보고서.

강명순(2007). 한국의 빈곤아동과 지역아동센터 법제화에 관한 이론과 실천. 도서출판 부스러기.

김명민 역(2007). 임파워먼트와 사회복지실천(Robert Adams 저). 나남출판사.

김현수 외 공역(2001). 빈곤가족과 일하기(Patricid Minuchin 외 공저). 나눔의 집.

단기가족치료센터 한국지부 역(1999). 성폭력 생존자를 위한 해결중심치료의 적용(Yvonne M. Dolan 저). 단기가족치료센터.

문영희(2004). 아동학대와 레질리언스. 유풍출판사.

박광준(1997). 빈곤과 사회정책. 빈곤문제와 사회발전. 부산여자대학교 사회과학연구소.

박인선(2004). 공부방 현황과 지역아동센터의 과제. 사회복지공동모금회 토론회 자료집. 사회복지공동모금회.

보건복지부 여성정책담당관실(2000). 가정폭력피해자를 위한 사례관리 매뉴얼. 보건복지부.

(사)부스러기사랑나눔회(2002). 지역아동센터 실무자 워크숍 자료집. 부스러기사랑나눔회.

(사)부스러기사랑나눔회(2003). 2003년도 지역사회복지사 파견사업 보고서.

(사)부스러기사랑나눔회(2003). 빈곤해체가정 아동지지와 가족 임파워먼트를 위한 지역사회복지사파견사업 최종평가보고서.

(사)부스러기사랑나눔회(2004). 2004년도 지역사회복지사파견사업 보고서.

(사)부스러기사랑나눔회(2005). 빈나2020 운동 소위원회 준비 자료집.

서봉연 역(2003). 발달의 이론(William C. Crain 저). 중앙적성출판사.

서울대 사회복지실천연구회 역(2001). 사회복지실천기법과 지침(B. 셰퍼 외 공저). 나남출판사.

양옥경 외 공역(2002). 가족과 레질리언스(Froma Walsh 저). 나남출판사.

이원숙(1998). 성폭력과 사회복지. 강남대학교 출판부.

이원숙(2007). 가족복지론(2판). 학지사.

이화여자대학교 사회복지연구회 편(2003). 가족폭력: 사정과 실제. 양서원.

이화여자대학교 사회사업연구회 역(2001). 가정학대 · 가정폭력(Alan Kemp 외 공저).
　　　나남출판사.

조미숙 외(2006). 사례관리. 창지사.

주은선(2001). 상담의 기술(Clara E. Hill 외 공저). 학지사.

허남순 외 공역(1998). 해결을 위한 면접(Insoo Kim Berg 저). 학문사.

허남순 외 공역(2004). 사회복지실천이론과 기술(Hepworth Rooney 외 공저). 나눔의 집.

UNDP(1998). 빈곤퇴치와 인간개발. UNDP 인간개발 보고서 1997. UNDP 한국대표부.

Yunus, M. (2006). 우리가 만드는 빈곤 없는 세상. 도서출판 부스러기.

California Social Work Education Center(CalSWEC) (2001). Crisis Intervention.

California Social Work Education Center(CalSWEC) (2001). Domestic Violence and
　　　CWS.

California Social Work Education Center(CalSWEC) (2001). Identifying Issues in
　　　Child Maltreatment: Physical Abuse, Neglect, and Emotional Abuse.

California Social Work Education Center(CalSWEC) (2001). Risk and Safety
　　　Assessment.

California Social Work Education Center(CalSWEC) (2001). Stress Management.

California Social Work Education Center(CalSWEC) (2002). Human Development.

Family Wellness Associates (1999). *Survival Skills for Healthy Families*
　　　(Instructor Manual).

Karla Krogsrud Miley (1995). *Generalist Social Work Practice*. Allyn and Bacon.

찾아보기

감수자 소개

이원숙
이화여자대학교 대학원 사회사업학과(문학박사)
현 강남대학교 사회복지학과 교수
　　한국성폭력상담소 자문위원
　　수원 여성의 쉼터 전문위원
　　성남시 여성의 쉼터 전문위원
　　(사)부스러기사랑나눔회 부설 로뎀나무집 자문위원

저서: 성폭력과 상담(학지사, 2003), 가족복지론(2판, 학지사, 2007), 사회복지실천론(학지사, 2008) 외 다수

저자 소개

강명순
일본기비국제대학교 대학원 사회복지학 박사(Ph.D.)
현 18대 한나라당 국회의원(비례대표 1번)
　　국회 보건복지가족위원회 위원
　　한나라당 빈곤없는 나라 만드는 특별위원회 위원장
　　국회의원 연구단체 빈곤퇴치연구포럼 공동대표
　　(사)부스러기사랑나눔회 이사

저서: 빈민여성 빈민아동(아침출판사, 1980), 호박넝쿨의 기적(도서출판 부스러기, 1998), 하룻밤만 재워주세요(도서출판 부스러기, 2000), 부스러기가 꽃이 되다(규장, 2005), 한국의 빈곤아동과 지역아동센터 법제화에 관한 이론과 실천(도서출판 부스러기, 2007)

함께한 지역사회복지사 팀
허인영, 강미경, 김명선, 김소연, 김정숙, 김한나, 김효진, 백광흠, 송미숙, 신주영, 오은경, 음영경, 이신옥, 이현숙, 한은신

부스러기사랑나눔회

(사) 부스러기사랑나눔회는 1986년부터 20여 년간 빈곤 아동과 가족이 권리를 보장받으며 주체적으로 살아갈 수 있도록 실천해 온 사회복지단체다. 빈곤지역에서 성장하는 아동에 대한 사회복지의 통합적 접근, 지역아동센터 및 쉼터의 운영, 빈곤지역 1318세대를 위한 청소년전용지역아동센터 구축, 마이크로크레딧 사업을 통해 빈곤가정의 자활자립과 교육의 기회 제공, 지역아동센터의 효율적 운영을 위한 연구 및 정책제안 등을 통해 빈곤문제 해결을 위한 사회발전에 기여하고 있다.

주요 사업
- 지역아동센터 지지체계 구축
- 시범지역아동센터 운영
  서대문 옹달샘, 신월동 옹달샘, 예은 신나는 집
  서대문 1318 happy zone, 울산 1318 happy zone
- 쉼터
  민들레, 로뎀나무 집
- 한부모가족 아동결연
- 사랑의 음식나눔은행
- 지역아동정보센터
- 아동복지교사지원센터
- 1318 happy zone
- 자활사업 신나는 조합

빈곤아동·가족과 함께하는
찾아가는 사례관리

2008년 2월 25일 1판 1쇄 발행
2013년 3월 20일 1판 6쇄 발행

감　수 • 이 원 숙
지은이 • 강명순 외 부스러기사랑나눔회 지역사회복지사 팀
펴낸이 • 김 진 환
펴낸곳 • ㈜ **학지사**

　　　　　121-837 서울시 마포구 서교동 352-29 마인드월드빌딩 5층

대표전화 • 02) 330-5114　　　팩스 • 02) 324-2345

등록번호 • 제313-2006-000265호

홈페이지 • http://www.hakjisa.co.kr
커뮤니티 • http://cafe.naver.com/hakjisa

ISBN 978-89-5891-626-0 93330

정가 16,000원